人力资源管理实战型系列教材

丛书主编　罗　帆　孙泽厚

人力资源战略规划

孙泽厚　胡　浩　编著

科学出版社

北　京

内 容 简 介

本教材主要分为三大部分，首先通过理论部分对人力资源战略规划涉及的企业战略与人力资源战略、人力资源战略规划的内容、环境分析、供需预测等进行了说明；其次，通过实操部分对人力资源总体规划、业务规划、战略规划的实施进行了阐述；最后，通过四个案例及案例分析，将理论部分和实操部分融合在一起，对于理解理论部分和实操部分具有较好的作用。

本教材既适合作为高校人力资源管理和相关专业的教学用书，也适合用作企业人力资源从业人员的培训和自学教材。

图书在版编目（CIP）数据

人力资源战略规划 / 孙泽厚，胡浩编著．—北京：科学出版社，2018.1

人力资源管理实战型系列教材

ISBN 978-7-03-053198-8

Ⅰ.①人… Ⅱ.①孙… ②胡… Ⅲ.①人力资源管理－教材 Ⅳ.①F243

中国版本图书馆 CIP 数据核字（2017）第 128227 号

责任编辑：方小丽 / 责任校对：彭珍珍
责任印制：徐晓晨 / 封面设计：蓝正设计

科学出版社出版
北京东黄城根北街 16 号
邮政编码：100717
http://www.sciencep.com
北京盛通商印快线网络科技有限公司 印刷
科学出版社发行 各地新华书店经销
*
2018年1月第 一 版 开本：787×1092 1/16
2021年1月第三次印刷 印张：13
字数：308 000

定价：48.00 元

（如有印装质量问题，我社负责调换）

人力资源管理实战型系列教材
编　委　会

总 序

二十六年前，当我们开始学习组织行为学时，即被其以人为本的内涵所吸引。虽然，当时国内很少有人关注这一学科，甚至有人批驳它是伪科学，但我们相信，这门由心理学、社会学、人类学、经济学等有关行为的学科组成的交叉学科一定会在管理中有重大的应用价值。

从主讲组织行为学或管理心理学课程，到探讨其在劳动人事管理中的应用，我们默默地耕耘，直到五十而知天命。随着劳动人事管理向人力资源管理方向发展，武汉理工大学形成了工商管理专业人力资源管理方向，毕业生受到了人才市场的欢迎。九年前，我们创办了人力资源管理专业，毕业生就业率一直在本校名列前茅。2005年，我们的教学研究成果获得了湖北省教学成果一等奖；2008年，“人力资源管理”被评为湖北省精品课程；2013年，“组织行为学”被评为湖北省来华留学生品牌课程。我们主编的《人力资源管理——理论与实践》和《组织行为学》教材，深受社会各界好评。一路走来，充满艰辛，我们付出了许多心血，也获得了无限喜悦。

人力资源管理是蓬勃发展的新兴专业，实践性非常强，教材建设是专业建设的重要组成部分，是教学质量工程的建设重点。为此，在科学出版社的支持下，我们精心策划，联合有关高校的师资力量，组织企事业单位的人力资源管理人员，共同编写了工商管理类人力资源管理实战型系列教材，主要面向人力资源管理、工商管理、劳动与社会保障等专业的本科生和研究生（包括MBA、EMBA），也可作为企事业单位在职培训的教材，以及各类管理人员的参考用书。

这套系列教材的特色主要体现在三个方面。

1. 统筹规划的系统性

作为湖北省教学研究项目"人力资源管理专业实践教学体系创新研究"的重要成果，该系列教材经过精心规划和系统设计，涵盖了"绩效管理""薪酬管理""工作分析与职位管理""人力资源风险管理""职业生涯管理""人力资源法""人力资源管理战略规划""人员测评与选拔""人力资源开发与培训""组织行为与人力资源管理实训"等核心课程和特色课程，体系完备，重点突出。同时，该系列教材注重理论教学与实践教学相结合，纸质教材与电子课件、课程网络资源相结合，各种教学方法和手段优化组合，系统性强。

2. 领先前沿的创新性

罗帆、孙泽厚、桂萍、赵富强、卢少华、彭华涛等主编人员具有在美国、英国等发达国家知名大学留学的经历，了解人力资源管理的国际学术前沿和发展动态，将所主持的国家自然科学基金项目、国家社会科学基金项目的最新研究成果纳入教材。《人力资源风险管理》是国内外第一本相关领域的教材，包含人力资源风险预警管理、新生代农民工管理等内容，具有显著的创新性。该系列教材所采用的混合式教学、原创性案例、情景模拟、角色扮演和实训等方法，新颖独到。为了适应互联网＋时代教育信息化的发展趋势，我们在书中插入二维码，读者用手机扫描即可观看关键知识点教学录像、最新案例和阅读材料。

3. 需求导向的实战性

我们在全国范围内针对企事业单位人力资源管理人员、高校人力资源管理教师和学生分别进行了问卷抽样调查，对目前人力资源管理教材建设中的问题进行了诊断，了解了三方对人力资源管理教材的需求和期望，以需求为导向进行人力资源管理教学改革，所编写的教材强调实战性。以《组织行为与人力资源管理实训》为代表，综合反映实践教学创新的成果，致力于提高学生将来从事人力资源管理所需的综合素质，强化人力资源管理的战略视角、业务技能和实际操作能力。

该系列教材的主编主要来自武汉理工大学、中南财经政法大学、华中师范大学、武汉科技大学、湖北经济学院、中南民族大学等高校，是多年教授人力资源管理相关课程的任课教师，积累了丰富的教学研究和实战经验。参编人员还有来自美国明尼苏达大学、日本帝京平成大学、上海金融学院、中山大学、上海交通大学、华南理工大学及企事业单位的人力资源管理人员。人员队伍结构合理，优势互补，不仅在人力资源管理理论研究方面有新突破，而且具有丰富的人力资源管理咨询或实践经验。该系列教材充分体现了集体智慧和多方经验，涉及面广，受益面大。

在编写系列教材的过程中，我们吸收了国内外学者的研究成果以及众多人力资源管理者的实践经验，得到了科学出版社、湖北省教育厅、湖北省人力资源学会、武汉理工大学等高校的大力支持和帮助，在此我们深表谢意！

罗　帆　孙泽厚

2016年1月

前　言

自2002年南京大学的赵曙明教授出版《人力资源战略与规划》这一国内对人力资源战略与规划进行专门介绍的开创性教材以来，对于人力资源战略规划的研究犹如雨后春笋般发展起来。但早期的人力资源战略规划更多强调的要么是企业战略，要么只是人员的供给与需求预测、人力资源的配置及人力资源战略规划的制定等单一的行为，尚未形成系统化和专业化的人力资源职能。本教材就是为了适应这一需要而编写的。它总结了近年来编者的教学经验，也参阅了国内外同类的优秀教材，既适合作为高校人力资源管理和相关专业的教学用书，也适合作为企业人力资源从业人员的培训和自学教材。

本教材主要分为三大部分，即理论部分、实操部分和案例分析部分。理论部分主要包括：第一章人力资源战略规划导论，论述了人力资源战略规划的演进和人力资源战略规划在中国的发展历程、人力资源规划的相关概念及人力资源战略规划的理论基础、目的、作用与意义；第二章企业战略与人力资源战略，讨论了企业战略与人力资源战略的关系，以及不同企业、不同企业战略下人力资源战略的选择；第三章人力资源战略规划的主要内容，主要阐述了人力资源战略规划的影响因素、构成体系和过程；第四章战略规划的环境分析，主要介绍了战略规划的外部环境分析，包括任务环境和社会环境，而内部环境分析包括企业经营发展战略分析，企业管理现状分析，企业内部环境文化分析；第五章人力资源供需预测，主要运用人力资源供应预测方法和需求预测方法，使人力资源供需达到平衡。实操部分主要包括：第六章人力资源总体规划，主要分为人力资源结构规划、数量规划、素质规划和政策规划，着重于人力资源总的、概括性的谋略和有关的重要方针、政策和原则；第七章人力资源业务规划，是指总体规划的具体实施和人力资源管理具体业务的部署，是人力资源总体规划的展开和具体化；第八章人力资源战略规划的实施，阐明了人力资源战略规划的实施对企业人力资源战略目标的实现具有重要意义，其实施效果有企业资源的优化配置、战略规划任务的落实和组织变革三个方面的影响；第九章是本教材的案例分析部分，通过四个案例及案例分析，将理论部分和实操部分融合，对于理解相关理论和实践具有较好的作用。

本教材由孙泽厚和胡浩共同编写，由胡浩统一编纂，孙泽厚总纂定稿。各章执笔人有肖洁、肖涛、蔡英子、刘丹丹、陈凯琳、张依依。詹元芳和魏倩云在本教材的修改定稿阶段做了大量的工作，付出了辛勤的劳动。武汉理工大学的罗帆教授认真审阅了书稿，并提出了宝贵的修改意见。在本书付印之际，谨向所有帮助和支持本书编写和出版的同志表示衷心的感谢。

由于编者水平有限，书中难免有不足之处，恳请同行和读者多提宝贵意见，以便我们进一步修改和完善。

编　者

2017年9月

目 录

第一章

人力资源战略规划导论

引导案例

华为：抢占人才高地，垄断后备人才

华为曾经是一个名不见经传的民营企业，如今却发展成为中国电信行业的龙头之一。华为创业之始仅有10多人，逐步增加到100多人，20世纪90年代中期以后，华为确定了“华为将长期专注于通信网络从核心层到基层整体解决方案的研究开发，同时以标准的中间件形式向用户提供开放的业务平台，并关注‘宽带化、分组化、个人化的网络发展方向’”的战略发展方向。与大多数企业一样，随着企业规模的发展，人才瓶颈问题也随之出现。于是，华为从自身企业战略的需求出发，建立了一套相应的人才规划机制和任职资格体系。从1997年开始，华为又致力于筹建任职资格管理部，进一步完善企业任用人才的标准和资格，并着手培养研发和业务骨干，最终形成华为的“资源池”系统。该系统的具体做法是：前瞻性地对人力资源进行规划，当企业的年度经营目标下达以后，分析并确定各类人才的需求，然后将关键性人才放入“资源池”进行系统的培训，一旦企业某些岗位出现人力资源供给不足时，便及时把所需的人力资源从“资源池”中调配出来支援相应岗位，以使企业达到一个相对稳定状态。华为之所以能够突破人力资源瓶颈实现可持续发展，重要原因之一是它依据战略规划目标，制定相应人力资源规划并大规模进行相关人才储备。

任何企业的发展都离不开优秀的人力资源和人力资源的有效配置。如何为企业寻找合适的人才，留住人才，培养人才，为保持企业强劲的生命力和竞争力提供人才支持，是我国企业人力资源管理所面临的重要课题。人力资源战略管理能力首先体现在企业的人力资源战略规划能力上，人力资源战略规划几乎贯穿于人力资源管理的方方面面，它与人力资源管理的任何一个环节都息息相关。因此，做好人力资源战略规划成为人力资源管理工作的重要环节。

思考题：

1. 请简单评析华为公司的“资源池”系统。
2. 请分析人力资源、人力资源配置及人力资源战略规划三者间的关系。

第一节　人力资源战略规划产生与发展

一、人力资源战略规划的演进

人力资源管理作为一门学科起源于20世纪70年代，是一门新兴学科。早期的人力资源战略规划强调的只是人员的供给与需求预测、人力资源的配置及人力资源战略规划的制定等单一的行为，在内容和形式上都比较狭隘，大多数人力资源规划都是由人力资源从业人员制定并为其服务，而不是由企业管理人员制定并服务于企业管理的工作。人力资源战略规划虽然经过了几十年的发展，但是大多数企业还没有形成一套系统的、专门化的职能。一般来讲，人力资源战略规划的发展经过了萌芽阶段、产生阶段、发展阶段和成熟阶段。

1. 人力资源战略规划的萌芽阶段

现代工业社会产生以后，劳动力就成为与资本、土地并列的基本生产要素之一。在资本主义发展的早期阶段，由于资本是制约企业发展的主要生产要素，因此资本家在考虑生产时，首先需要考虑的要素就是资本的缺乏。相对于资本而言，劳动力在市场上是相对过剩的资源。劳动力的过剩和价格的低廉使企业并未产生对人力资源战略规划的需求，从而忽略了对劳动力的管理。资本家对人事管理的不重视直接导致劳资双方关系的严重对立，这突出表现在雇主和工人之间的矛盾和冲突、工人就业的无保障和工人在岗位上“磨洋工”等问题。由于劳动者地位低微，雇主对企业的人事管理采用了一种任意、独断专行、非系统化的方式。在资本家的眼中，工人只不过是一件普通的商品，在其利润最大化的目标函数中，劳动力与其他生产投入要素的地位一样。在绝大多数的企业中，最高管理当局把所有的人事管理权，如招聘、解聘、定薪、提职和分配工作等，统统下放给车间或部门工作的负责人。一般而言，负责人在这些问题上具有决定权。他们的任务是用最少的单位成本得到最多的产出。为了完成这一任务，负责人采用的是高压驱动手段，他们将工人看做完成任务的工具。这种简单的管理方式在当时之所以有效，是因为市场上有大量的劳动力剩余，且工人完成工作并不需要特殊的技能。这时的企业基本上没有人力资源战略与规划的职能。

2. 人力资源战略规划的产生阶段

19 世纪末期之前，美国大部分劳动力从事的还是农业劳动，而非农业部门，如制造业、采矿业和建筑业，一般都是小规模经营，雇用的都是具有某种手艺的工匠，使用的是手工工具，由小业主兼管理者经营。但是 19 世纪末期，工业部门发生了重大变化。大部分产业中从事制造业的工厂的平均雇员人数翻了两番，同时企业的生产过程也发生了重大变化，机器代替了手工工具，半熟练和非熟练的操作工及流水线工人代替了传统的工匠，标准件和相互替换件取代了特制件。越来越多的工厂采用所有权和经营权分离的现代企业制度，从而形成了一个专门从事企业日常经营活动的管理者阶层。

由于当时现代管理技术和标准化流水线还没有在社会上得到广泛应用，企业的生产效率还不是很高，生产出来的产品还未能满足人们的需求。也就是说，当时的生产还处于“卖方市场”。雇主提高生产效率的唯一方法是延长工人的劳动时间，降低工人的报酬，但这种生产效率的提高是建立在员工损失的基础之上的，这导致企业内部劳资关系的对立。在这样的形势下，泰勒发起了科学管理运动，工业心理学家闵斯特伯格尝试运用工业心理学的原理和方法提高工业效率，改善工人对工作的满意程度。在这一阶段，福特的标准化生产流水线的发明，促进产品不断提高效率，趋向标准化生产。企业规模的扩大和生产技术的革新，使劳动分工、专门化、职能制、员工选拔、绩效考核等管理技术在企业中被广泛应用。企业对生产效率的重视和熟练工人的缺乏，使企业已经出现人力资源规划的一些主要职能，如进行人力资源供给和需求的预测，以及根据人力资源供给和需求的差距制定人力资源规划政策。但是在这一阶段，还没有形成一整套系统的人力资源规划理论。企业人力资源规划的重点也只是如何从市场上获得熟练工人和通过各种人力资源管理措施提高工人的工作效率。

3. 人力资源战略规划的发展阶段

20 世纪 60 年代以后，科学技术的迅速发展和企业规模的迅速扩大导致社会对高级人才有更大的需求，人力资源战略规划开始在企业人力资源管理中占据一个非常重要的地位。企业人力资源战略规划的重点开始放在人才的供需平衡，尤其是管理人员与专业和技术人才的供需平衡上。人力资源战略规划被定义为“管理人员将企业理想的人力资源状态和目前的实际状况进行比较，通过各种人力资源管理措施，适当数量和种类的人才在适当的时间和地点，从事使企业与个人双方获得最大的长期利润的工作”。在这个概念中包含了人力资源战略规划的五个步骤：确定企业的目标和计划——预测企业的人力资源需求——评价企业现在的人力资源状况及企业人力资源供给状况——确定企业的净人力资源需求——制订适当的人力资源战略规划方案。在这一阶段，人力资源战略规划的主要表现是企业预测其未来的人力资源需求以及内部或外部的人力资源供给，根据供需差距的结果制订企业的招聘、选拔和安置新员工方案、员工培训和开发方案，以及预测必要的人员晋升和调动方案。

20 世纪 70 年代，由于美国新法律的出台和各种政府政策的制定，企业人力资源战略规划需要考虑反优先法案和其他各种有关人事法案。各种法律和制度的制定限制了企业的雇用行为、员工福利和安全保护措施。但是在这一阶段，人力资源战略规划被广泛地作为大企业和政府企业的一种关键人事管理活动。人力资源战略规划极大地扩展了它的职能范围，而不再仅仅局限于对企业人才进行供求预测和平衡。1977 年，在美国成立的人力资源战略规划学会，标志着人力资源战略规划作为企业人力资源管理的一项职能已经产生。1978 年，在亚特兰大的第一次人力资源战略规划学会大会上，人们已经对人力资源战略规划形成系统和成熟的看法，认为它不但包括传统的需求与供给预测，而且包括人力资源环境分析、人力资源预测和规划、员工职业计划和发展、员工工作绩效、企业设计及其他方面。

这一阶段，由于人力资源战略规划职能的扩展，已经有一些企业在参考企业的战略和人力资源战略的基础上制定人力资源战略规划，但显然无论从理论还是实践来看，许多关键的问题还没有得到解决，人力资源战略规划作为一个整体还未形成。

4. 人力资源战略规划的成熟阶段

20 世纪 80 年代以来，企业开始对以前的多元化战略进行反思，缩减企业规模，采取多次裁员和提前退休的政策。一方面，很多企业实行分权式管理，降低管理费用，争取变成精干型企业，这导致相当多的人才必须转移。企业的变革也使企业与员工之间形成的心理和社会契约发生了巨大的变化。另一方面，人们对职业规划、弹性工作安排及绩效工资更加重视。很多企业在努力减少正式员工的数量，而更愿意雇用兼职员工和短期合同员工来满足企业的需要，这种情况导致企业临时劳动力快速增加。面对这样的形势，企业人力资源战略规划的重点变成强调高层管理者的培养与交接计划，人员精简计划，企业重组、兼并与收购计划，以及企业文化变革等。

企业面对的经营环境瞬息万变，企业的战略与规划显得举足轻重，而人力资源战略也越来越受重视。企业开始使用一些科学工具和技术确定企业的人力资源战略，将人力资源战略与人力资源规划联系起来,从而在不同的人力资源战略下使用不同的规划工具，进行不同的规划活动。这也就是人力资源战略通常所说的两个一致性，即外部一致性和内部一致性。人力资源规划与人力资源战略相一致，根据明确的人力资源战略制定人力资源规划，标志着企业成熟的人力资源战略规划管理职能的形成。

二、人力资源战略规划面临的挑战

1. 不断变化的人力资源环境

21 世纪的企业面临着前所未有的变革和激烈的竞争。经济全球化浪潮、迅猛发展的信息技术、经营的顾客导向和价值链的整合观念转变等，尤其值得关注。

1）经济全球化

经济全球化改变了企业竞争环境，使企业面临着前所未有的机遇与挑战。全球化蕴涵着对市场、产品、观念、企业竞争力和经营方式的创新。为了在全球化浪潮中赢得竞争优势，企业要建立一个复杂的、由世界各地区优势交织而成的网络。这个网络应保证，一个地区的技术发明能在全球范围内共享；世界范围内的产品、人员、信息和创意能依赖网络迅速流动，满足各地的需求；形成全球性规模经济和地方性灵活反应这样一种看似矛盾的管理方式；实现全球思维与当地行动的结合等。这些都是全球化给企业带来的挑战，要求企业各部门的管理者和人力资源从业人员，以一种新的全球思维方式重新思考企业人力资源的角色与增加价值问题，建立新的模式和流程来培养全球性的灵敏嗅觉、效率和竞争力。

2）高新技术的迅猛发展

电子通信、计算机、国际互联网及其他互动技术的迅猛发展，创造了一个不受地理边界限制与束缚的全球工作环境和视野。新技术的飞速发展，不仅提高了企业的经营生产效率，大大降低了交易费用，还对企业管理方式产生了巨大冲击。技术的发展将不断地重新定义工作时间和工作方式。

正是信息经济和技术的飞速发展，使“人”在企业中发挥重要作用。全球知识经济的到来，使今天的智力资本堪比过去的财务资本。因此，人力资源管理工作开始逐渐受到与其他职能部门相同，甚至更高程度的重视。

3）竞争焦点变化

全球化和技术的迅速发展，客观上对企业竞争进行了重新定义。竞争，即用独特的方式为顾客增加更多的附加值，企业必须找到新的和独特的方式为顾客服务。因此企业竞争的主题集中在更快、更好地对顾客做出反应。“让顾客满意和高兴”已成为企业试图在高度竞争的全球市场中获得成功的重心。因此，企业要进行不断变革、快速决策，在价格或价值上领导一个行业，与供给者甚至竞争对手合作为顾客创建一条高附加值的价值链。这就要求改变过去将人力资源管理限定在企业内部的观念和做法，而应从价值链出发，充分发挥人力资源管理的战略角色，并对包括供给者、企业员工和顾客在内的所有利益相关者实现价值创造功能。

综上所述，21 世纪向我们提出了诸多挑战。但是，这些挑战未尝不是企业发展的一种新思想，抑或是解决顾客需求的一种新方法。全球化趋势将成为世界各地资本、人力、技术、思想和创新的源泉，这种趋势与技术的飞速变革和企业整体价值观念结合在一起，将重新塑造全球企业的竞争规则与发展战略。对建立在全球市场、全球生产、全球营销、全球企业、全球人力资源管理和全球知识整合背景下的企业而言，需要具备全球经营的思维和理念，需要重塑企业文化、企业结构，更加需要具备一支与此相配合的、灵活的、主动的全球人力资源管理队伍，以不断适应、调整、超越这些挑战带来的各种复杂难题。

2. 人力资源管理面临的挑战

21 世纪“非连贯性”的竞争环境，使很多企业逐渐认识到，要建立自身的竞争优势，关键是如何去建立并运行有效的人力资源管理。为迎接挑战，企业人力资源管理者的角色已逐渐从过去的行政、总务、福利委员转变为企业学习和教育的推动者、高层主管的咨询顾问、战略业务伙伴、管理职能专家和变革的倡导者等。美国会议委员会（Conference Board）对美国 314 家企业进行了调查，并通过对 126 位资深人力资源主管进行的深入访谈，发现人力资源从业者越来越多地参与企业战略与企业业务活动，领导企业变革，建立竞争力优势，传播职能技术，担当起员工宣传者和倡议者的角色，并对员工绩效和生产率负责（图 1-1）。

人力资源职能的转变

从	到
职能导向（functional orientation）	战略导向（strategic orientation）
内部重点（internal focus）	顾客重点（customer focus）
被动反应（reactive response）	主动出击（proactive aggression）
行政管理（administrative management）	咨询者（consultants）
受行动驱动（activity-driven）	受价值驱动（value-driven）
方法传统（conventional approach）	以有效性为重点（effectiveness-focused）
互不信任（mutual distrust）	视野广阔（broad vision）
决策权力集中（centralized decision-making）	思考非传统方法（non-conventional approach）
行为型（activity-based）	合作伙伴（partners）
	决策权力分散（decentralized decision-making）
	解决问题型（problem-solving）

图 1-1　人力资源职能转变（以重要性排序）

资料来源：沃尔里奇（2000）

在 21 世纪经济全球化背景下，企业人力资源管理者的职责已逐渐从作业性、行政性的事务中解放出来，更多地从事战略性人力资源管理工作。因此，企业人力资源管理部门已逐渐由原来的非主流的功能性部门转变为企业经营业务部门的战略伙伴。我们都知道，传统的企业人力资源管理工作大致可分为两种：一种是作业性的，另一种是战略性的。所谓作业性项目，是指考勤、绩效考评、薪资福利等行政性和总务性的工作。而战略性项目包括：人力资源政策的制定、执行，中高层主管的甄选，员工的教育、培训、职业生涯规划，企业发展规划与为业务发展开发并留住人才等，相当具有前瞻性。

正是基于此，企业人力资源管理实践日益向战略人力资源管理转变。战略人力资源管理是企业在面对 21 世纪激烈、反常的竞争环境时，通过人力资源管理与开发来支撑和保证企业经营战略计划。美国一家权威机构对人力资源经理所做的民意调查显示，人力资源发生变化的重要原因是对人力资源进行了更新的组合，使它具有了战略性的功能。人力资源的开发与管理工作不再被看做与企业的战略计划没有任何联系的、仅有一些狭窄目标的领域，而被看做能够创造价值与维持企业核心竞争能力的战略性部门。塞格拉姆的欧洲培训与发展主任荣尼·斯迪基斯特指出，“人力资源人士必须跳出行政管理的职责，成为人力资源管理的战略思想家”。

第二节　人力资源战略规划的基本概念

人力资源与其他资源相比的一个显著特点是，它的获得需要一个较长的准备时间，因为人的成长需要一个过程，进入状态也需要一个过程，获得不等于能够马上为己所用，越是重要的人越是如此。这一点与资金等方面的资源完全不同。因此，为了企业竞争和发展的需要，对于人的问题必须未雨绸缪，早做打算。这也是企业需要进行人力资源战略规划的原因。

人力资源规划经历了几十年的发展之后，含义已经从一个仅仅针对人员配置需求的狭义过程，发展为一个阐明比较广泛企业问题的过程。20世纪初，人们对人力规划的关注点主要集中在实行计件工资的工人，并通过改进工作过程和运用早期工业心理学的方法达到提高工作效率的目的。第二次世界大战期间及以后许多年，人们更关心如何得到有能力的管理人员。20世纪的六七十年代，技术进步和企业的快速扩展，使人力资源规划倾向于人才的需求平衡上。20世纪80年代以后，人力资源规划被广泛作为大企业和政府组织的一种活动，在内涵上扩大了范围，不再仅限于工序平衡预测，而扩展为上与战略计划相联系，下与行动方案相结合的更广泛的过程。

一、人力资源战略规划的相关概念

1. 人力资源

人力资源，是指储存在人体内，能按一定要求完成工作的体能和智能资源。通常包括人的感知、气质、性格、兴趣、动机、态度、能力等方面，是先天和后天共同造就的结果，在一定程度上决定了工作完成的效率。其被视为企业可控制资源中最具有能动性的核心内容。人力资源与企业战略密不可分。

2. 人力资源管理

1954年，著名管理学家彼得·德鲁克最早在《管理的实践》一书中提出人力资源管理的概念，他认为人力资源拥有其他资源所没有的素质，即“协调能力、融合能力、判断能力和想象能力”。人力资源管理，是指组织对员工的有效管理与使用的思想和行为，它远远超出了传统的人事管理范畴。正因如此，这种新型的、具有主动性的人员管理模式越来越受到重视。与此相适应，各组织的人事部门就成为决策部门的重要伙伴，从而提高了人事部门在决策中的地位。有效的人力资源管理是社会和各个组织都需要的，其也是发挥人力资源作用的唯一有效载体。

3. 战略

战略最早是军事术语，是指军事将领指挥军队作战的谋略。在中国，战略一词历史久远，“战”指战争，“略”指谋略。春秋时期孙武的《孙子兵法》被认为是中国最早对战略进行全局筹划的著作。在现代，“战略”一词被引申至政治和经济领域，其含义演变为泛指统领性、全局性、左右胜败的谋略、方案和对策。由于“战略”的特殊含义，该词被引用到企业管理学的各个领域，并且受到了前所未有的关注。美国哈佛商学院的安德鲁斯（K. Andrews）教授认为，战略从本质上讲，是要通过一种模式，把企业的目的、方针、政策和经营活动有机地结合起来，企业形成自己的特殊战略属性和竞争优势，将不确定的环境具体化，以便较容易着手解决这些问题。美国达梯莱斯学院的魁因（J. B. Quinn）教授认为，战略是一种模式或计划，它将一个组织的主要目的、政策与活动按照一定的顺序结合成一个紧密的整体。从管理学家的定义中，我们可以认识到，战略是一种计划或模式，为组织的特定目标服务，解决一定的问题。因此，人力资源战略规划是为组织的人力资源目标服务、解决人力资源供需动态平衡问题，同时，它包含了一系列计划，也反映了一系列行动。

4. 人力资源战略

什么是人力资源战略？对人力资源战略可以有两种理解：一种是将它理解为市场定位。按照这种理解，有人根据波特对企业战略分类的思路，将人力资源战略划分为成本领先、质量领先和差异化三种战略。另一种则是将人力资源战略理解为一种管理过程，即企业通过人力资源管理实现战略目标的过程，这也可以称为“战略性人力资源管理”。我们认为这两种理解在实践中没有本质的区别。在本书中，我们对人力资源战略的理解是基于这两个方面，并力图将这两种思路融合起来。我们认为，人力资源战略是企业根据内部和外部环境分析，确定企业目标，从而制定企业的人力资源管理目标，进而通过各种人力资源管理职能活动实现企业目标和人力资源目标的过程。

5. 战略性人力资源管理

战略性人力资源管理强调通过人力资源的规划、政策及管理实践达到获得竞争优势的人力资源配置的目的，强调人力资源与组织战略的匹配，强调通过人力资源管理活动实现组织战略的灵活性，强调人力资源管理活动的目的是实现组织目标，战略性人力资源管理就是系统地将人与组织联系起来，建立统一性和适应性相结合的人力资源管理。

6. 人力资源规划

所谓人力资源规划，是指根据企业的发展规划，通过诊断企业现有人力资源状况，结合企业经营发展战略，并考虑未来的人力资源的需要和供给状况的分析及估计，对职务编制、人员配置、教育培训、人力资源管理政策、招聘和选择等内容进行的人力资源部门的职能性规划，通过必要的政策和措施，确保自身在需要的时间和岗位上获得所需要的人才（包括数量和质量两个方面），组织和个体也得到长期的利益。

7. 战略性人力资源规划

人力资源战略规划，是指根据组织的发展战略、目标及组织内外环境的变化，预测未来的组织任务与环境对组织的要求，以及为完成这些任务、满足这些要求而提供人力资源的过程。人力资源战略规划在人力资源管理中日益凸显出特殊的重要性。一方面，人力资源战略规划为企业提升核心竞争力提供了远景和方向；另一方面，人力资源战略规划为企业实施人力资源战略管理明确了目标，可以说人力资源战略规划是人力资源工作的起点，是企业人事工作的纲领。在战略规划层次上，人力资源规划主要涉及的内容包括企业外部环境因素分析、预计未来企业总需求中对人力资源的需求、估计远期的企业内部人力资源数量、人力资源规划的调整等，其重点在分析问题。在经营计划的层次上，人力资源规划涉及对人力资源需求与供给量的预测，并根据企业人力资源的方针政策，制订具体的行动方案。

战略性人力资源规划，吸取了现代企业战略管理研究与战略管理实践的重要成果，遵循战略管理的理论框架，高度关注战略层面的内容。一方面把传统意义上聚焦于人员供给和需求的人力资源规划融入其中，另一方面更加强调人力资源规划与企业的发展战略相一致。在对内外部环境理性分析的基础上，明确企业人力资源管理所面临的挑战与现有人力资源管理体系的不足，清晰地勾勒出未来人力资源愿景及与企业未来发展相匹配的人力资源管理机制，并制定能把目标转化为行动的可行措施与对措施执行情况的评价和监控体系，从而形成一个完整的人力资源战略系统。

二、人力资源战略规划的内涵

关于人力资源战略规划的定义和内涵，国内外已有不少论述。

斯多瑞认为，战略人力资源管理就是系统地将人与组织联系起来、统一性和适应性相结合的人力资源管理，是指组织为了达到目标，有计划地部署和管理人力资源各种活动的模式，即为企业能够实现目标所进行与采取的一系列有计划、具有战略性意义的人力资源部署和管理行为。战略人力资源管理的核心在于保证和增进组织绩效。米切尔·谢帕克等提出了一个关于战略人力资源管理与组织绩效关系的概念模型。他们认为，组织绩效的提高是企业的环境、经营战略、人力资源管理实践和人力资源管理的支持因素四个基本变量相互联系、相互作用的复杂系统行为的结果。人力资源战略管理通过对人力资源进行开发培训、激励员工努力工作，以实现组织的绩效目标。组织战略不是事先给定的，而是综合多种因素影响的产物，其中包括人力资源及其管理，同样，人力资源管理实践也是综合多种因素影响的产物，也会受到组织战略的作用。人力资源战略规划实际上是组织整体战略在人力资源方面的目标分解，同时人力资源状况也是组织战略目标制定的依据，只有在综合考虑当前财务能力、市场前景、自身竞争力、管理能力、生产能力、人力资源状况等客观环境的基础上才有可能做出相对准确，符合实际的战略目标。人力资源战略规划就是为了确保人力资源管理与组织战略高度匹配，使个人目标与组织的战略目标高度一致，在实现组织战略目标的同时，也实现个人目标。人力资源战略规划是对组织人力资源与组织战略目标的规划。韦恩·蒙迪认为，人力资源战略规划是系统评价人力资源需求，确保必要时可以获得所需数量且具备相应技能的员工的过程。苏珊·杰克逊等的《人力资源管理：从战略合作的角度》更是从战略合作方面举例分析企业如何有效地应对人力资源管理挑战问题。

华南师范大学人力资源研究所所长谌新民教授将人力资源战略规划概括如下：组织为了在未来一个相当长的时间内获得和保持竞争与发展的优势，而针对目前变化的环境所带来的一系列人力资源问题，在高层决策者的指导下由全体员工共同参与制订并加以实施的关于人力资源管理活动的方向性调整和行动方案。华夏基石管理咨询集团董事长、中国人民大学教授彭剑锋在回顾和分析人力资源规划含义的发展后提出，广义的人力资源战略规划，是指根据组织的发展战略、目标及组织内外环境的变化，预测未来的组织任务和环境对组织的要求，以及为完成这些任务、满足这些要求而提供人力资源的过程。它从战略层面考虑人力资源战略规划的内容和作用。狭义的人力资源战略规划，是指对可能的人员需求、供给情况做出预测，并据此储备或减少相应的人力资源。它以追求人力资源的平衡为主要目的。南京大学国际商学院院长赵曙明教授指出，人力资源规划是预测未来的组织任务和环境对组织的要求，并根据组织任务和环境对组织的要求而制定人力资源管理行动方针的过程。对外经济贸易大学的曹红月院长、叶文楼教授在《人力资源管理理论和实务》一书中也给出了类似的定义。他们把人力资源规划的含义阐述如下：预测未来的组织任务和环境对组织的要求，以及为了完成这些任务和满足这些要求而设计制定必要的政策和措施，以保证人力资源持续供给的过程，其最终目标是达成组织的战略目标和长期利益。杨清博士和刘再煊教授认为人力资源规划，是指为实施组织发展战略并实现其目标，根据组织内外部环境的变化，运用科学的方法对所属人力资源的供需进行预测，制定相宜的政策和措施，从而使组织人力资源供给和需求达到平衡的过程。

综上所述，人力资源战略规划一般可定义为在组织战略管理的基础上为了实施组织的发展战略，完成组织的生产经营目标，根据组织内部环境和外部条件的变化，运用科学的方法对组织人力资源需求和供给状况进行预测，制定相应的政策和措施，从而使组织人力资源供给和需求达到平衡。

从长期看，在组织战略的形成和执行过程中，人力资源战略规划就是为了确保人力资源管理与组织战略高度匹配，使个人目标与组织的战略目标高度一致，在实现组织战略目标的同时，也实现个人目标。人力资源战略规划是对组织人力资源与组织战略目标的规划。具体来说，人力资源规划有如下主要内涵。

第一，人力资源规划是以组织的战略目标为根据，并为实现组织的战略目标服务的。这是制定组织人力资源规划的立足点和出发点。当组织的战略目标发生变化时，人力资源规划也会相应发生变化。可以说，组织的战略目标是制定人力资源规划的基础。

第二，一个组织所处的环境是变化的。影响组织的外部环境因素很多，如政治、经济、法律、技术、文化。当这些因素发生变化时，也会给人力资源带来相应的变化。人力资源规划就是要对这些因素的动态变化进行科学的预测和分析，以确保组织在近期、中期和长期对人力资源的需求。

第三，一个组织要制定必要的人力资源政策和措施，以确保组织对人力资源需求的如期实现。政策和措施要正确、明确、得当。例如，对涉及内部人员的调动补缺、升或降职、外部招聘和培训及奖惩等都要有切实可行的措施保证，否则就无法保证组织人力资源规划的实现。

第四，人力资源规划要使组织和个体都得到长期的利益。这是指组织的人力资源规划还要创造良好的条件，充分发挥组织中每个人的主动性、积极性和创造性，提高每个人的工作效率和组织的效益，保证组织的目标得以实现。与此同时，也要切实关心组织中每个人的物质、精神和业务发展等方面的需求，并帮助他们在实现组织目标的同时实现个人目标。这两者都必须兼顾，否则就无法吸引和招聘到组织所需要的人才，也难以留住组织内已有的人才。

人力资源战略规划是战略性人力资源管理工作的重要内容，是组织做好战略性人力资源管理工作的第一步，是其他人力资源管理工作的前提和基础，直接影响组织战略目标能否顺利实现。古人很早就知道“人无远虑，必有近忧”的道理，人力资源战略规划的实质就是“未雨绸缪”，是为实现组织战略目标而做的长远谋划。

三、人力资源战略规划与其他人力资源管理活动的关系

在组织的人力资源管理活动中，工作岗位分析、劳动定额定员、员工素质测评、人力资源信息系统等基础工作是人力资源战略规划的重要前提，而人力资源战略规划对组织人员的招聘、选拔、考评、调动、薪酬、福利和保险，对员工的教育、培训和开发，以及组织人员余缺调剂等各种人力资源管理活动的目标、步骤与方法做出科学的安排。它不但为工作分析、员工配置、人员培训、员工的职业生涯规划提供了依据和基础，而且在实施组织总体发展战略规划和目标的过程中，还能不断调整人力资源管理的政策和措施，指导人力资源管理活动，成为组织人力资源管理活动的纽带。人力资源战略规划与其他人力资源管理活动的关系，如图 1-2 所示。

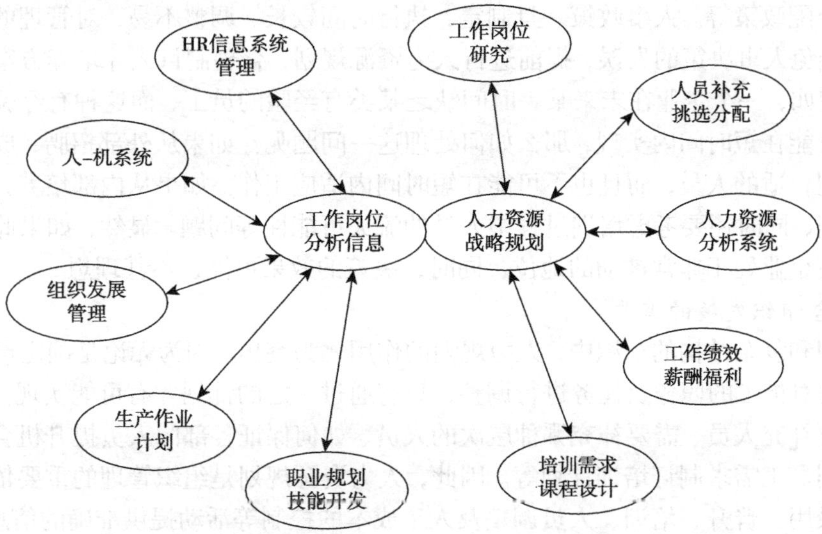

图 1-2　人力资源战略规划与其他人力资源管理活动的关系

资料来源：顾英伟（2006）

第三节　人力资源战略规划的目的与意义

一、人力资源战略规划的目的

1. 规划人力发展

人力发展包括人力预测、人力增补及人员培训三个不可分割的方面。人力资源规划首先对组织人力现状进行科学分析，继而对未来发展做出需求预测，再据以制订人员增补和培训计划。所以，人力资源规划是人力发展的基础。

相对静态组织而言，非静态组织条件下，人力资源规划更为重要。对于一个非静态组织（生产经营领域、采用的技术、组织的规模随时发生变化，人力资源的数量、质量和结构均需随时调整）来说，人力资源供需不平衡尤为明显，因此，科学分析供求的差异，并采取适当的手段调整差异成为组织取胜的关键。预测供求差异并调整差异，就是人力规划的基本目的。

2. 促使人力资源的优化配置

人力配置达到优化的组织少之又少。在大多数组织中，一部分员工工作负荷过重，而另一部分员工则工作过于轻松；有一些员工感觉工作吃力、能力不足，而另一些员工则感觉游刃有余，能力未能充分利用。面对这种不平衡的状况，人力资源规划可起到改善的效果，进而谋求人岗匹配合理化，使人力资源为组织的发展需求服务。

人力资源规划的信息往往是人事决策的基础，如采用何种晋升政策与晋升通道、制定哪种报酬分配政策等。人事政策一旦制定，执行时间较长、调整不易，对管理的影响非常大。为了避免人事决策的失误，提前进行人力资源规划，合理制订人才培养方案就显得异常重要。例如，一个企业在未来某一时间缺乏某类有经验的员工，而这种有经验的员工的培养又不可能在短时间内实现，那么如何处理这一问题呢？如果从外部招聘，成本高或有可能找不到合适的人员，而且也不可能在短时间内适应工作。如果从内部培养，就需要提前进行培训，同时还要考虑培训过程中人员的流失可能性等问题。显然，如果此时才进行决策，会使企业处于非常被动的地位，同时，决策的效果可能也不甚理想。

3. 配合组织发展的需要

在大型和复杂结构的组织中，人力规划的作用尤为突出。因为无论是确定员工的供需状况，还是对员工的职务及任务进行调整，只有通过一定的计划才有可能实现。例如，组织何时需要补充人员、需要补充哪种层次的人员、如何保证各部门人员提升机会均等、如何根据不同员工需求制订培训计划等。因此，人力资源规划是组织管理的重要依据，它会为组织的录用、晋升、培训、人员调整及人工成本的控制等活动提供准确的信息和依据。

任何组织的特性都是不断追求生存和发展，而生存和发展的关键在于人力资源的数量与质量及合理配置，即如何适时、适量及适质地使组织获得所需的各类人力资源。面对技术的飞速发展，社会环境的千变万化，针对这些多变的因素，配合组织发展目标，对人力资源进行恰当规划十分重要。

4. 降低用人成本

影响组织用人数目的因素很多，如业务、技术革新、机器设备、组织工作制度、工作人员的能力等。人力资源规划旨在科学分析组织现有的人力结构，并找出影响人力资源有效运用的瓶颈，使人力资源发挥最大效能，降低人力成本。

人力资源规划对降低中、长期的人工成本的作用尤为明显。人工成本中最大的支出是工资，而工资总额在很大程度上取决于组织中的人员分布状况。人员分布状况是指组织中的人员在不同职务、不同级别上的数量状况。当一个组织年轻的时候，处于低职务的人多，人工成本相对便宜，但是随着人员的职务等级水平上升，工资的成本也就增加了。如果再考虑物价上升的因素，人工成本就可能超过组织所能承担的能力。在没有人力资源规划的情况下，未来的人工成本是未知的，难免会发生成本上升、效益下降的趋势，因此，在预测组织未来发展的条件下，有计划地逐步调整人员的分布状况，把人工成本控制在合理的支付范围内是十分重要的。

二、人力资源战略规划的意义

1. 有助于企业适应变化的环境

企业面临的竞争环境千变万化，这就需要企业及时根据环境对人力资源的数量及质量进行调整，在企业战略与环境的基础上制定有效的人力资源战略才能适应环境的快速变化。

2. 有助于及时填补职位空缺

企业中经常会出现职位空缺的现象。对于规模较小的企业，可以在空缺实际出现后再设法补上，但是，对于规模较大的企业，就应该事先进行人力资源的规划与预测。其原因首先是在规模较大的企业中，员工分工明确，工作的专业化程度较高，新进员工的适应期较长；其次是规模较大的企业的职位空缺数额也较大，要做到及时填补，必须提早准备。

3. 有助于新员工尽快胜任工作

企业缺乏规范的人力资源规划会导致企业的人力资源部门在很短的时间内匆忙招聘大量的新员工，这很容易出现录用标准的下降，结果是招收了很多工作不稳定的年轻员工，这又会造成以后的流动率上升。在离职率居高不下的情况下应该简化工作，目的是缩短最低训练时间，使新员工能够在尽可能短的时间内胜任工作。

4. 有助于稳定生产

有效的人力资源规划能有效地预测劳动力的供需，保证劳动力水平稳定，适应现代大工业生产连续性作业的特点，稳定生产水平。新招收的员工数量应该等于离职的员工数量。

5. 有助于减少未来的不确定性

计划可以帮助企业更好地应对变化。企业面临的市场竞争环境的变化给企业的决策带来了不确定性，为了克服这些不确定性可能给企业未来的经营带来的消极影响，企业的人力资源管理部门就必须建立相应的招聘政策、培训政策和员工生涯发展政策。人力资源部门在制订计划时，还应考虑计划期的长短。短期计划是指一年及一年以内的计划，长期计划是指三年及三年以上的计划。制订短期计划或长期计划取决于企业面临的不确定性的大小。伯瑞克和马西斯早在1987年就提出了不确定性大小的影响因素及其与计划期长短之间的配合关系。

由此可见，如果没有人力资源战略规划，我们就无法正确地评价结果，也无法知道我们的努力方向是否正确，哪一个行动在实现目标方面具有最重要的作用，以及如何把不同的人力资源管理活动集中起来使它们相互配合。没有人力资源战略规划，人力资源管理活动就会变成相互之间不存在有机联系的活动大杂烩。企业目标包括市场份额、降低成本、技术革新、名声和高质量的服务等。如果没有整体的计划，这些目标就可能被遗忘。不同的人从各自的角度对企业的人力资源管理进行评价。管理者可以通过计划来确定目标，目标明确后，就很清楚每个管理者和每个员工工作的意义和范围，企业也就可以更好地把资源集中到与企业目标最一致的产品和服务的经营中。事实表明，目标明确的管理者比目标不明确的管理者更有效率，并且对工作也更满意。所以，人力资源战略规划可以把企业的人力资源管理活动与整个企业联系起来，使人力资源管理活动成为企业的一个有机组成部分。

在人力资源经理、员工及其他有关人员一起对未来进行计划的过程中，还会涉及选择相关的信息进行预测、制定目标、进行决策、对结果进行评价等问题。近年来，虽然计算机化的人力资源信息系统（human resource information system，HRIS）在帮助经理人员收集和处理信息方面的作用越来越大，但是，计算机系统仍然无法替代决策者的作用。在信息时代，信息量非常大，而人们用来识别、处理和分析信息的时间和其他资源是很有限的，这就要求决策者挑选出重要的信息以服务于目标的设定、决策的制定及成果的评估。虽然信息总是不完全和不确定的，而且人们的决策也不总是很系统的，但计划还是很有用的，因为它可以帮助我们克服这些倾向，所以支持决策的计划系统可以帮助我们提高人力资源管理的水平。增加价值并不需要完备的决策，而只需要改进后的规划，所以，人力资源经理有必要进行人力资源战略规划工作。

三、人力资源战略规划的作用

人力资源战略规划的作用可以分为以下两大方面：一是对企业战略方面的贡献；二是对人力资源管理职能自身的贡献。

1. 人力资源战略规划对企业战略方面的贡献

（1）帮助企业识别战略目标。外部竞争环境与内部企业环境的不断变化，要求企业的战略目标也要不断做出相应的调整。人才竞争是未来竞争的焦点，企业必须意识到，人才的挖掘与培养越来越成为企业必须重视的头等大事，得人才者得天下。因此，人力资源战略规划有助于企业认清企业目标的变化和人力资源的现状，通过分析预测人力资源的供求状况，制定相应的规划，企业的战略目标更具有预见性，从而提高对环境变化的适应能力和企业的竞争力。

（2）有助于创造战略目标实现的环境。企业的战略目标必须分解为更具体的目标体系，在采取有效的资源保障和配置与有效的激励和约束的条件下，才能得以实现。人力资源决策在企业的环境层面、企业层面、人力资源部门层面、人力资源数量层面和任务层面对企业战略目标的实现有重要影响。人力资源战略规划不仅可以在人力资源战略目标下，通过计划把资源集中到与企业目标最一致的产品和服务中，还可以通过计划的制订、实施、评估和反馈，保证政策的连贯性与一致性。

（3）为企业战略目标的实现提供人力资源的保证。人力资源计划在明确企业战略的要求后，科学预测人力资源供需状况并制定相应的措施，平衡人力资源的供给与需求，确保企业目标的实现。

（4）提高员工工作生活质量。人力资源战略规划可以使企业员工看到未来企业各层面的人力资源需求，从而参照企业人力资源的供给情况来设计自身的职业生涯发展道路，这对提高员工的组织归属感和工作积极性等方面是非常有益的。

2. 人力资源战略规划对人力资源管理职能自身的贡献

人力资源战略规划是人力资源开发与管理部门各项业务开展的基础。

（1）为人力资源部门的各项活动设定目标。人力资源战略规划要对企业现有的人力资源能力进行分析，还要对员工预期达到的能力与要求进行估计和分析，找出现状与理想状态的差距，并以此为基础制定人力资源各项业务活动的目标。一般情况下，人力资源战略规划所设定的目标就是考评人力资源部门的业务活动，如招聘、考评、培训、工作系统设计等的标准。

（2）有利于人力资源部门资源的合理利用。人力资源开发与管理部门的各项业务活动需要耗费人力、物力、财力等有限资源，合理的规划有助于提高效率，降低成本。例如，人力资源战略规划可根据企业对人力资源的数量、质量需求，以及人力资源的供给状况，决定员工培训的参加人数、范围与内容，并决定培训的投资额度等，达到以最小的成本获得最大效益的目的。

（3）提高人力资源管理部门业务活动的工作质量。完善的计划具有统一思想和行动的作用，计划与控制的有效结合还可以加强监督，提高人力资源管理部门的工作效率。

【本章小结】

本章首先论述人力资源战略规划的演进与人力资源战略规划在中国的发展历程，分析了人力资源战略规划面临的挑战。其次，从人力资源规划的相关概念入手，引出人力资源战略规划的定义与内涵，以及人力资源战略规划与人力资源管理其他活动的关系。最后，分析了人力资源战略规划的理论基础、目的、作用与意义，指出人力资源战略规划对企业战略管理和人力资源管理的重要性。

关键词中英文对照

人力资源	human resource
人力资源管理	human resource management
战略	strategy
人力资源战略规划	human resource strategic plan
人力资源战略	human resource strategy
战略性人力资源管理	strategic human resource management
人力资源规划	human resource planning
战略性人力资源规划	strategic human resource planning

案例讨论

手忙脚乱的人力资源经理

D 集团在短短 5 年之内由一家手工作坊发展成为国内著名的食品制造商，企业最初不制订计划，缺人了就去人才市场招聘。企业日益正规后，开始每年年初制订计划：收入多少，利润多少，产量多少，员工定编人数多少等，人数少可以招聘，人数超编就要求减人，一般在年初招聘新员工。可是，因为一年中不时地有人升职、有人平调、有人降职、有人辞职，年初又有编制限制不能多招，而且人力资源部门也不知道应当招多少人或者招什么样的人，结果人力资源部经理一年到头地往人才市场跑。

近来由于3名高级技术工人退休，2名跳槽，生产线立即瘫痪，D集团总经理召开紧急会议，命令人力资源部经理3天之内招到合适的人员顶替空缺，恢复生产。人力资源部经理两个晚上没睡觉，频繁奔走于全国各地人才市场和面试现场，最后勉强招到2名已经退休的高级技术工人，使生产线重新开始运转。人力资源部经理刚刚喘口气，地区经理又打电话说自己的公司已经超编了，不能接收前几天分过去的5名大学生，人力资源部经理怒气冲冲地说："是你自己说缺人，我才招来的，现在你又不要了!"地区经理说："是啊，我两个月前缺人，你现在才给我，现在早就不缺了。"人力资源部经理分辩道："招人也是需要时间的，我又不是孙悟空，你一说缺人，我就变出一个给你？"……

分析：

很多企业都出现过这种情况，以前没觉得缺人是什么大事情，缺人了才去招聘，虽然招来的人不是十分满意，但对企业的发展也没什么大的影响，所以从来没把时间和金钱花在这上面。即使在企业规模日益扩大后，也只是每年年初做人力资源定编计划，而对于人力资源战略性储备或者人员培养都没有给予足够的重视，认为中国人多得是，不可能缺人。随着市场的日益规范，企业的日益壮大，企业出现了发展的瓶颈——缺少人才，想要进一步发展壮大、长治久安必须依靠源源不断的人才。但是，很多企业仅限于缺人，却不知道为什么缺人，以及如何解决这一问题。

（资料来源：http://www.chinahrd.net/case/info/172108）

讨论题：

1. D集团人力资源部经理遇到了什么问题？导致问题出现的原因是什么？
2. 联系D集团的实际，谈谈企业为什么需要进行人力资源规划。

【思考题】

1. 简述人力资源战略规划的演进历程。
2. 结合实际，分析我国人力资源战略规划的现状与挑战。
3. 简述人力资源战略规划的内涵，并简要分析人力资源规划与人力资源战略规划的区别与联系。
4. 结合企业实际，谈谈企业为什么需要进行人力资源战略规划。

参考文献

曹红月，叶文楼. 2005. 人力资源管理理论和事务. 北京：对外经济贸易大学出版社.
葛玉辉. 2013. 人力资源管理. 北京：清华大学出版社.
顾英伟. 2006. 人力资源规划. 北京：电子工业出版社.
郭建凤. 2008. 我国家族企业人力资源战略规划问题研究. 吉林大学硕士学位论文.
彭剑锋. 2003. 人力资源管理概论. 上海：复旦大学出版社.
皮卫华. 2006. 企业的人力资源规划研究——以AC公司为例. 东南大学硕士学位论文.
谌新民. 2005. 人力资源管理概论. 北京：清华大学出版社.
王海凤. 2008. 辽河油田公司人力资源规划研究. 大连理工大学硕士学位论文.
王玉娇. 2013. 人力资源管理. 北京：清华大学出版社.

沃尔里奇 D. 2000. 人力资源管理教程. 刘磊译. 北京：新华出版社.
萧鸣政，Cook M. 2013. 人员素质测评. 北京：高等教育出版社.
赵曙明. 2002. 人力资源战略与规划. 北京：中国人民大学出版社.

第二章

企业战略与人力资源战略

引导案例

万科：以变应变的三个战略角色

万科企业股份有限公司（简称万科）成立于 1984 年 5 月，是目前中国最受关注的住宅开发企业。万科在成立之初，就提出了人才是万科的资本。2001 年，万科对人力资源部进行了重新定位，以提供相应支持帮助公司实现战略：①管理者的战略合作伙伴；②企业内部变革的推动者；③方法论的专家。万科还赋予人力资源一项特殊的权力——一票否决权，即在开设新项目时，如果人力资源负责人认为没有与之相匹配的人力资源，那么他就有权否决这个项目。在整个万科包括董事长在内，只有解冻（万科 CHO①）拥有这样的权利。

万科人力资源管理的战略角色体现在三个战略方向。

1. 集团的组织建设负荷公司的战略趋势

2008 年，万科战略和投资管理部与麦肯锡对万科中长期战略进行了修订，在此基础上，人力资源部和麦肯锡合作，对麦肯锡提出的战略进行相应的组织架构调整。

2. 人员的引进和培养方向与战略紧密结合

人才战略随形势变化而变化，当房地产发展迅速时，在人才引进上，偏向引进融资方面的人才，而从 2008 年开始，设计、销售等专业服务人才成了万科寻找的目标。

3. 文化与战略匹配

万科更多地依靠文化来管理企业。例如，未来的战略要求向“精益”转型，2008 年，

---

① CHO，chief human resource officer，即首席人力资源官。

人力资源部9个项目中有3个项目采用了精益管理方式，旨在塑造流程型的企业文化。

思考题：

1. 请结合人力资源管理相关知识，分析万科公司的一票否决制。
2. 简述企业文化对公司人力资源管理所产生的积极影响。

第一节　企业战略

企业泛指一切从事生产、流通或服务性活动的独立核算营利性经济实体与非营利性政府及社团机构。这与传统概念下的一般企业定义有所不同，传统概念下的企业主要是指营利性组织，而不包括非营利性组织。在企业战略研究中，将企业的概念拓广到包括非营利性组织，一方面是因为战略管理的许多思想对营利性与非营利性这两类组织具有普遍适用意义，另一方面是因为现代企业战略管理的研究大量涉及非营利性组织的问题。为了方便叙述，避免区别使用两种不同的名称来代表营利性与非营利性这两种具有不同性质的组织之累赘，在本书的一般论述中，作为一种约定（特别声明除外），"企业"一词均泛指营利性与非营利性这两类组织。

企业战略是企业运行的指导思想，它是对处于不断变化竞争环境之中企业的过去运行情况及未来将如何运行的一种总体表述。企业战略需要回答的根本性问题为"企业的业务是什么及应该是什么"，回答这一问题，可以帮助企业明确自己的使命，弄清所追求的目标，需要开发哪些战略，从而通过更好的决策为企业今后的经营奠定良好的基础。

企业战略还涉及以下问题：企业的业务目标是什么？如何确定企业各业务目标的优先顺序？为实现设定的业务目标，企业应采取什么措施和如何配置资源？企业的适当规模是什么？企业的长期发展目标是追求增长还是维持现状？企业拟进入哪一新业务领域，放弃哪些老业务？是扩大现有业务领域还是多角化经营？是否需要进入其他地理区域市场？是否应该兼并另一企业或与其他企业进行联合投资？如何回避不怀好意的购并？

传统的企业战略理论主要有古典战略管理理论、波特的竞争战略理论和核心竞争能力理论三种。

一、古典战略管理理论

20世纪60年代，钱德勒在《战略和结构》一书中首先研究企业战略管理理论，此后各种战略管理理论层出不穷，形成了战略管理理论"丛林"。根据已有的企业战略管理理论，我们大致可以把战略管理理论分为三个阶段，即古典战略管理理论、以产业分析为基础的竞争战略理论和以资源为基础的核心竞争力理论。

古典战略管理理论以环境为研究出发点，强调对环境的分析及对自身优势和劣势的分析。其中的典型代表是哈佛商学院的安德鲁斯（Kenneth Andrews）教授提出制定企业战略的过程模型——SWOT[①]分析（表 2-1）。

表 2-1　制定企业战略的过程模型——SWOT 分析

内部因素 / 外部因素	内部优势（S），如在管理、经营、财务管理、研究开发等方面的优势	内部弱点（W），如列在“内部优势”一栏内各个方面的弱点
外部良机（O），如目前和将来的经济条件、政治和社会变化、新技术和产品等	SO 策略：极大——极大 可能是最成功的策略，发挥组织的优势，利用机会	WO 策略：极小——极大 如为充分利用机会而采取克服弱点的发展策略
外部的威胁（T），如缺少能源、竞争激烈等因素	ST 策略：极大——极小 如利用公司的优势解决或避免威胁因素	WT 策略：极小——极小 如紧缩开支、清理和建立合资企业

资料来源：孔茨和韦里克（1998）

这一模型是古典战略管理理论的代表，强调企业战略管理要适应外部环境的发展，以提高企业的市场份额为目标。但问题是企业环境是不断发展变化的，被动地追求适应环境，其结果往往是难以适应环境的变化。

古典战略管理理论指导企业开展战略管理是建立在线性思维基础上的，即企业分析外部环境的机会和威胁，然后把这些条件参数输入特定的战略管理模型，从而获得一个最优的战略管理方案。但遗憾的是，这种战略管理方案只是理想化的，在现实中的实施效果并不理想。原因在于这类方案忽略了现实企业管理中许多小的“随机”事件会逐渐累积，被反馈放大并最终决定企业在市场上的命运。正如阿瑟（Authur）所指出的，“在现实世界里，如果几个规模相近的企业同时进入一个市场，偶然的小事件——未料到的订货、与购买者的偶然商谈、管理的怪念头——将会决定谁会较早卖出产品，并最终占据市场主流”。这说明市场中小的“随机”因素通过正反馈可以影响企业的发展和命运，而依照古典战略管理理论制定的企业战略并不会考虑这些小的“随机”因素，其实施结果往往是失败的。

二、波特的竞争战略理论

古典战略管理理论对于提高企业适应环境的能力，注重企业长期的全局谋划都起到了积极的指导作用，但是被动地适应环境难以提高企业的竞争力水平，随着经济的发展和市场竞争程度的加剧，古典管理理论逐渐被以产业为基础的竞争线路代替，以产业为基础的竞争战略是哈佛大学的波特教授于 1980 年提出的。波特把产业经济学中的贝恩范式（结构—行为—绩效）引入战略管理。他认为，“形成竞争战略的实质就是将多个公司与其环境建立联系化，并提出分析企业竞争战略包括五种竞争作用力：进入威胁、替代威胁、买方讨价还价能力、供方讨价还价能力、现有竞争对手的竞争”。这种竞争作用力的强弱取决于产业的利润率。他的企业竞争战略强调的重点如下：选择有吸引力的、高潜在利润的产业；在已选择的产业中获得有利的竞争地位。

波特的竞争战略理论把企业战略管理引入更广阔的环境分析视野中，关注产业结

① SWOT 分别代表：strengths（优势）、weaknesses（劣势）、opportunities（机会）、threats（威胁）。

构，提出寻求有吸引力的产业与谋求在具体产业中有吸引力的竞争地位，这些对于提高企业的竞争力都有积极作用。但是企业内部因素同样重要，如果在高吸引力、高利润产业中内部因素不健全，则依然不会有好的经营业绩。从产业因素等外部因素无法解释一个好的竞争战略却未必获得竞争优势的现象。在这种情况下，企业核心竞争能力学派的观点逐渐受到广大战略管理的理论研究者和实践者的重视。

三、核心竞争能力理论

企业核心竞争能力理论认为，企业要想获得竞争优势，必须具备独特的竞争能力。企业战略管理的核心是善于运用企业的核心资源，提升企业的竞争能力。核心竞争力是“组织中的积累性学识，特别是关于如何协调不同的生产技能和结合多种技术流的学识”。哈默尔（Gary Hamel）和普拉哈拉德（C. K. Prahalad）认为，充分有效地利用资源的方式有五种，即更有效地将资源集中于战略目标，更有效地积累资源，整合互补资源以创造高层次的附加价值，尽可能地保存资源，缩短消耗与回收之间所需的时间以迅速回收资源。

无论是波特的竞争战略理论，还是哈默尔和普拉哈拉德的核心竞争能力，都对企业的战略管理理论和实务做出了积极贡献。

以上是对战略管理理论发展历程的简单回顾和评价。我们可以发现以往战略管理理论的共同前提如下：①战略设计的思路遵循线性思维方式，想寻求一种符合所有企业特点的固定战略模型，但是并未实现。②追求单一的稳定均衡，规划长远步骤却缺乏动态思考，其结果并不理想。事实上经济和管理中存在多种均衡。③寻求最优的战略设计，这些战略设计的经济学假设前提是经济运行中有帕累托最优，但在现实中，企业的环境是千变万化的，不存在帕累托最优。因此，我们需要新的战略管理范式。

第二节　企业战略与人力资源战略的关系

人力资源战略，是指企业为实现其战略目标而制定的一系列有关人力与人才资源开发和管理的总体规划，是企业发展战略的重要组成部分，是抓住组织的战略目标和目的，并将目标和目的转化为前后一致的、整体化的、完善的员工管理计划和政策，是“从人力资源的‘质’和‘量’入手，评估目前人力资源的质量与企业目前及未来发展变化所需之间的差距，并能够满足这些要求的过程”。库克则认为，人力资源战略是指员工发展决策及处理，对员工具有重要和长期的影响决策。它表明了企业人力资源管理的指导思想和发展方向，而这些指导思想和发展方向为企业的人力资源计划和发展奠定了基础。企业人力资源战略是根据企业战略来制定的。科迈斯-麦吉阿等则把人力资源战略定义如下：企业慎重地使用人力资源，帮助企业获取和维持其竞争优势，它是组织所采用的一个计划或方法，并通过员工的有效活动来实现组织的目标。综上所述，可以把人力资源管理战略定义为根据企业战略来制定人力资源管理的计划和方法，并通过人力资源管理活动来实现企业的战略目标。

一、人力资源战略的作用

企业战略是一组企业活动的决策，战略目标的实现依赖于一系列功能性战略，而在这一系列功能性战略中，人力资源战略最重要。勒温和米切尔指出，人力资源战略与企业战略的协调，可以帮助企业利用市场机会提升企业的内部组织优势，帮助企业达成战略目标。人力资源战略对企业的意义主要体现在以下三个方面。

1. 可提高企业的绩效

员工的工作绩效是企业效益的基本保障，企业绩效的实现是通过向顾客有效地提供企业的产品和服务体现出来的，而人力资源战略的重要目标之一就是实施对提高企业绩效有益的活动，并通过这些活动发挥其对企业成功所起到的作用。过去，人力资源管理是以活动为宗旨，主要考虑做什么，而不考虑成本和人力的需求。现在，经济发展正在从资源型经济向知识型经济过渡，企业人力资源管理也就必须实行战略性的转化。人力资源管理者必须把他们活动所产生的结果作为企业的成果，特别是作为人力资源投资的回报，使企业获得更多的利润。从企业战略上讲，人力资源管理作为一个战略杠杆能有效地影响公司的经营绩效。人力资源战略与企业经营战略结合，能有效推进企业的调整和优化，促进企业战略的成功实施。

2. 有利于企业形成持续的竞争优势

随着企业间竞争的日益白热化和国际经济的全球一体化，很难有企业可以拥有长久不变的竞争优势。往往是企业创造出某种竞争优势后，经过不长的时间就被竞争对手模仿，从而失去优势。而优秀的人力资源所形成的竞争优势很难被其他企业模仿。所以，正确的人力资源战略对企业保持持续的竞争优势具有重要意义。人力资源战略的目标就是不断增强企业的人力资本总和。扩展人力资本，利用企业内部所有员工的才能吸引外部的优秀人才，是企业战略的一部分。人力资源工作就是要保证各个工作岗位所需人员的供给，保证这些人员具有其岗位所需的技能，即通过培训和开发来缩短及消除企业各职位所要求的技能和员工所具有的能力之间的差距。当然，还可以设计与企业的战略目标相一致的薪酬系统、福利计划、提供更多的培训、为员工设计职业生涯计划等来增强企业人力资本的竞争力，达到扩展人力资本、形成持续的竞争优势的目的。

3. 对企业管理工作具有指导作用

人力资源战略可以帮助企业根据市场环境变化与人力资源管理自身的发展，建立适合本企业特点的人力资源管理方法。例如，根据市场变化确定人力资源的长远供需计划；根据员工期望，建立与企业实际相适应的激励制度；用更科学、先进、合理的方法降低人力成本；根据科学技术的发展趋势，有针对性地对员工进行培训与开发，提高员工的适应能力，以适应未来科学技术发展的要求等。将人力资源由社会性资源转变成企业性资源，最终转化为企业的现实劳动力。人力资源战略是实现企业战略目标，获得企业最大绩效的关键。研究和分析人力资源战略，有利于提升企业自身的竞争力，是达到人力资本储存和扩张的有效途径。人力资源战略在企业实施过程中必须服从企业战略，企业战略形成的实际中也必须积极考虑人力资源因素，二者只有达到相互一致、相互匹配，才能促进企业全面、协调、可持续发展。

二、企业人力资源战略与不同企业战略的匹配

人力资源战略的最大影响体现在企业绩效，而人力资源战略与企业战略是否匹配决定了企业绩效能在多大程度上得到提高。当人力资源战略与企业战略相匹配时，人力资源战略才能提高组织绩效，才能正确地指导人力资源管理活动，避免浪费；人力资源战略才能实现企业的战略目标，提高组织绩效，进而为企业创造竞争优势。

1. 与波特的竞争战略相协调的三种人力资源战略

戈梅斯（Gomez）和麦加（Mejia）等提出了与波特的竞争战略相协调的三种人力资源战略（表 2-2）。当企业采用成本领先战略时，主要是通过低成本来争取竞争优势，因此严格控制成本并加强预算。为了配合低成本的企业战略，此时的人力资源战略强调的是通过有效性、低成本市场、高结构化的程序来减少不确定性，并且不鼓励创新性。差异化战略思想的核心在于通过创造产品或者服务的独特性来获得竞争优势。因此，这种战略的一般特点是具有较强的营销能力，强调产品的设计和研究开发，公司以产品的质量著称。此时的人力资源战略则强调创新性和弹性、以团队为基础的培训和考评，以及差别化的薪酬策略等。当企业采用集中化战略时，企业战略的特点综合了成本领先战略和差异化战略，相应地，人力资源战略结合了上述人力资源战略。

表 2-2　与波特的竞争战略相协调的三种人力资源战略

企业战略	一般组织特点	人力资源战略
成本领先战略	· 持续的资本投资 · 严密地监督员工 · 严格的成本控制，要求经常、详细的控制报告 · 低成本的配置系统 · 结构化的组织和责任 · 产品设计以制造上的便利为原则	· 有效率的生产 · 明确的工作说明书 · 详细的工作规划 · 强调具有技术上的资格证明与技能 · 强调与工作有关的特定培训 · 强调以工作为基础的薪酬 · 以绩效评估为控制机制
差异化战略	· 营销能力强 · 产品的策划与设计 · 基础研究能力强 · 公司以质量或科技领先著称 · 公司的环境可吸引高技能的员工、高素质的科研人员或具有创造力的人	· 强调创新和弹性 · 工作类别广 · 松散的工作规划 · 外部招募 · 团队基础的培训 · 强调以个人为基础的薪酬 · 以绩效评估为发展的工具
集中化战略	结合了成本领先战略和差异化战略组织的特点	结合了上述人力资源战略

2. 与迈尔斯和斯诺的企业战略相协调的人力资源战略

迈尔斯（Miles）和斯诺（Snow）将企业战略分为三种类型，即防御者（defender）战略、探索者（prospector）战略和分析者（analyzer）战略。防御者战略寻求的是整体市场中的一个狭窄、稳定的细分市场，而不是成长。探索者战略则通过不断寻找新产品、新市场或新服务，发掘新的商业机会。在这种战略下，企业资源主要用于鼓励创新与获取难以在组织内部发展的能力。分析者战略是同时在稳定和动荡的产品市场上经营，它们往往是其经营领域的领导者，但不是变革的发起者。

柏德（Baird）和比奇勒（Beechler）认为，对应于企业的防御者战略、探索者战略和分析者战略，企业应当采取相互协调的人力资源战略（表 2-3）。当企业采用防御者战略时，与其相协调的人力资源战略是累积者战略。累积者战略是基于建立最大化员工投入和技能培养，充分发挥员工的最大潜能。当企业采用分析者战略时，与其对应的人力资源战略是协助者战略。协助者战略是基于新知识和新技能的创造，鼓励并支持能力、技能和知识的自我开发。而当企业采用探索者战略时，企业最优的人力资源战略选择是效用者战略。效用者战略是基于极少的员工承诺和高技能的利用，企业将雇用具有目前所需要的技能且可以马上使用的员工，使员工的能力、技能与知识能够配合特定的工作。

表 2-3　与迈尔斯和斯诺的企业战略相协调的人力资源战略

企业战略	组织要求	人力资源战略
防御者战略 · 产品市场狭窄 · 效率导向	· 维持内部稳定性 · 有限的环境分析 · 集中化的控制系统 · 标准化的运作程序	累积者战略：基于建立最大化员工投入和技能培养 · 获取员工的最大潜能 · 开发员工的能力、技能和知识
分析者战略 · 追求新市场 · 维持目前存在的市场	· 弹性 · 严密和全盘的规划 · 提供低成本的独特产品	协助者战略：基于新知识和新技能的创造 ·聘用自我动机强的员工，鼓励和支持能力、技能和知识的自我开发 ·在正确的人员配置与弹性结构化团体之间进行协调
探索者战略 · 持续地寻求新市场 · 外部导向 · 产品/市场的创新者	· 不断地陈述改变 · 广泛的环境分析 · 分权的控制系统 · 组织结构的正式化程度低 · 资源配置快速	效用者战略：基于极少的员工承诺和高技能的利用 ·雇用具有目前所需要的技能且马上可以使用的员工 ·使员工的能力、技能和知识能够配合特定的工作

三、人力资源管理与企业战略的四种关系类型

人力资源是企业发展的基础，经营战略是企业发展的导向，对于企业来说，两者都很重要，两者中任何一个出现不足或偏差都会影响企业的可持续发展。那么，企业是应当考虑人力资源现状与预测来制定企业的战略，还是先制定经营战略，再以经营战略为导向来提升企业的人力资源配置呢？人力资源管理与企业战略之间的关系如表 2-4 所示。

表 2-4　人力资源管理与企业战略之间的关系

类型	人力资源管理活动	人力资源管理部门的地位	人力资源管理部门对企业战略的参与	后果
行政关系	孤立的人事日常事务处理	较低层次服从	无机会，不参与企业战略形成和实施	停留在人事管理的水平，企业战略难以有效实施
单向关系	人力资源部门根据企业战略制定和实施人力资源战略	中高层次服从为主	参与战略实施，不参与战略形成	没有参与企业战略制定，导致企业战略不能成功实施
双向关系	在形成企业战略过程中提出建议,将人力资源问题包括在内，实施企业战略	较高层次服从和建议	既参与战略形成，也参与战略实施	彼此相互依赖，较好地保证战略制定，企业战略能成功实施
一体化关系	人力资源管理活动完全融入企业战略的制定、实施中	决策层决策、执行	持续、全面地参与企业战略的制定、实施	使企业在竞争中能够处于有利地位，保证企业战略的成功实施

四、人力资源战略与企业战略匹配的意义

人力资源部门是企业重要的职能部门，人力资源战略的制定也必然是为企业战略服务的。人力资源战略必须与企业战略相适应才能发挥最大功效，从而帮助企业合理利用市场机会，提升企业内部的组织优势，帮助企业实现其战略目标。人力资源战略与企业战略构想得以落实，是企业经营成功的关键因素之一。

企业战略是对企业各种战略的统称，其中既包括竞争战略，也包括营销战略、融资战略、技术开发战略、人才开发战略、资源开发战略等，是企业在分析内外部环境的情况下，为使自己保持或取得竞争优势而制定的战略。企业战略通常分为公司层战略和事业层战略。因此，人力资源战略必须建立在与公司层战略和事业层战略发展相一致的基础上，只有这样才能发挥人力资源管理的战略作用，才能通过人力资源管理提高企业的绩效，实现企业的战略目标。

人力资源战略是企业战略的核心组成部分，是企业人力资源部门工作的指导方针。企业战略是企业为了提升竞争优势而制定的长远目标，以及与目标相适应的行为计划。只有当人力资源战略与企业战略相匹配时，才能提高企业的组织绩效，提升企业的竞争优势，促进企业的可持续发展。

第三节　企业竞争优势与人力资源战略

一、竞争优势

在竞争日益激烈的知识经济时代，竞争无处不在，无时不有，为了生存和取胜，必须比竞争者更有优势。企业获得竞争优势主要有竞争性成本、高质量产品、速度和创新四种途径。

1. 竞争性成本

竞争性成本意味着成本足够低，使企业能够制定对顾客有吸引力的产品或服务价格。显而易见，如果企业能低价提供有吸引力的产品，它多半能卖得出去。企业可以通过管理和削减成本来提供低价。这意味着需要通过科学地使用各类资源实现最小的浪费目标。一套有竞争力的成本体系是企业成功的必要条件。成本是指花费在材料输入、产品转换和成品输出过程中的金钱，具体花费包括原材料、设备、人工和营销等。其中，人是成本中的中心话题，最简单和明显的成本减少方式是裁员和提供低工资福利。但是更好的做法是公平支付员工薪酬以保证他们与竞争对手的雇员相比，能为企业创造更多的价值。一套符合企业现实情况的人力资源体系对企业的成本控制有着重要作用。

2. 高质量产品

质量是指产品的卓越性，包括它的吸引力、无缺陷、可靠性和长期可靠性。随着经济全球化的高速发展，产品质量的重要性和可接受标准大幅度提高，高质量产品已经成为企业参与竞争的必要条件。质量可以通过性能表现、额外特性、可靠性（失败或故障）、服务水平和外观等衡量。

3. 速度

速度是企业竞争中区分成败的关键因素。快速及时地执行、反应和传送结果，更多、更快地产品开发和投放市场，更迅捷地对顾客的要求做出反应，都可以为企业赢得先机。

4. 创新

创新就是提供新产品或新服务。变化是当今竞争世界中唯一不变的要素，企业必须适应消费者需求的变化，开发、提供满足消费者新需求的产品和服务。与竞争优势的其他来源一样，创新归根结底来源于人，具有战略眼光的人力资源管理能为企业得到和留住创新型人才。

综上所述，人力资源战略为企业适合的竞争优势提供了必要的保证和方法。

二、人力资源战略提高企业竞争优势的体现

人力资源管理实践是企业人力资源战略的具体表现。通过研究企业的人力资源管理实践来分析企业人力资源战略对企业竞争优势的提高作用。斯坦福大学教授杰夫瑞·菲弗研究发现，有16种体现企业人力资源战略的人力资源管理实践，可以提升企业竞争优势。

（1）就业安全感。组织需要向员工提供一个长期就业承诺，保证任何一位员工都不会因为工作减少而被解雇。这种实践导致员工的忠诚、承诺，使之愿意为组织利益付出额外努力。

（2）招聘时的挑选。仔细地以正确方式挑选合格的员工。一个非常合格的员工的平均劳动生产率比不太合格的员工要高出两倍。此外，通过在招聘实践中挑选，组织向求职者发出信息，即他们加入的是一个精英组织，组织对员工的绩效有高度期望。

（3）高工资。工资高于市场所要求的工资。高工资倾向于吸引更加合格的求职者，使流动较少发生，并且发出一个信息——公司珍视它的员工。

（4）诱因薪金。让那些提升了盈利率水平的员工分享津贴。员工会认为这样一种

做法既公平又公正。如果将员工的才智和努力所产生的利润都归功于最高管理部门，人们就会认为这样做不公平，会气馁并放弃努力。

（5）员工所有权。通过向员工提供诸如公司股票份额和利润分享方案等，把组织所有权的利润给予员工。如果恰当地加以实施，员工所有权可以让员工的利益与股东的利益密切地结合起来。这样，员工将可能对其组织、战略和投资政策保持一种长期的信念。

（6）信息分享。向员工提供有关运作、生产率及盈利率的信息。为员工提供正确评价个人利益与公司利益的关联性的信息基础，并因此提供他们所需要的信息，从而使员工去做要想成功就必须做的事。

（7）参与和授权。鼓励决策的分散化并在工人的工作过程中扩大工人的参与和授权。组织应当从一种层级制的控制和协调活动系统走向这样的系统，即较低层次的员工被允许做那些能提高绩效的事情。研究已经表明，参与既能提高员工的满意度，又能提高生产率。

（8）团队和工作再设计。使用跨学科的团队以协调和监控他们自己的工作。通过设定关于恰当的工作数量和质量的规范，团队会对个体施加某种强烈的影响。当管理者对群体努力实施评价、群体对工作环境拥有某种自主权和控制权，以及群体受到组织严肃对待时，要产生来自群体影响的正面结果将更加困难。

（9）培训和技能开发。为工人提供完成其工作所必需的技能。培训不仅保证员工和经理能胜任他们的工作，还显示了公司对员工的承诺。

（10）交叉使用和交叉培训。培训人们去从事几项不同的工作。让人们做多项工作可以使工作变得更加有趣，且经理安排日常工作会更具有弹性，如他能用一个受过培训的工人代替一个缺勤的工人。

（11）象征性的平等主义。平等对待员工可以通过诸如取消经理餐厅和专用停车位之类的行动来实现。减少社会级别的表现有能减少员工与管理者之间的对立思想，并且能让人们产生一种为一个共同目标而工作的感觉。

（12）缩小员工间的薪金差别。当需要互相依赖和协调来完成工作时，应当缩小员工之间的薪金差别，通过减少人际竞争和强化合作来提高生产率。

（13）内部晋升。提拔处于较低组织层次上的员工以填补职位空缺。增加培训和技能开发的机会，提供给员工一个努力工作的诱因，并且能提供工作场所的公平和正义。

（14）长期观点。在短期内，与维持就业安全感相比，解雇也许更有利可图，减少培训经费也是保持短期利润的快捷方式。但是，一旦通过使用人力资源管理实践获得长期竞争优势，这种优势就有可能实实在在并更加持久。

（15）对实践的测量。组织应当测量诸如员工态度、各种方案和首创精神的成功及员工绩效水平等方面。测量能够通过指明何者重要而指引行为，而且它能为公司和员工提供反馈，告诉他们相对于测量标准，他们表现得有多好。

（16）贯穿性的理念。通过根本的管理理念把各种个体的实践连接成一个有凝聚力的整体。

三、人力资源战略提升企业竞争优势的理论模型

人力资源战略提升企业竞争优势的理论模型是我们根据克雷曼的模型修改得到的。克雷曼的模型以人力资源实践为分析的起点。尽管每个企业可能会针对不同的员工设计不同的人力资源实践，不过企业都有其主要的人力资源战略，也正是主要的人力资源战略指导着企业的人力资源实践。因此我们认为，对企业竞争优势的分析应当从人力资源战略开始，在某种人力资源战略的指导下，设计一系列的人力资源实践。克雷曼指出，企业设计的人力资源实践可以直接或间接地对企业竞争优势产生影响。所谓直接地提升企业竞争优势，主要是指该种人力资源实践直接对企业竞争优势产生影响；间接地提升企业竞争优势，是指某种人力资源管理能够首先对某些结果造成影响，这些结果转而创造另一些结果去影响竞争优势。具体地说，是通过以员工为中心的结果引发以组织为中心的结果，从而提升企业竞争优势（图 2-1）。

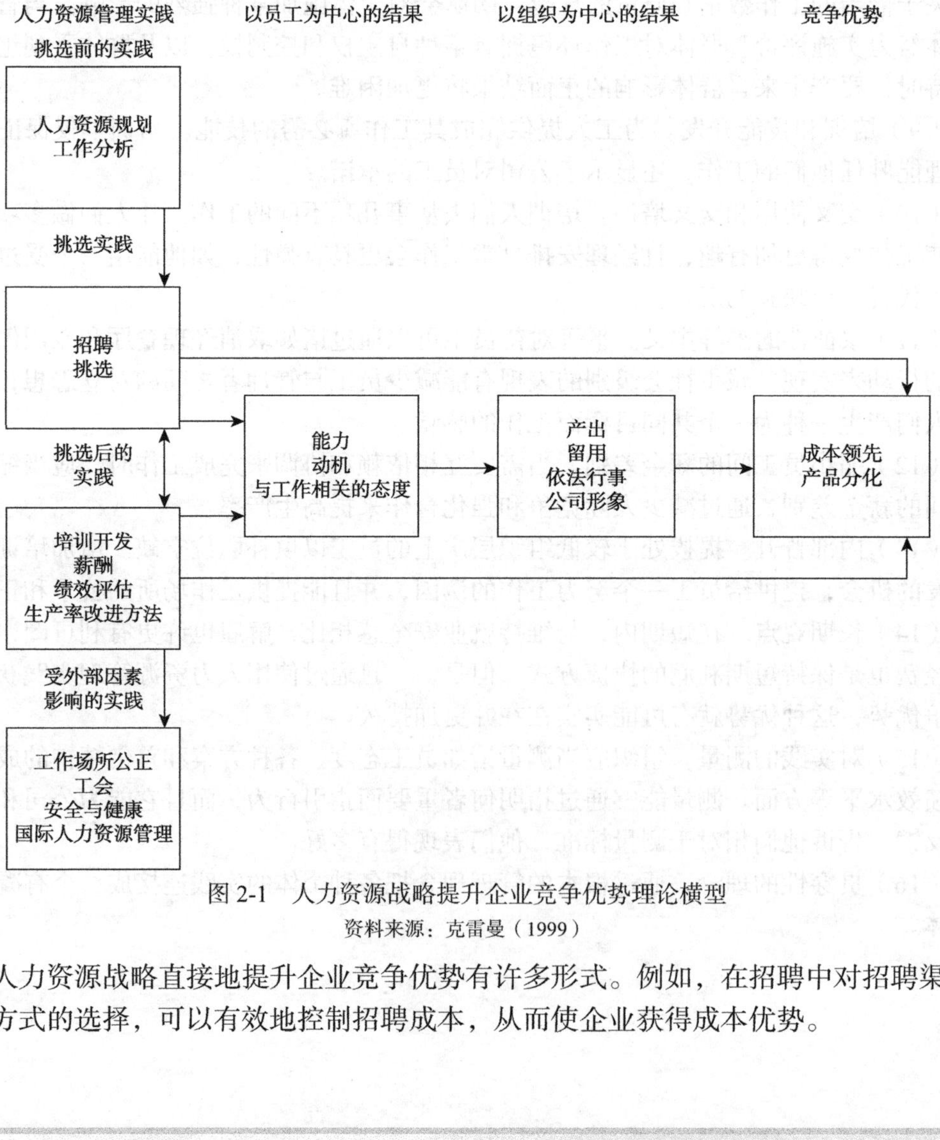

图 2-1　人力资源战略提升企业竞争优势理论横型

资料来源：克雷曼（1999）

人力资源战略直接地提升企业竞争优势有许多形式。例如，在招聘中对招聘渠道和招聘方式的选择，可以有效地控制招聘成本，从而使企业获得成本优势。

互联网招聘的广泛推广使许多企业大大降低了招聘费用。比竞争企业拥有更低的人力资源管理成本成为保持持续竞争优势的重要方面，特别是在有些服务性行业中，许多公司约70%的预算花在工资发放这项成本上。

人力资源战略指导人力资源实践在前文和有关人力资源的教材中已有大量论述，此处不再论述。

人力资源实践导致以员工为中心的结果，主要是指人力资源实践能够导致企业员工的能力、等级及工作态度得到积极的改善。例如，企业通过提供比竞争者更有吸引力的薪酬和津贴计划，常常使企业能够吸引和留住最优秀的人才。这些最优秀的人才可以产生很高的劳动生产率和更高的工作绩效。高效的工作过程和优秀的工作结果可以提升企业的竞争优势。

以组织为中心的结果由产出、员工留用、依法办事、企业声望和形象构成。以员工为中心会使员工具有正面的工作态度，激发其积极动机。员工具备了做好工作的欲望和能力，才能在数量和质量方面产生生产力，继而引发以组织为中心的结果。

以组织为中心能有效提升企业竞争优势。克雷曼指出把流动比率降到最低水平能通过避免不必要的开支来提高成本领先的程度。在流动发生时，组织不仅随时拥有一个可能具有生产力的员工，还必须面对替代这一员工的成本。替代成本可能相当高，包括招聘、挑选和培训新员工的成本，一般大约是离职员工月薪的两三倍。

四、通过人力资源战略获得持续的竞争优势

巴尼和赫斯特里（2008）提出了企业运用其资源保持持久性竞争优势的五个充分条件：①必须有价值；②必须是稀缺的；③必须是不能完全被仿制的；④其他资源无法替代；⑤以低于其价值的价格为企业所取得。

合适人力资源战略可以有效地吸引、开发、留住核心人才，为企业赢得持续的竞争优势。而核心人才是指可以帮助企业赢得和保持持久性竞争优势的条件的人才：①核心人才所产生的重大价值对企业发展的作用不言而喻；②只有稀缺的核心人才才能成为企业的核心资源；③核心人才是无法被仿制的，其独特性特点明显；④核心人才是其他资源无法替代的；⑤以低于其价值的价格为企业所取得，这一点是企业较难做到的，所以我们说仅仅当企业采取了恰当的人力资源战略时，才可能以低于其价值的价格获得核心人才，赢得和保持持久性竞争优势。

第四节　人力资源战略的选择

一、人力资源战略的分类

企业必须根据自己的企业战略和实际情况确定其人力资源战略，人力资源战略分析

方法有三种：建立在雇主—员工交换关系基础上的人力资源战略模型，也就是从劳动力市场的观点来考察；建立在雇主监督、控制员工绩效基础上的人力资源战略模型；综合模型。

本节将考察利用上述人力资源战略分析方法建立的人力资源战略模型和综合模型。

（一）建立在雇主—员工交换关系基础上的人力资源战略模型

该种人力资源战略分析方法基于两个假设：①雇主是把员工看做资产还是不变成本。②员工关系是内部劳动力市场还是外部劳动力市场。如果员工关系是内部劳动力市场，那么雇主将人力资源看做资产，为员工提供一系列的工作保障，为其铺设职业生涯通道，以公司内部标准为员工提供薪酬和福利，而不是根据变化的市场行情。相比而言，如果员工关系是外部劳动力市场，那么雇主将人力资源看做成本。这类雇主认为劳动力成本降低了自己的收入，就可能根据市场行情确定工资标准，也可能随意设立工资标准。

奥斯特曼（Osterman）在上述两个假设的基础上提出了四种不同的人力资源战略模型，即技能战略、第二种战略、产业战略、工资化的战略。

（1）技能战略。技能战略假定市场上的劳动者已经具备较熟练的劳动技能，并且追求贯通的职业生涯通道，跟随市场情况不断流动。在这种情况下，企业完全从外部劳动力市场获取员工，通过降低成本和保持灵活的人员配置来获得竞争优势，根据市场状况给付工资，在市场需求不足时解聘员工以维持生存。

（2）第二种战略。第二种战略认为，该岗位只需要员工具备基本技能，如一些看门人和送信人。因此薪酬标准很低，没有提供工作保障，没有设定完备的职业发展计划。因此员工缺乏工作灵活性、工作安全感，从而要求获得市场化的工资。

（3）产业战略。产业战略是一种混合战略。在采取这种战略的企业中，员工的工作范围狭小，工作责任明确，工作流动性较差，比较强调资历。这类企业的工资水平取决于员工的资历和工作业绩，较少受外部劳动力市场行情的影响，雇主只会提供有限的职业生涯发展计划。因此，员工为了获得有限的工作保障和待遇会放弃对工作过程的控制。

（4）工资化的战略。采取工资化战略的企业将员工看做获取持续竞争优势的一种关键资源。这类企业比较依赖杰出人才，因此为员工提供强有力的工作保障、可以变动的工作职责、灵活的分配方式、明确的职业生涯发展计划，不同员工的工资差别也非常大。对应地，企业也要求员工有较高的忠诚度和工作投入。工资化的战略直接体现了内部劳动力市场观点。

在奥斯特曼研究的基础上，戴勒瑞（Delery）和多提（Doty）提出了三种理想的人力资源战略模型，即市场战略、内部战略和中间道路。他们强调企业的经营业绩很大程度上与人力资源战略和企业战略相协调的程度有关，协调度越高，企业经营业绩越好。

采取市场战略的企业热衷于降低劳动力成本，较少给予员工内部发展机会，主要采取外部招聘方式，几乎没有正式的培训，提供的工作保障也有限，实行大范围的利润分享，员工缺乏参与企业决策的机会。采取内部战略的企业则强调充分发挥员工的能力，实行内部劳动力市场导向；从企业内部选聘人才，提供广泛的在职培训；主要根据工作表现而不仅仅是工作成果来评估绩效，强调员工的发展，提供完全的工作保障，鼓励员工参与决策。中间道路战略则介于两者之间。

（二）建立在雇主监督、控制员工绩效基础上的人力资源战略模型

戴尔（Dyer）和霍德（Holder）从控制角度提出了以下三种人力资源战略。

1. 诱导战略

采取诱导战略的企业尤其重视成本控制，设置较少的管理人员，采取一系列措施保证企业生产的延续性。这类企业强调目标承诺，明确工作职责，以降低生产过程中的不确定性，工作报酬取决于个人的努力程度。通常情况下，处于激烈竞争环境中的企业会采用诱导战略。

2. 投资战略

投资战略通常被差异化明显的企业采用。这类企业重视员工的个人发展，鼓励员工积极创新，强调员工技能的多样性，拥有较清晰的层级和集中的决策系统，薪酬方式多样，有一定的适应性和灵活性。但是该种战略的缺陷在于企业过多的干预与监督，以及烦琐的报告系统可能影响员工的工作积极性。

3. 参与战略

采取参与战略的企业大都有扁平和分权的组织结构，在能够对竞争者和生产需求做出快速反应的同时，有效地降低成本。该类企业员工多数为专业人才，拥有熟练的技能，制定的人力资源政策强调人员优化配置、工作监督和合理报酬，以鼓励创新，帮助企业实现人力资源战略目标。这类企业为员工提供挑战性的工作，鼓励员工主动参与，报酬与成果密切联系，能有效推动战略目标的实现。

（三）综合模型

综合模型是根据人力资源获取和控制方式两个维度来划分，由此可以获得四种主要的人力资源战略。

（1）人力资源获取维度。资源获取维度涉及外取或自有。简单来说就是员工能力的获得是通过企业培养还是通过购买。

（2）控制方式维度。控制方式维度主要是指企业是采取对员工行为进行监督使其遵守操作标准，还是通过将员工利益与企业利益联系在一起，从而发挥员工的主观能动性以实现企业的目标。

根据上述两个维度，可以得到表 2-5 中的四种人力资源战略。

表 2-5　综合模型的四种人力资源战略

控制方式	从内部获取资源	从外部获取资源
结果控制	承诺战略	自由战略
过程控制	家长式战略	次级战略

当企业管理人员并不了解投入产出过程，或没有能力对员工的行为进行监督、评价时，应当采取承诺战略。在实施承诺战略时，员工利益与企业利益息息相关的理念鼓励员工将企业的目标作为自己行动的指导。相应地，企业内部建立合理的晋升通道，通过对人才的大力培训和开发，培养企业所需要的人才，让人才得到有效提拔和重用。这种

人才选拔和培养方式是以内部劳动力市场为基础的。

通常在内部劳动力成本较高时，企业会采取自由战略，通过外部劳动力市场来获取稳定的专业服务，因为外部购买劳动能力可以有效降低生产过程的风险。例如，建筑业中承包人会根据业务的需要在市场上招聘劳动者，完成某项工程后再招聘下一工程的劳动者，从而有效地降低不确定性。

家长式战略主要运用于避免变革、寻求稳定的企业，集中控制人事的管理，强调程序、先例和一致性，有着硬性的内部任免制度，强调操作和督导，人力资源管理的基础是奖惩和协议。

次级战略适合以成本和稳定的生产过程为主要竞争优势的企业。为了降低成本，企业强调过程控制，同时必须确保工作足够简单，一般从外部劳动力市场招聘工人，使转换和培训成本最小，而且劳动力成本是可变的。例如，我们通常可以看到越来越多的低成本、大批量的制造企业将其制造基地迁往劳动力成本比较低的地方。

勒派克（Lepak）和斯内尔（Snell）最近对 7 个行业的 153 家企业所做的实证研究同样提出了四种战略：①承诺战略，类似表 2-5 中的承诺战略；②传统战略，类似表 2-5 中的家长式战略；③服从战略，类似表 2-5 中的次级战略；④合作战略，类似表 2-5 中的自由战略。需要指出的是，从企业总体来说，大多数企业所采取的人力资源政策与主导的人力资源战略相符合；从企业微观层次上来讲，企业可能针对不同的员工采取不同的措施。

二、人力资源战略的选择

在业务多元化的公司中，战略分为三个不同的层次：整个公司和所有业务的战略（公司战略）；公司多元化业务中各业务领域内的战略（业务战略）；各业务领域中各职能单元的战略（职能战略）。在单业务公司中，只有业务战略和职能战略两个层次。

公司战略是一家业务多元化公司整体上的管理策略规划。业务战略是指某一项业务的战略管理规划，往往是管理层在某业务领域制订的经营策略和方案。职能层战略是指管理者为特定的职能活动、业务流程或业务领域内的重要部门所制定的策略规划，人力资源战略就是一种重要的职能战略。

（一）基于公司战略的人力资源战略选择

公司战略是对公司总体发展方向和领域的选择规划，主要决定企业是选择扩张、维持现状，还是选择收缩。美国管理学者杜拉克经过研究 45 年中 358 位企业经理战略选择后，按战略态势提出稳定型战略、收缩型战略及扩张型战略三种战略类型。

1. 基于稳定型战略的人力资源战略选择

稳定型战略是指企业的资源分配和经营状况基本保持稳定的战略，既不会进行大的扩张也不会有收缩行动，企业的人力资源战略也会保持相对稳定，人力资源活动的稳定运行成为人力资源战略的目标，基本不会大批量招聘新员工也不会大量裁员。由于企业基本维持现状，员工成长机会较少，员工缺乏发展机会，可能会出现员工的离职，因此企业人力资源政策旨在留住企业的核心人才，稳定人心。此时企业可根据自身状况选择是否需要留人。例如，公司的生产活动对员工依赖性低，可以选择不留人战略；公司的资金实力较强，行业竞争又很激烈，可以选择诱导留人战略；等等。

2. 基于收缩型战略的人力资源战略选择

收缩型战略是指企业缩小经营范围或领域，或者从某些经营领域完全退出。采用此战略的企业，重点在于组织结构调整与经营管理程序的重新构建，尽量降低运营成本。与企业收缩战略相对应，企业的人力资源战略也应收缩。例如，减少招聘数量和培训，降低员工薪酬，主要以财务指标作为绩效考核的重点。采用收缩型战略的企业会极力进行自我重组，可能关闭一些工厂或分店以削减成本，因此人力资源面临的一个严峻问题就是组织变动而带来的裁员问题。

3. 基于扩张型战略的人力资源战略选择

扩张型战略是指企业扩大原有的经营规模，或开拓新的经营领域。此时的人力资源战略的选择需要根据扩张后的组织具体状况进行，企业在进行扩张后可能组织庞大、结构复杂，那么人力资源战略的制定要具体情况具体分析，根据不同组织面临的不同情况制定差异化的人力资源政策。企业的扩张直接导致业务量增加，此时及时招聘补充员工填补岗位、制订合理的培训方案成为人力资源战略重点。例如，企业扩张后，企业的生产规模扩大，生产自动化程度更高，对员工依赖性进一步降低，而企业所需员工的劳动力市场状况良好，企业可随时找到合适的员工，就可以考虑选择完全外部战略。

（二）基于业务战略的人力资源战略选择

业务战略是指企业在开拓某一具体业务中所采取的行动方案，其主旨在于为企业的竞争地位赢得持久的优势，优势是否长期持久决定了业务战略的强弱。只有占据一定竞争优势的企业才有希望拥有平均水平之上的盈利，才有可能在行业中取得市场竞争的成功。因此业务战略的关键是制定能够带来长久竞争优势的竞争战略。为获得竞争优势，企业可根据自己的情况从以下三种基本的经营战略中选择，即成本领先战略、产品差异化战略和市场焦点战略。

1. 基于成本领先战略的人力资源战略选择

成本领先战略的主导思想是以低成本取得行业中的领先地位。在这种战略思想指导下，企业的一切活动都以降低成本为目标，尽力减少费用，保持比竞争对手更低的成本以赢得市场占有率，获得竞争优势。此种战略适合在该产业拥有成熟的市场和稳定的技术的企业。成本领先的前提是有较高的生产率，即较高的人均产出，通过减少员工数量或降低员工的管理费用两种途径可以达到。用机器代替员工可以有效控制员工的数量，更可以使生产活动更加规范，大规模机械化生产可以有效降低生产成本。员工管理费用是通过控制人力资源管理的各个环节来降低成本的。例如，通过招聘环节减少招聘的费用、取消低效率及不必要的培训、降低员工的薪酬水平等方法来降低员工管理的总体成本。

2. 基于产品差异化战略的人力资源战略选择

产品差异化战略的主导思想是企业通过向市场提供与其他企业差异较大、新颖独特的产品或服务，以建立自己的竞争优势，差异化往往可以带来高额附加利润，可以补偿因追求差异化而增加的成本，获取高额利润。产品差异化战略的重点在于差异，而差异来源于两个方面，即产品质量、外观等产品附属属性的差异和产品的创造性革新。由于采取第一种差异化战略（即看重产品质量、外观等产品附属属性的差异）的企业对员工的创造性及技能的要求都高于采取低成本战略（即不看重产品质量、外观等附属属性的差异）的企业，但是又没有第二种差异化战略（即看重产品的创造性革新）要求得高，因此采取第一种差异化战略的企业适合选择混合型的战略等人力资源战略作为基础人力资源战略；采用第二种差异化战略的企业对员工的创造性要求非常高，员工对工作的参与程度很高，因此此类企业适合选择以完全外部获取战略、高投入战略和参与战略、高承诺战略等人力资源战略作为基础人力资源战略。

3. 基于市场聚焦战略的人力资源战略选择

市场聚焦战略是指企业只是将目标锁定于某一细分市场，有自己特定服务的顾客群，只生产某类特殊产品，或者只供应某一特定地理区域。在选定的这个市场上，企业或运用成本领先战略或运用差异化战略，或兼而用之，以期战胜对手。市场聚焦战略是前两种战略在特定市场的应用,因此与市场聚焦战略匹配的人力资源战略要视情况而定。

（三）基于企业生命周期和行业特点的人力资源战略选择

企业生命周期理论由美国著名管理学家伊查克·麦迪思提出。他在《企业生命周期》一书中，对企业的生命历程及其面临的问题进行了详细论述，他将企业生命周期划分为三个阶段，即成长阶段、盛年阶段和老化阶段。结合中国企业的实际情况及人力资源管理的需要，我国有些研究人员将企业生命周期划分四个阶段，即初创期、成长期、成熟期和老化期。

1. 企业初创期的人力资源战略选择

企业初创期的企业组织结构尚未完全建立，规则制度也并不健全，企业文化并未构建，企业各项业务的开展与执行主要取决于企业的创立者。企业规模小，实力弱，没有明确的企业战略，也缺乏人力资源战略，人力资源管理工作并不科学，处于起步阶段，企业的内部管理机制很不完善，员工没有很明确的职责规范。此时期企业谋求发展以生存为企业的目标，而人力资源工作的核心在于为企业招聘到能与初创企业共同成长的优秀员工，同时注重为企业未来发展进行核心员工的辨识和培养。

2. 企业成长期的人力资源战略的选择

企业成长期的企业呈现如下特征：经营规模不断扩大，主营业务不断扩展并快速增长，各种资源全面紧张，企业组织形态走向正规化，机构相对完善，企业规章制度不断建立和健全，企业文化逐渐形成；企业创业者的个人作用开始弱化，更多地担当起领导者和管理者的角色，职业经理人开始进入企业并发挥关键作用。

此时期的企业人力资源状况的特点如下：企业规模的不断扩张，使企业对人才的需求迅速增加；企业组织向正规化发展，各项规章制度开始建立健全，企业领导者的作用开始弱化，人力资源工作开始逐步正规化；人力资源部门参与企业战略制定，并为企业发展的保障制定人力资源战略。招聘工作仍然是人力资源战略的重点，同时，培训工作也逐渐成为企业人力资源工作的重点。因为企业的迅速发展会需要员工快速地更新知识，因此对员工进行有计划的培训是企业发展的保障。

3. 企业成熟期的人力资源战略选择

企业成熟期是企业生命历程中最为理想的阶段，企业的灵活性、成长性及竞争性达到了均衡状态。一般而言，成熟阶段的企业有如下特征：企业能够获取最大利润，财务状况大为改观，初创期及成长期入不敷出的局面为相对宽裕的资金流所代替，现金流入量大于流出量；企业的制度和组织结构完善并能充分发挥作用，即使制度或组织结构暂时或局部出现了问题，企业也有部分的自我协调机制；企业的创造力和开拓精神得到制度化保证；企业非常重视顾客需求，注意顾客满意度，一切以顾客至上为原则，即重视市场，重视公司形象。计划能得到不折不扣地执行，企业对未来趋势的判断能力突出，并且完全能承受增长带来的压力。

企业成熟期人力资源状况的特点如下：企业主要靠企业的规范化管理运作，个人在企业中的作用开始下降；企业的发展速度减缓，企业人员需求量下降，企业内部员工创新意识下降，企业活力开始衰退；企业的各岗位满员，人员晋升困难，对有能力员工的吸引力开始下降，造成企业人才流失。因此处于此时期的企业仍然可以根据企业的产品特点、员工素质、企业架构等因素选择人力资源战略，但是此时期企业的人力资源战略的重点在于培养创新型的企业文化和防止核心员工流失。创新型的企业文化能够延长企业的成熟期，甚至使企业焕发新的生机，同时企业必须完善员工晋升通道和员工职业生涯设计，留住核心员工。

4. 企业老化期的人力资源战略选择

企业老化期是企业生命周期的衰落阶段，此时企业内部缺乏创新，少有活力和动力，没有了创业期的冒险精神。老化期的企业特征表现如下：企业增长乏力，整体竞争能力和获利能力全面下降，资金紧张，既缺乏成长性，又缺乏灵活性，更缺乏竞争性；企业内部官多人多，官僚风气浓厚；制度繁多却缺乏有效执行力，互相推脱责任的情况经常发生：企业员工自保意识不断增强，做事越来越拘泥于传统、注重于形式，只想维持现状，求稳定，与顾客的距离越来越远，体现企业活力的行为减少甚至消失。

老化阶段的企业人力资源状况表现如下：企业人心不稳，核心人才流失严重；企业盈利能力下降，造成企业员工大量冗余，同时企业的人力成本压缩；企业员工凝聚力下降。因此处于此时期的企业的人力资源战略的重点在于留住企业核心人才，为企业重整和延长生命力提供条件，同时，做好人员裁减工作。此时的企业，必须根据企业现行业务状况进行有计划的裁员，降低企业的成本，增加企业灵活性，同时进行企业内部改造，改变现行的企业文化，鼓励创新，提供有竞争力的条件留住核心人才。

【本章小结】

本章首先对企业战略进行介绍，从企业人力资源战略与不同企业战略的匹配、人力资源管理与企业战略的四种关系类型、人力资源战略与企业战略匹配的意义三个方面对人力资源战略的作用进行详细阐述，说明了企业战略与人力资源战略两者之间的关系。其次，本章通过理论模型说明了人力资源战略能够提高企业竞争优势。最后，本章对不同企业、不同企业战略下人力资源战略的选择进行了说明。

关键词中英文对照

企业战略	enterprise strategy
SWOT 分析	strength, weakness, opportunity, threat analysis
竞争战略	competitive strategy
核心竞争能力	core competences
绩效	performance
竞争优势	competitive advantage
成本领先战略	cost leadership strategy
差异化战略	differentiation strategy
集中化战略	centralization strategy

案例讨论

T 公司成立于 1964 年，隶属于华北电网公司。随着中国电力体制改革，该公司作为电网企业中的辅业，一直处于企业改制的准备过程中。1998 年宏观调控压缩基础建设项目，电力建设项目市场严重萎缩，该企业另寻他路，2000 年左右开始拓展业务，首先通过资本积累成立了集体产权的民营投资公司，作为主业之外的资本平台。同时投资成立了一家项目管理承包公司，意图通过项目管理承包的业务模式寻求业务的升级，摆脱电力建设业务的大电力产业价值链上的低端定位。2001 年开始，我国电荒频发，电力市场遭遇井喷，电力建设市场再次异常火热。本来想转换业务放弃电建主业的该企业，经过战略研究，在主业上选择了“挑战极限”的战略，即在市场好的前提下尽可能地抢占市场，然后通过强化和提升内部能力来实现产值的大幅提升。同时，该公司也开始向价值链下游延伸，设立了电力运维检修业务。2003~2004 年，“挑战极限”的战略实施后，企业的合同额于当年实现大幅提升，由 2003 年以前的平均合同额 10 亿元左右提高到 2004 年的 32 亿元，并一直保持在电力建设行业前一二名的位置。公司战略的明确是第一步，而科学合理的人力资源战略则是最重要的保障。T 公司的人力资源战略是基于 GREP 模型进行设计的，这里选取一个分析片断说明战略人力资源活动如何设计以实现其战略意义。

管理者		战略人力资源活动			
		selection 选聘	training 培训	appraisal 考核	reward 薪酬
E 企业家	1. 决策高管层	E1—S	E1—T	E1—A	E1—R
	2. 业务管理层				
	……				
	……				

E1—S 对决策高管层的甄选招聘：

· 侧重于内部选拔，与企业具有较强的路径依赖性，具有丰富的实战经验；

· 指派、竞聘与民主评议相结合的方式实现“平衡”聘任；

· 在高端业务能力的基础上，强调全面素质、潜能和领导力；

· 具有基于企业全局观的战略决策能力；

· 具有对企业全局、业务实体及专业系统的战略管理能力。

E1—T 对决策高管层的培训开发：

· 业务能力高端专业培训；

· 素质全面提升培训和领导力培育；

· 提供企业内部的高端培训；

· 提供专业资质的认证培训；

· 在不同的战略期内提供高端轮职计划，全面发展能力；

· 提供业务单元的经营管控权，在经营管理实战中提升相应能力。

E1—A 对决策高管层的考核：

· 考核基础包括战略指标、系统管理状况指标、能力指标、具体业务指标；

· 其中战略指标加系统管理状况指标可以占60%的权重，能力指标30%，事务指标不高于10%；

· 在战略实现状况和系统管理状况的考评方式主要以述职制为主，进行民主评议；

· 考核周期以年考为主。

E1—R 对决策高管层的薪酬：

· 基本工资位于企业工资曲线的最高端，90%以上；

· 与企业经营绩效挂钩的业绩工资占高管整体薪酬的权重可以在60%～80%；

· 改制后，高管基本工资加绩效工资的均值不超过正式员工均值的12倍；

· 提供基于股权的长期激励计划；

· 提供具有激励性福利计划；

· 基本工资/绩效工资/股权/福利均保持高水平，其中基本工资比重最小；

· 以年薪制为支付方式。

讨论题：

1. 结合本章内容和案例介绍，分析T公司的企业战略。
2. 结合T公司的企业战略和案例节选的人力资源战略片段，对T公司人力资源战略的选择进行分析。

【思考题】

1. 企业战略分析包含哪些内容？如何进行企业战略分析？
2. 企业战略理论主要包括哪些？分别有什么特点？
3. 如何将企业战略和人力资源战略协调起来？
4. 人力资源战略对提高企业竞争优势具有哪些作用？怎样通过人力资源战略提高企业竞争优势？
5. 人力资源战略模型有哪些？主要内容分别是什么？

参考文献

巴尼 J，赫斯特里 W. 2008. 战略管理. 李新春，张书军译. 北京：机械工业出版社.

克雷曼 L S. 1999. 人力资源管理. 孙非，等译. 北京：机械工业出版社.
孔茨 H，韦里克 H. 1998. 管理学. 第 10 版. 张晓君，等译. 北京：经济科学出版社.
王淑珍，王铜安. 2010. 现代人力资源培训与开发. 北京：清华大学出版社.
于海波. 2009. 员工招聘与素质测评. 北京：对外经济贸易出版社.
余凯成. 2013. 人力资源管理. 大连：大连理工大学出版社.
曾湘泉. 2010. 薪酬管理. 北京：中国人民大学出版社.
张爱卿. 2011. 人才测评. 第 2 版. 北京：中国人民大学出版社.
赵曙明. 2012. 人力资源战略与规划. 第 3 版. 北京：中国人民大学出版社.
赵曙明，戴万稳. 2009. 人力资源战略规划. 北京：北京师范大学出版集团.
赵永乐，姜农娟，凌巧. 2009. 人员招聘与甄选. 北京：电子工业出版社.
朱勇国. 2006. 人力资源管理信息化. 北京：中国劳动社会保障出版社.

第三章

人力资源战略规划的主要内容

引导案例

人力资源经理的困境

5 年的时间让 A 集团从小作坊变成了国内知名的玩具制造商。成立初期，A 集团的战略规划没有在招聘方面得到集中体现，缺人就直接去人才市场招聘。步入正轨后，开始制订计划，并对员工进行定编。但是人员流动率较高，导致人力资源部门的计划和战略得不到实施，人力资源部经理负担重。

这种情况在国内企业普遍存在，缺人的时候去招人，不合格却不影响企业的发展，所以花费的时间和成本较小。在企业规模扩大后，对人员的分配和编制也只是形式，并不注重员工的培养和人才储备。所以人力资源部经理责任重却挑选不出合适的人才，效率低下。因此，必须制定合理的人力资源规划才有利于企业的长期稳定发展。

企业在生命周期中所处的不同发展阶段和不同的竞争环境，其人力资源策略都会有所不同，在某些方面设置的权重也不同。人力资源管理者应该用战略的思维来规划人力配置增加组织整体行政效率，减少整体组织不必要的资源浪费与低效运作。只有科学的规划和有效的实施，才能保证企业经得起激烈的竞争考验，在市场上打出漂亮的胜仗。

思考题：

1. 针对国内缺人的时候才去招人的现象，你对此有何看法？
2. 结合案例，分析如何才能实现有效的人力资源规划。

第一节 人力资源战略规划的影响因素

为了企业各项业务的开展，需要制定合理的人力资源战略规划，以达到人员的科学配置；同时在计划制订中要考虑各部门的职责和目标，结合企业内部经营侧重点和目标，并将影响企业发展的外部因素（社会环境、人文地域等）考虑其中。在规划制定时注重灵活和稳定相结合，此外还有以下几个因素需要重点考虑。

一、企业外部因素

（一）环境因素

科塞克认为，第一重要因素是外部环境和市场推动力（包括劳动力市场和产品市场）。外部环境有以下几点：行业的成熟度；竞争的性质及程度；竞争压力的密度；环境的限制性；技术变革的速度及深度；可感知的混乱；对立及其复杂性；变革的类型、程度及可预测性等。组织面临的产品市场的全球竞争程度越高，采用战略性人力资源管理措施的可能性就越大。约翰斯曾指出，危机常常创造相关联的创新优势，并采用以知识为基础的薪酬体系和自我管理团队等战略性人力资源管理措施，这些措施在很大程度上反映了经济的不稳定，而不是技术的不稳定。这些论断也得到了实践的证明。在《财富》1000强企业中，多数企业实施员工相关措施（工作丰富化、团队建设）的动机与缩短的产品生命周期和加剧的国外竞争的管理观点有关。

此外，很多美国学者认为，组织的工会化程度与采用战略性人力资源管理措施相关。一项针对美国管理协会成员的调查数据显示，在以下两种情况下的战略性人力资源管理措施比较丰富：一种是完全工会化；另一种是完全非工会化。而部分工会化的组织反而很少有人力资源管理方面的创新。然而有报告称，战略性人力资源管理措施（如以生产率为基础的奖金，重视员工培训与开发）在那些有工会压力的组织中盛行的程度要远高于无工会压力的组织。有人认为，工会化的企业是最早在文化管理方面采取战略性管理措施的组织，非工会化的高科技企业是在招聘方面最早采取战略性管理措施的组织。实际上，要想维持其非工会化的现状或避免人员不稳定，非工会化组织必须尽快采取战略性人力资源管理措施。

（二）制度和法律因素

根据制度理论，人力资源战略部分是出于组织合法性的需要，即组织和关键决策者认为，组织体现合法性的要求会影响采取战略性人力资源管理措施的速度。沃尔顿发现，没有采取法律规定的最低限度的人力资源管理措施的组织将会面临生存危机，或者如果组织要挑战合法性或处于有争议的法律地位，也会避免采取战略性人力资源管理措施。确保组织的合法性会推动组织模仿那些与自身有网络关系的组织的战略性人力资源管理措施。有时即使采取这些措施没有明确的用处，也会被视为维护与投资者关系的一种方式。当然模仿的多数是相对容易沟通、易于察觉并可以逐步采纳的战略性人力资源管理措施。

（三）技术因素

组织的技术因素会持久地推动组织采纳战略性人力资源管理措施。在组织理论中，技术通常是指投入到产出的途径，即任务是如何组织和协调的，而不仅仅是使用何种机器。理论上讲，较多采取战略性人力资源管理措施的企业的技术有以下几种：①员工技能为企业所持有或掌控；②投入产出转换的管理与控制很困难；③对员工的协作性要求高；④角色与工作的界限不明晰。这样的技术要求在传统的大规模制造企业（如汽车制造）中比较少，而在高科技企业（如生物技术、软件开发）中比较多。

此外，企业所处的外部环境，如地理位置、当地习俗、经济发展水平、科学与教育水平、人口结构（劳动力市场活跃程度）、当地人事政策等对企业的人力资源供给也有较大的影响。一般而言，经济发达地区中高端人才相对集中，高科技企业所需的人才供给较为充分；若企业所处的位置不是中心城市或是较为偏远的内陆县城，尽管整体上人力资源市场供给较为充足，但这样的地理位置仍会使企业的人力资源需求受到较大的限制。企业所处的行业环境，如同行业各类企业的发展状态及变化方面、企业所面临的竞争环境和市场变化方向、品牌形象及制定的人力资源政策等，尤其是薪酬政策及竞争状态对企业的人力资源供给有较大的影响。

显然，诸多因素造成了组织之间在采取人力资源战略方面的差异，而这些影响因素之间还相互关联。但是我们可以得出一个结论，即某个人力资源战略的具体措施的价值对其在组织中是否被采纳并无十分重要的作用，人力资源战略的模式更多的是基于理性的规划，各种各样的因素会对其形成与实施产生影响。外部因素中地域因素需要重点考虑，这对于企业人才引进战略有很大影响。随着投资环境和待遇的优化，人才分布呈分散趋势，不过目前，人才还是更青睐沿海地区。因此，人才资源战略规划中需要结合企业的地理位置优势。

在地理位置较优后，企业需要考虑的因素就是人力资源相关政策、法律法规等因素。例如，企业所处行业环境的变化、国家经济环境、人力资源相关法规等。宏观的环境对企业自身的发展有影响，一定程度上会影响企业人力资源规划的调整和实施，需要考虑环境的不确定性和动态发展性，而不是用死板僵硬的计划方针应对。优秀的人力资源规划战略应根据外部环境的实时变化不断调整和改进，以适应企业所处的环境。

二、企业内部影响因素

（一）企业生命周期

在企业的发展全过程中，应考虑人力资源战略规划的实施。针对企业所处的发展阶段，考虑内外部因素，制定合适的人力资源规划，并根据环境的变化适时调整和完善。

在创业阶段，企业一般会采取集中战略，即需要大量的专业性人才，包括生产、销售、技术、管理人才，以便为组织结构及后期平稳发展提供人才储备。

在成长阶段，组织常常采用一体化战略、加强型战略、多元化经营战略，在这一阶段，各企业在人力资源规划的重点有区别性。例如，多元化经营战略，在招聘优秀的能力强的员工时，企业还需考虑员工的兴趣、性格等是否适合组织战略和相应的岗位，并提高员工的主观能动性，要求创新和成长。

在成熟阶段，企业处于平稳发展期，所以相应的人才队伍也应减少流动性，并加强人才培训和开发，合理配置人力资源，控制人力资源成本，提高竞争力。

在衰退阶段，企业则会选择裁员等方式。为了企业能够重生或破产重组，企业在人力资源规划的制定上需要创新和果决的决策，即裁员与招聘并举。前者是为了减少人力成本，合理有效地进行人员配置，减少不必要的成本。裁员的对象是两类人：一是冗员，即没有贡献还在消耗资源的人；二是培训后仍达不到岗位要求的人。而招聘则是为企业转型进行的战略转移。将与企业同甘共苦的老员工留下来，并招聘新员工，形成共同能为企业作贡献的团队。招聘的员工所具备的特点如下：能适应新的组织结构、具备实现组织战略的能力和潜力、锐意进取，这些适合企业发展的人力资源最终会带着企业走得更远。

（二）企业发展战略

企业发展战略指出了企业的发展方向，提出了未来的明确目标，围绕战略目标进行资源调配。企业发展战略的着眼点并不在于未来要做什么，而是在于现在要做什么。简单地说，就是现在要为未来准备什么，从而可以在不确定的未来达到希望实现的目标。

企业的战略和经营策略决定了人力资源需求，而这种需求的满足程度取决于企业内部和外部的人力资源市场。确立战略目标和经营策略，关键在于了解企业内部优劣，剖析企业外部环境，帮助企业迎接未来的挑战，提供企业发展的目标和方向，使企业每个成员明确企业的目标。实践也证明，拥有完善战略经营体系的企业比没有该体系的企业的成功概率更大。

人力资源发展战略决定着人力资源的发展方向和路径，直接指导着企业人力资源规划的制定和形成。成长型企业的战略是发展和扩张，相应的人力资源发展战略就是员工规模的扩大；成熟型企业的战略是稳定发展，其人力资源发展的战略着眼于员工素质的提高和结构优化；企业进入国际化经营阶段，人力资源发展战略就以实施国际化和跨文化发展战略为内容；衰退型企业的战略是收缩业务战线，逐步退出市场，其人力资源发展会选择停止招聘和裁员的保守战略。

在不同的人力资源战略指导下，人力资源发展规划需要直接为人力资源发展战略服务，人力资源发展规划必须服务和服从于人力资源发展战略，是人力资源发展战略实现的途径。

（三）企业管理状况

企业生产规模、研究开发水平和管理水平及企业的财务情况制约着企业人力资源规划的制定。

1. 生产规模

企业的生产与运行是企业投入转化为产品和服务的一系列活动。人力资源需求量在很大程度上依赖于企业的生产规模大小。生产经营规模越大，容纳的就业岗位相对越多，人力资源需求量也就越大；反之，人力资源需求量就越小。同时，企业人力资源需求量的增加也会导致生产经营规模的相应扩大。

2. 研究开发水平和管理水平

企业研究开发水平和管理水平的高低反映并决定着企业的市场竞争力和企业的经营绩效。企业技术和管理水平的提高，有利于企业经济效益的提高和生产经营规模的扩大，从而不断增加企业对人力资源的需求，尤其是对有创造力和经营管理能力的高级人员的需求。研究开发能力是企业组织竞争力的重要组成部分，研究开发人员数量及其占全员比例、研究开发投入及其占销售额比例和专利数量质量是衡量企业组织研究开发活动的重要因素，直接影响着企业人力资源规划的制定。

3. 财务情况

财务情况能最直接、明晰地反映企业拥有的竞争能力，在制定人力资源规划时需要考虑财务状况。企业的生产经营活动遵循利润最大化的逻辑。企业利润量的扩大或增加，有利于企业扩大生产经营规模，从而增加对人力资源的需求；反之，会减少对人力资源的需求。

三、制定人力资源战略规划应该注意的问题

1. 人力资源战略规划与企业发展战略规划一致

在进行人力资源战略规划时，需要依据企业的规模、组织结构的改变、技术水平、市场发展和消费者群体等，保持与企业总体战略的一致性。需要将长期规划和短期规划联系起来，根据时间调整，充分认识到企业不同的发展时期对人员有不同的要求。在创立时期需要储备一些开拓型和复合型的人才，同时也要储备管理型人才和具备专业技能的人才。因此，需要结合企业的实际情况，在企业实力和自身规模的综合因素考虑下制定人力资源战略。制定规划时应保持人才储备，减少浪费；注重人才培养和发掘，既要考虑企业目前所需要的人才，又要兼顾企业长远发展所需要的人才。

2. 人力资源战略规划应该与企业文化建设相结合

基于企业的技术、技能和知识等层面为企业的发展做出的一系列人力资源规划，即企业的人力资源战略规划。作为企业发展的基础和必备资源，人力资源的重要性不可被忽视。人的行为受到价值观等因素的影响，所以也间接受到企业文化的熏陶。利用激励手段、合理有效的绩效考核方式及公平的分配机制等，形成企业良好的文化氛围。企业文化影响企业战略的发展方向和资源配置的结构，一定程度上会左右企业的组织结构、采用的系统、员工招聘、人岗匹配性、绩效奖励的实施效果，一定程度上影响企业发展遇到阻碍时怎样应对并寻找机遇。因此需要结合企业文化制定人力资源战略，使其政策充分体现企业文化的精髓。同时，企业人力资源战略规划根据企业不同阶段企业文化的变化，及时做出调整。

3. 用先进的理论指导人力资源战略规划

在制定人力资源战略规划时，需要考虑企业的实力及人力资源现状，并进行适时的

调整。应根据实际发展情况，采用科学合理的管理方式，重新构建适合自己的人力资源体系。在招聘环节也要注重合理方式的运用，选择合适的政策，既要符合企业发展的人数，也要能够达到规划对所聘人员的素质要求；健全培训机制，完善的培训体系可以迅速提高员工的素质和能力，促进人力资源战略的开展和实施；同时注重激励机制的建立，处理好利益分配关系，保障员工的基本权利，有利于员工关系的维护。

第二节　人力资源战略规划的构成体系

一、人力资源战略规划的分类

1. 按人力资源战略规划所涉及的范围

依据人力资源战略规划制定的对象和范围，可将其分为两个层面：一是人力资源的总体战略规划，二是与人力资源相关的各专项业务规划。人力资源总体规划是有关计划期内人力资源开发规划利用的总体目标、总政策、实施步骤及预算等。人力资源规划中所涉及的专项业务计划涵盖了包括人员补充计划、人员分配计划、人员提升计划、离退休计划、教育培训计划、工资激励计划、劳动计划等。这些都是针对人力资源总体规划各项业务而展开，最终促使整体规划的实现。每一专项业务计划也都由目标、任务、政策、步骤及预算等部分组成。

2. 按人力资源战略规划期间的长短

依据规划期限的大小可将人力资源战略规划分为三个类型，即长期人力资源规划、中期人力资源规划和短期人力资源规划。长期人力资源规划适合组织长期的总体发展目标，对组织有关人力资源开发与管理的总战略、总方针和总目标等进行系统的筹划，其特点是具有战略性和指导性，期限一般为 5 年以上。中期人力资源规划是指 1~5 年的人力资源规划，其特点是适合企业中期的总体目标、方针、政策和措施，内容较多，但没有短期人力资源规划具体。短期人力资源规划是指季度、年度人力资源规划。短期人力资源规划的特点是目的明确、内容具体，具有一定的灵活性。

3. 按人力资源战略规划的内容

依据内容可以分为以下五个方面。

（1）战略规划。根据企业制定的发展总目标，规划企业人力资源开发和分配的计划，制定相应的方针和政策，有利于人力资源配置的合理完善。

（2）组织规划。组织规划是对企业整体架构的设计，需要对组织的具体情况和信息进行归纳、处理和应用，绘出组织结构图，组织调查、诊断和评价，组织设计与调整，以及组织机构的设置等。

（3）制度规划。这是实施企业总体人力资源规划的基本保障，其中包括人力资源管理制度、管理体制等。

（4）人员规划。人员规划是对企业总员工数、人员年龄和素质的构成，流动的整体规划，有企业人力资源现状的分析，企业定员，人员需求、供给预测和人员供需平衡等。

（5）费用规划。费用规划是对人力资源成本、人力资源管理费用的整体规划，包括人力资源费用的预算、核算、结算，以及人力资源费用控制。

二、人力资源战略规划的内容

研究这一领域的学者对人力资源战略规划内容划分，基本上划分的形式没有大体的偏差，但是存在细微的差异。对人力资源战略规划的重点与兼顾内容进行认识和掌握，非常有利于认清各项内容的主次、结构和作用。通过对人力资源战略基本内容的掌握，结合目前主流的划分方式，人力资源战略规划的内容可分成七个子规划。

（1）外部人员补充规划。依据组织内外环境变化并结合组织发展战略，开展招聘计划，通过引入外部优秀人才，补充人员储备，弥补组织中长期可能产生的空缺职位。

（2）内部人员流动规划。依据组织内外环境变化结合组织发展战略，适当调动人员安排，以达到企业内部人力资源配置的合理性和科学性。

（3）退休解聘规划。依据内外环境变化结合组织发展战略，对一些年龄达到的员工开启退休机制，并解聘不符合企业发展的员工，从而使组织的人员结构更优化、更合理。

（4）职业生涯规划。依据组织内外环境变化结合组织发展战略引导员工职业发展方向，针对每一位员工自身的兴趣、能力、个性和可能的机会制订个人职业发展计划，有利于企业对每位员工执行差异化的职业生涯规划和发展。

（5）培训开发计划。结合组织内外环境变化并基于组织发展战略，对员工进行有针对性的培训和开发，以提高员工的能力和素质，强化一些技能，同时提高他们工作的积极性，以不断适应企业未来战略的调整。

（6）薪酬激励规划。结合组织内外环境变化并基于组织发展战略，制订相应的激励计划，提高员工的主观能动性，相应地提高绩效，完善员工结构的制定。

（7）组织文化规划。结合企业内外部环境的动态性，并基于制定的组织战略，促进企业良好文化氛围的形成，通过对文化的塑造在员工之间形成一股凝聚力，不断激发他们的创造力，适时改善和调整人力资源战略与规划。

三、人力资源战略规划的要求

（一）人力资源需求与供给预测为基础

依据企业未来战略的发展方向，预测员工数量及相应的员工结构，也就是对未来企业发展所需的人员数量进行预测和把握。人力资源需求的结构规划是对整体员工的年龄结构、学历结构、职称结构等进行规划和划分，合理的年龄结构有利于员工队伍的稳定，合理的学历和职称结构有利于人员与职位的匹配，合理的专业和职类有利于工作的协调。同时，进行这一环节的计划和设定也有利于强化企业未来岗位的设定和相应的岗位职责界定、对不同岗位职责进行设置等，其中有员工的经验、技能等，还有个人在价值观、性格方面的体现，这也是企业选、留、育、用人的最基本原则。

而企业进行外部市场调查，基于现在人力资源现状，并结合企业未来发展人力资源内外供给情况进行预测，即人力资源供给预测。最重要的方式是从企业自身的人员中筛选，企业首先应着眼于企业自有的人才，合理利用好本身拥有的人力资源，极大地发挥员工的潜能。他们对企业较熟悉，掌握了企业足够的信息，同时在企业文化的熏陶下对企业有依赖感，可将情感变为积极性，促进企业的发展。企业要着重开发企业内部人力资源，但并不是闭关自守，在留用内部人员的同时还应招聘外部人员，平衡人力资源供给；外来人员可以注入新的活力，提高企业的创新能力，但是不能保证其忠诚度。因此，要充分认识内外部人才的互补关系，既要保留内部可用之才，又要外部供给来补充人员。企业可以通过对高校、人才市场中相关信息的调查，科学预测企业未来的外部人员可供给量。然而这一举措也有利有弊，一味地招聘外部人才，会让自有员工产生消极心态，降低他们的积极性，很有可能产生人员流动的现象。所以，在制定招聘规划时，企业要综合考虑多方面的因素，将外部人才招聘的成本与企业自有员工培训所花成本相比，同时考虑人员稳定因素，提高企业竞争力。

（二）人力资源战略规划体现激励作用

人力资源规划的重要意义之一是调动员工的积极性。人们无时无刻不处在需求中，依据马斯洛需求层次理论，人的需求是有层次的，但是永远得不到满足，给予一定的满足可以提高积极性，产生动力。在企业中，员工最基本的需求是报酬，所以根据员工的需求制定报酬可以产生更高的激励。在制定薪酬体系时，企业要进行外部调查，保持外部公平性，同时对内也需要保持公平。因此，为了降低成本、避免不必要的浪费，企业在进行招聘时，需要考虑市场情况，既要采取合理有效的手段，也要招聘到适合企业发展的人才。为了极大地产生激励作用，应制定相应的科学的薪酬体系，给予劳动者最大化的报酬和激励，让企业全体员工都可以得到利益分配。如今，在各工业化国家中，大部分企业实行的是间接报酬体制，而不再采取直接的货币支付体系，也就是股票期权制、利润分享制等，让企业和员工共同分享利益，保持目标的一致性。但是，在实行分享制时应该把分享对象扩大到基层员工。

（三）人力资源战略规划的动态平衡

在企业的人力资源管理活动中，人力资源规划不仅为工作分析、员工配置、人员培训、员工的职业生涯规划提供了依据和基础，在战略层面得到企业的支持，还可以起到指导作用；而且在实施企业总体发展战略规划和目标的过程中，也可适时为适应人力资源管理政策和措施的改变进行调整，指导人力资源管理活动，因此，人力资源规划灵活可变，成为企业人力资源管理活动的纽带。特别是在人力资源的供给和需求方面的动态性表现得尤为显著。人力资源战略规划首先就是为了企业人力资源的合理配置，让供需达到平衡，但是具体的实践中很难将二者平衡，一般情况下，在人力资源构成结构、数量和素质等方面都会产生不平衡现象。企业必须根据人力资源供需预测结果采取一定的举措，以达到平衡的效果。当企业人力资源供给大于需求时，企业可以进行招聘储备人才、扩大业务种类、加强培训或者转岗等方式处理这种情况；当企业员工供给小于需求时，通过外部招聘引进人才很难在短时期实现，所以可以采取培训、人才开发、职业规划、晋升等手段来提升员工的素质与技能，使高层人才得以充盈，同时通过外部招聘的办法加以扶助。即使人力资源战略规划对人才的供给和需求有一定的预测，但是为了保持人力资源长期稳定地处于动态平衡状态下，应提前做好准备。

第三节　人力资源战略规划的过程

人力资源战略规划工作是从收集信息、分析问题、制订方案到实施解决问题的一个动态、不断修正和调整的过程。企业的人力资源规划流程涉及以下 5 个步骤：调查准备阶段、供需预测阶段、规划方案阶段、规划实施阶段及评估反馈阶段，如图 3-1 所示。

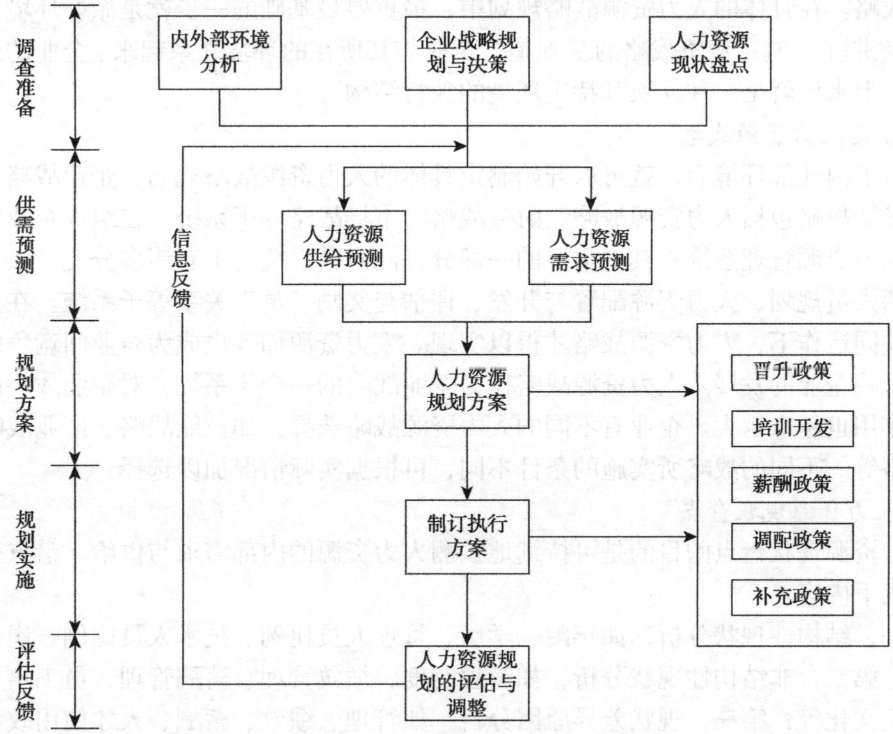

图 3-1　人力资源战略规划流程图

一、调查准备阶段

1. 环境分析

首先是对人力资源战略规划的内外部环境进行分析，并做出评估。在此环节，需要对企业的内外部环境进行详细的考察，掌握所有与之相关的具体情况。环境分析主要通过两个方面，即内部环境分析和外部环境分析。

内部环境包括企业的研究与开发、制造、市场销售、人力资源和其他对企业的绩效产生影响的方面。内部环境还包括涉及企业内部不同部门的决策行为，如资源分配、制定规划、管理能力开发和客户服务等流程。企业内部的资源包括资本、技术、人力资源等，也是企业在进行内部环境分析时必须要考虑的问题。此外，企业结构、文化、员工等也是企业内部环境的关键组成部分。

企业的外部环境主要包括外部宏观环境与对企业产生影响的竞争者、供应商、顾客等市场主体。企业在对外部环境进行分析时，首先要全面了解，如人口结构、法律、政治、社会和技术变化趋势等宏观企业经营环境。企业还要注意对竞争环境进行分析。企业要能够通过对竞争环境的分析，鉴别竞争对手的行动对自身的威胁和影响。例如，在竞争者发布新的产品时，企业需要加快新产品的研发和设计速度，以激励的手段促进员工的创新等，实现产品的生产。

著名的SWOT分析方法认为，对企业的优势、劣势、机会和威胁进行分析可以形成企业的战略。在具体的人力资源战略规划中，最重要最基础的一步就是做好环境分析。波特曾经讲过，“制定竞争战略的基础是将企业与其所在的环境联系起来。企业的最佳战略从根本上来说就是一种反映其特定环境的独特结构”。

2. 制定人力资源战略

分析了内外部环境后，就可以开始制定具体的人力资源战略规划。企业战略作为一个整体发展战略包括人力资源战略、财务战略、市场战略等子系统。在组成企业整体系统中，人力资源管理系统是其中重要的一部分，同时其系统内也有诸多分支。人力资源系统包括人员规划、人力资源配置与开发、评估与奖励、员工关系等子系统。在这些子系统的共同运作下，人力资源战略才得以实现。人力资源如今也成为企业间竞争的重要因素，影响企业的发展。人力资源战略作为企业战略的一个子系统，对企业战略的实现所起的作用也越来越大。企业有不同的人力资源战略选择，如技能战略、产业战略、工资化战略等。不同的战略所实施的条件不同，可根据实际情况加以选择。

3. 人力资源现状盘点

人力资源现状盘点的目的是可持续地预测人力资源的内部需求与供给。盘点过程需要包含以下内容。

第一，结构性现状分析，如年龄、学历、管理人员比例、技术人员比例、岗位分布情况等；第二，非结构性现状分析，如管理制度、绩效管理、薪酬管理、员工培训与发展、企业文化等；第三，现状差异原因分析，如管理、绩效、薪酬、人才使用政策、企业文化、地域环境等。

二、预测供需阶段

1. 预测人力资源需求

结合企业的发展战略和方向，在企业的内外综合条件下，选择合理的、科学的技术，预测人力需求结构和数量。从逻辑上讲，人力资源的需求明显是产量、销售量、税收等的函数，但是这几个因素在不同企业的体现是不同的。因此选择因素时需要结合实际情况进行选择。

2. 预测人力资源供给

预测人力资源供给主要从两个方面进行：一是内部人员拥有量预测，即根据现有人力资源及其未来变动情况，预测规划期内各时间点上的人员拥有量；二是外部供给量预测，即确定在规划期内各时间点上可以从企业外部获得的各类人员的数量。一般而言，内部比外部的预测准确度更高，因为内部人员更加透明和公开，而外部情况可能会存在信息不对称的情况。企业在进行人力资源供给预测时应注重考虑内部人员数量的预测，外部供给量的预测则更关注关键人员，如高级管理人员、技术人员等。

3. 确定人员净需求

上一个步骤进行后，就可以将本企业人力资源需求的预测数与同期内企业内部可供给的数量进行对比分析，可预测不同岗位人员的净需求数。如果数字是正数，那么企业急需通过外部招聘引进人才或对现有员工进行有针对性的培训；但是如果数字是负的，那么企业的人员有很多冗余现象，应该精简或对员工进行调配。需要说明的是，这里所说的“净需求”，既包括人员数量又包括人员结构、人员标准，即既要确定“需要多少人”，又要确定“需要什么人”，数量和标准需要对应起来。对企业人员净需求进行预测，可以为企业对外招聘、人员调动提供建议，也可以促使企业进行相关人力资源战略的制定和调整。企业根据某一具体岗位上员工余缺的情况，可以分析企业在这方面人员的培训、激励上的得失，从而及时采取相应的措施。

三、制订人力资源战略规划方案

1. 确定人力资源战略规划的目标

人力资源战略规划的目标并不是始终不变的，它是动态的，与企业的内外部环境、战略规划、员工结构和行为等变化有关。当组织的战略规划、年度计划已经确定，基本掌握了组织目前的人力资源需求与供给情况，就可以据此制定组织的人力资源目标。目标可以用最终结果来阐述。例如，“到明年年底，每个员工的年培训时间达到 40 小时”，“到明年年底，将人员精简三分之一”。也可以用工作行为的标准来表达。例如，“到培训的第三周，受训者应该会做这些事……”。企业的人力资源目标通常都不是单一的，每个目标可能是定量的、具体的，也可能是定性的、比较抽象的。同时，关键岗位和人员是企业持续增长的关键因素，公司的主要产值贡献来自核心人员创造的无形资产（新知识、新发明等），占员工人口 20%的核心人员创造了 80%的产值。

2. 人力资源战略规划方案的制订

人力资源战略规划方案的制订包括制订晋升计划、补充规划、培训开发规划、配备规划等。具体的制订不仅需要有原则性、方针性的政策，也需要有实际操作性的具体方案。不同的结果需要采取的方案和制订的计划也是不一样的。如果预测结果表明组织在未来某一时期内在某些岗位上人员短缺，即需求大于供给，这方面的政策和措施如下：

对企业自有员工进行培训，根据情况对受过培训的员工择优提升补缺并相应提高其工资待遇等；通过岗位培训适当调动人员，弥补关键职位的空缺；延长员工工作时间或增加工作负荷量，同时辅以激励措施；对不合理的工作职责重新设定，提高员工效率；雇用全日制临时工或者非全日制临时工；制定合理的政策外部招聘；改进技术或进行超前生产。解决人力资源短缺最根本、最有效的办法是通过合理政策的制定，并依据科学有效的方法提高员工的积极性，增加员工的参与互动，加强培训提高员工的技能和素质，激发员工的创造力等。如果预测结果表明组织在未来某一时期内在某些岗位上人员过剩，即供过于求，则可采取以下手段：裁员或辞退冗员；精简职能部门，暂时或永久性地关闭一些不盈利的分厂或车间；让部分员工提前退休；再培训，人员调动，外聘优秀人才；减少工作时间（随之亦相应减少工资）；由两个或两个以上的员工分担一个工作岗位，并相应地减少工资。

四、方案审核与评估

在最终的评估阶段，则可以通过结果进行人力资源战略调整并制定相应的预算。可以在公司中成立由公司总裁、人事部经理以及若干专家和员工代表组成的人力资源管理委员会，对人力资源政策制定的整个环节进行监督和指导，并提出建设性的建议。除这个委员会外，人力资源部门也应采取相应的措施，实时跟进实施的效果。可以采用目标对照审核法，即以原定的目标为标准进行逐项的审核评估；也可以采用广泛收集并分析研究有关的数据，如管理人员、管理辅助人员及直接生产人员之间的比例关系；在某一时期内各种人员的变动情况；职工的跳槽、旷工、迟到、员工的报酬和福利、工伤与抱怨等。通过这种定期性与非定期性的人力资源计划审核工作，可以提高企业高层对这一举措的重视，加强对整体规划和政策的落实，提高员工的积极性，同时提高效率。

【本章小结】

人力资源战略规划的影响因素包括企业外部因素和企业内部因素，企业外部因素包括竞争环境、制度法律和技术因素；企业内部因素包括企业生命周期、企业发展战略和企业管理状况。同时在编制人力资源规划过程要与时代相结合，顺应企业的企业文化和发展方向。人力资源战略规划可以分为战略规划和战术规划，长期、中期和短期规划等，包含七个子规划。人力资源战略规划的过程包括调查准备、供需预测阶段、方案制订、方案实施和方案的反馈评估。

关键词中英文对照

企业生命周期	enterprise life cycle
企业文化	corporate culture
招聘	recruit
培训开发计划	training and development planning
薪酬激励	compensation motivation

案例讨论

五金制品公司的人力资源规划

冯如生是五金制品公司的员工，前不久调动到人力资源部当助理，但是面临一项艰巨的任务，让他10天内进行企业未来6年的人力资源规划。虽然他在该部门工作多年，但是仍然一筹莫展，找不到思路。在深思熟虑后，他觉得要编制好这个规划，必须考虑以下各项关键因素。

针对企业的具体情况他做了调查：共有生产与维修工人825人，行政和文秘性白领职员143人，基层与中层管理干部79人，工程技术人员38人，销售员23人。据统计，近5年来职工的平均离职率为4%，且保持稳定。但是离职率在不同的岗位表现有差异，生产工人离职率高达8%，而技术人员和管理干部则只有3%。结合企业的扩产计划，白领职员和销售员要新增10%~15%，工程技术人员要增5%~6%，中、基层管理干部不增也不减，而生产与维修工人要增加5%。同时需要结合特殊情况，新政策的提出，即有限考虑妇女和下岗职工，因此在进行外部招聘时，限制因素较大。在这一点上，公司做得不偏不倚，不会特殊照顾，但也不排挤，在同一选拔标准下进行。如今的事实却是销售员只有一人是女性；中、基层管理干部除两人是女性外，其余也都是男性；工程技术人员里只有三位是女性；生产与维修工人中约有11%女性，而且都集中在最低层的劳动岗位上。

离提交计划的期限只剩下五天，其中包括各类干部和职工的人数、从外界招收的各类人员的人数以及如何贯彻市政府关于照顾妇女与下岗人员政策的计划。另外，公司计划推出新产品，也在这种情况下企业的销售额预计会在五年内翻一番，他也要对这一战略进行调整和规划。

（资料来源：http://blog.china.alibaba.com/blog/tbquanfeisu/article/b0-i16144984. html）

讨论题：

1. 冯如生在编制人力资源规划时要考虑哪些情况和因素？
2. 在预测公司人力资源需求时，冯如生能采用哪些技术？
3. 如果你是冯如生，你会如何编制人力资源规划？

【思考题】

1. 人力资源战略规划的影响因素包括哪些方面？
2. 人力资源规划的内容包括哪些方面？
3. 简述人力资源规划的过程。

参考文献

陈京民，韩松. 2005. 人力资源规划. 上海：上海交通大学出版社.

德斯勒，陈水华. 2013. 人力资源管理. 赵曙明，高素英译. 北京：机械工业出版社.

寒武. 2007. 人力资源战略与规划. 北京：中国发展出版社.

谌新民，唐东方. 2002. 人力资源规划. 广州：广东经济出版社.

王学军，陈武. 2004. 人力资源战略规划. 科技创业月刊，（10）：56-58.

余凯成. 2013. 人力资源管理. 大连：大连理工出版社.
张明星，李永强. 2005. 企业战略性人力资源管理模式探讨. 经济论坛.
张艳，倪金祥. 2008. 构建有效的人力资源战略规划体系. 中国人力资源开发，12：18-21.
Lee D. 1996. Human Resources Planning Guide. NewYork：RandomHouse.

第四章

战略规划的环境分析

引导案例

JD 公司生产基地厂址调查

JD 公司是一家实力雄厚的集团公司，近几个月来，公司的高层管理人员正在进行一项重大的投资决策：在西部经济欠发达地区进行上亿元的巨额投资，建立大型的纸模生产企业。

传统的包装材料大多是木材和不可降解的塑料生产而成，这些材料有的造成资源的浪费，如木材等，有的造成污染，如发泡聚苯乙烯、聚乙烯、聚丙烯等。使用由稻草、麦秸和芦苇等待处理的农业废弃物和野生资源生产的纸模材料，是一种新型的包装材料，它既可以缓解自然资源的过度开采和使用，利用这些废弃和野生的资源；还可以减少环境的污染，净化环境。因此，具有较好的发展前景。

JD 公司在西部某省经济欠发达地区考察后，发现该地区稻草、麦秸和芦苇等纸模产品原料的资源十分丰富，交通运输非常便利，从原材料和生产的角度来说，是理想的纸模生产基地，于是，JD 公司组织有关的人员对在该地区投资建立国内最大的纸模生产基地进行论证和决策，其中包括人力资源管理方面的分析和论证。

公司人力资源总监是一名经验十分丰富的资深管理人员。为了对当地的人力资源环境进行深入详尽的了解，他几次去当地进行实地调查。最后，将有关人力资源方面的主要问题总结如下。

（1）当地的劳动力资源十分丰富，有大量没有技能的劳动力，而且劳动力的成本很低。

（2）在当地劳动力资源的结构中，具有工业生产技能的熟练工人很少，原有的一些熟练工人大多也去经济发达地区打工，当地的熟练工人的数量远远不能满足新建企业的大量需求。

（3）如果在当地建立大型的纸模生产企业，需要相当数量的中高级的专业技术人员和管理人员，对企业的生产和经营进行管理，而这些人员在当地严重短缺，企业必须从其他地区招聘和引进这类人员。

（4）由于该地区的经济较落后，生活条件较差，要招聘和引进中高级的专业技术人员和管理人员有一定的难度，而且需要提供优厚的薪酬福利待遇，其标准远远高于公司目前的水平。

（5）由于当地的劳动力缺乏必要的劳动技能，如果在当地建立大型的纸模生产企业，必须对大量的当地员工进行必要的入职培训和岗前培训。

人力资源总监将这些问题向公司做了详细的书面和口头汇报，希望这些问题在投资分析和论证时进行进一步的讨论和研究。

思考题：

1. 你认为当地的人力资源环境如何？为什么？

2. 请分析当地的人力资源环境，指出当地人力资源环境存在哪些优势和问题，以及应当如何妥善解决。

3. 你认为应当采取怎样的措施，才能招聘和留住那些高级的专业技术人员和管理人员？

第一节　什么是战略规划环境分析

21世纪，人力资源管理的内外环境正在发生巨大的变化，如经济全球化、技术变革、劳动力的多样化、顾客需求的变化等。许多问题成了企业瞩目的焦点，如质量、组织的再设计、流程再造、核心能力、培训等。归根结底，在这些问题的背后是人力资源问题，如何制定人力资源战略及进行人力资源战略规划呢？首先要对人力资源环境进行分析。

人力资源战略规划的第一步是对企业内部和外部环境的变化做出评价。人力资源环境分析是企业制定人力资源战略、进行人力资源战略规划的基础。人力资源环境分析可以与企业在制定企业战略时的环境评价同步进行，也可以只针对人力资源战略规划而单独进行。其中有两点是确定的：一是人力资源环境分析和企业战略环境分析的内容和方法大体是一致的，二是应用目的不同而导致侧重点不同。就企业战略而言，环境分析是其管理过程的基础工作，环境分析的必要性与重要性取决于企业所处环境的变动性与复杂性程度。企业所处的环境变化越快、越复杂，企业越有必要对环境保持警觉，环境分析也就越重要。尽管企业战略形成所依据的是对企业内外部环境情况的分析，但这并不意味着在战略形成后的战略实施和评价阶段的工作就与环境分析完全无关。

从长期的观点来看，企业环境能够为企业的发展提供机会，对企业的生存提出挑战，通过对企业所应承担的社会责任、战略决策者的直觉与偏好、企业职工的精神面貌等因素的潜移默化作用，直接或间接地影响企业的正常经营。企业唯有适应环境的变化，才能求得自身的生存与发展。所以，环境分析应作为企业的一项经常性工作，对处于动态环境之中的企业来说更应如此。当然，强调企业环境分析的必要性与重要性，并非要求企业必须对环境进行全面系统的分析，而是要求企业在制定战略时考虑环境发展，在战略实施与评价时关注环境变化，避免战略管理中的盲目性。

环境分析包括企业外部环境分析与内部环境分析两部分。企业外部环境由存在于组织外部、通常短期内不为企业高层管理人员所控制的变量构成，它可进一步分为任务环境与社会环境两部分。任务环境泛指能够直接影响企业主要运行活动或为企业主要运行活动所影响的要素及团体，如股东、客户、供应商、竞争对手、地方社团、政府部门、金融机构等。社会环境泛指那些对企业活动没有直接作用但又能经常影响企业决策的一般要素，如与整个企业环境相联系的技术、经济、社会文化、政治法律等力量。

企业内部环境由存在于组织内部、通常短期内不为企业高层管理人员所控制的变量构成，具体包括企业的组织结构、文化、资源三部分。其中，组织结构是指企业内部的信息沟通、权力关系、产品或服务流的配置连接方式；文化是指企业成员分享的信念、期望、价值观，这影响和决定了能为企业全体人员所接受的行为规范；资源泛指企业从事生产活动或提供服务所需的人、财、物等能力与条件。

企业外部环境构成了企业存在的框架。一方面，环境变化在增加企业经营风险性的同时也为企业发展提供了丰富的机会，从而影响和决定企业在动态环境中的选择；另一方面，环境会对企业发展提出承担社会非经济责任的要求，从而影响和决定企业在此环境中的抉择。企业内部环境构成了企业做事的框架，其中，资源条件影响企业的实力，也就是企业的优势与不足，决定了企业客观上能做什么；文化价值观，特别是企业战略决策者的热望与追求，决定了企业主观上想做什么与敢做什么。所以，只有通过企业内外部环境分析，找出关键战略要素，即外部机会和威胁与内部优势和弱点，将影响企业可做、应做、能做、想做、敢做的诸方面因素有机结合起来，才能真正做出企业今后的决策。

第二节 战略规划环境分析的方法

一、外部环境分析方法

1. 竞争轮廓矩阵

为介绍竞争轮廓矩阵（competitive matrix）的方法，先引入五种竞争力量模型的概念。五种竞争力量模型由哈佛大学商学院波特教授提出，所以也称波特模型，波特认为，企业最关心的是它所在产业的竞争强度，而竞争强度又取决于市场上存在的五种基本竞争力量，正是这些力量的联合强度影响和决定了企业在行业中的最终盈利潜力。当然，对于不同的企业，其所面临的五种竞争力量的相对强弱情况会有所差异，因而其对企业经营及盈利的相应影响也会有所不同，每家企业都应认真细致地评价这些力量，有重点地分析其对企业经营的不同作用。

1）潜在进入者威胁

潜在进入者是指产业外那些很有可能进入本产业成为产业内企业竞争对手的企业。潜在进入者的加入会带来两个后果：一是增加新的生产能力和物质资源；二是要求获得一定的市场份额分享垄断利润，因此对本产业里的现有企业构成了威胁。这种威胁被称为潜在进入者威胁，进入威胁的大小主要取决于进入壁垒的大小及现有企业的反应程度。

2）现有企业间竞争

现有企业间的竞争是指产业内各企业之间的竞争关系和竞争程度。不同产业的竞争程度不同。如果一个产业内主要竞争对手基本上势均力敌，产业内部的竞争必然激烈，在这种情况下某个企业要想成为行业内的领先企业或保持较高的收益水平，就要付出巨大的代价；反之，如果一个产业内竞争对手之间实力相差悬殊，一个或几个企业成为行业内的领先企业与优势企业，企业间的竞争便会相对缓和，优势企业的获利能力就会很大。

3）替代品的压力

替代品是指那些与本企业产品具有相同或类似功能的产品，如人造纤维在功能上可替代天然纤维，羊肉在营养上可以替代牛肉等。当本产业中生产的产品存在替代品时，生产替代品的企业就给本产业的现有企业带来了一定的竞争压力。替代品的竞争压力越大，对现有企业的威胁就越大。

4）供方讨价还价能力

供应商是指企业从事生产经营活动所需的各种资源、配件等的供应单位。他们往往采取提高价格或降低产品及服务质量的手段，向产业链的下游企业施加压力，以获取尽可能多的产业利润。纵向利润压榨的成果与该产业链的竞争类型有关。由此可见，供应商的讨价还价能力越强，现有企业的盈利空间就越小。

5）买主讨价还价能力

在零售业中，这种能力表现为客户搜寻最优性能价格比的过程。作为买方自然希望所购产品物美价廉、服务周到，而且从供应商之间的竞争中坐收渔利，影响买方讨价还价能力的主要因素如下：买方的集中度；买方从供方产业购买的产品占其成本的比重；买方从供方产业购买的产品的标准化程度；转换成本；买方的盈利能力等。

在所有能够影响企业战略地位的环境趋势与事件中，五种竞争力量通常被认为是最具影响力的，而竞争轮廓矩阵就提供了一种用来识别企业特别是竞争对手及其优势与弱点的工具。建立竞争轮廓矩阵可分以下四个步骤。

步骤一：由企业战略决策者识别行业中的关键战略要素，这就是通过研究特定的行业环境与相互讨论，企业战略决策者就哪些要素与企业成功密切相关达成共识。显然，根据前面所述的波特模型，供应商与销售商通常属于关键战略要素，在分析中常用的战略要素还包括市场份额、产品组合广度、规模经济性、设备新度与布局、价格优势、广告与促销效益、经验曲线位置、生产能力与生产率、研究开发地位与优势、财务地位、管理团队、产品质量、企业总体形象等。竞争轮廓矩阵应该包括 5~15 个关键战略要素。

步骤二：对每个关键战略要素确定一个适用于行业中所有竞争者分析的权重，以此表示相应要素对于在行业中成功经营的相对重要性程度。权重值的确定可以通过考察成功竞争者与不成功竞争者，从中得到启示。每一要素权重值的变化范围从 0.0（表示最不重要）到 1.0（表示最重要），并且各要素权重值之和为 1。

步骤三：对行业中各竞争者在每个战略要素上所表现的力量相对强弱进行评价，评价分的数值通常取 1、2、3、4，其中，1 表示最弱，2 表示较弱，3 表示较强，4 表示最强。在这一评价中，各分值的给定应该尽可能以客观性的资料为依据，以便得出较为科学的评价结论。

步骤四：将各战略要素的评价值与相应的权重值相乘，得出各竞争者在相应要素上相对力量强弱的加权评价值。对每个竞争者在每一要素上所得的加权评价值进行加总，从而得到每个竞争者在各关键成功要素上力量相对强弱情况的综合加权评价值，这一数值的大小揭示了各竞争者之间在总体力量对比上的相对强弱情况。显然，力量最强的竞争者有最高的得分，而力量最弱的竞争者必然只有最低的得分值；根据前面对于评价分数值的约定，在这里，最高与最低的可能得分值分别为 1.0、4.0。

还需要说明的是，通过竞争轮廓矩阵评价所得的各分值的相对大小，仅仅表示各竞争者之间相对竞争力量的地位，这些数字只是提供了分析的手段与决策参考而已，并不能如这些数字相对大小所指明的那样，真正精确指明各竞争者力量之间所存在的相对强弱关系。

2. 外部要素评价矩阵

竞争轮廓矩阵所得出的分析结论，可以作为进行企业外部要素评价矩阵（external factor evaluation，EFE）分析的输入数据；借助于外部战略要素评价矩阵，可以帮助企业战略决策者更为综合全面地认识所掌握的各种环境信息。具体地说，开发企业外部战略要素评价矩阵主要包括以下五个步骤。

步骤一：列出外部环境中的关键战略要素，即企业所面临的主要机会与风险，通常在实际应用中，以列出 10~15 个机会与威胁（即关键战略要素）为宜。

步骤二：为每个要素指定一个权重，以表明该要素对于该行业中企业经营成败的相对重要性。权重取值范围从 0.0（表示不重要）到 1.0（表示很重要），并使各要素权重值之和为 1。

步骤三：用评分值 1、2、3、4 来分别代表相应要素对于企业来说是主要威胁、一般威胁、一般机会、主要机会。

步骤四：将每一要素的权重与相应的评分值相乘，从而得到各要素的加权得分值。

步骤五：将每一要素的加权得分值加总，求得企业外部机会与风险的综合加权评价值。

对于任一企业，其可能的最高与最低综合加权评价值分别为 4.0 与 1.0，其平均综合加权评价值为 2.5。综合加权评价值为 4.0 表示企业处于一个非常有吸引力的行业中，面临丰富的市场机会；综合加权评价值为 1.0 表示企业处于一个前景不妙的行业中，面临严重的外部威胁。

3. 外部环境关键战略要素预测

外部环境关键战略要素的分析，需要大量的关于未来事件与发展趋势的基础资料与信息；从企业战略管理过程的角度来看，仅仅识别出关键战略要素是不够的，还必须借助预测的方法，对这些要素的未来状况做出适当的判断，只有这样才有可能为企业战略方案的拟订提供较为客观的依据。预测方法可以粗略地分为定性与定量两大类，定性预测方法包括销售人员评价法、执行主管判断法、市场调查法、情景分析法、德尔菲法、头脑风暴法等，定量预测方法包括经济计量模型法、回归分析法、趋势外推法等。

预测是在掌握预测对象过去及当前有关资料的基础上，通过各种方式对预测对象未来某个时期的存在状况与可能表现出来的属性事先做出估计。其基本步骤包括确定预测目标、搜集与分析历史资料、建立预测模型、分析评价、修正预测值。由于知道过去并不意味着能够确知未来，预测需要依据一些基本原则，即连贯原则与类推原则。连贯原则认为，事物过去与现在的客观发展规律将会持续到未来，要估计未来只要知道历史规律，则可按此规律外推而得到。类推原则认为，类似体系的结构及其变化具有相似的模式，可以利用已知的局部样本模型估计未知的总体模型，根据已知的甲事物演变发展规律类推未知乙事物的未来演变发展规律。

考虑到实际中很难找到完全符合上述两个原则的预测对象，这意味着从本质上说，要想得到准确的预测结论几乎不可能，尽管也不一定有必要这样做。所以，企业战略决策者必须根据自己的需要，建立适当的可用于企业外部关键战略要素分析的预测模型，有效识别存在于企业外部环境中的机会与威胁，为企业战略管理提供必要的决策信息。

此外，鉴于在企业战略要素分析中，涉及的相关因素很多，如技术创新、文化演变、新产品出现、服务质量改进、竞争对手力量增强、政府工作重心转移、社会价值观改变、经济状况不稳定、不可预见事件发生等，各种因素之间的关系相当复杂，要对众多因素进行预测十分困难，有的企业也经常直接使用一些公开出版物上有关外部环境预测的资料，以此作为有效识别关键环境机会与威胁的依据。

需要说明的是，从预测的角度来看，当前信息技术的迅速发展，定将极大地改变企业运行的内外部环境的关键战略要素，从而对企业战略的制定产生重大的影响，必须引起企业战略管理者的充分重视。例如，通信技术、数据库技术、数据分析技术、图形设备等的进步，在为企业发展创造更为广泛机会的同时，也给一些企业生存带来了威胁，因为信息技术通过缩短产品生命周期、增加分销速度、创造新产品与新服务、冲破传统的区域市场局限、解决历史存在的生产标准化与灵活性不兼容的矛盾、影响规模经济性、行业中五种竞争力量的对比状况，从根本上改变了许多行业所面临的机会与风险的性质。

二、内部环境分析方法

进行企业内部环境分析，关键在于了解企业当前战略的运行情况，评价这些当前战略对于预期行业环境与竞争环境的适应情况；对企业的内部优势及弱点与外部机会及威胁的情况进行综合评价；明确企业在行业中的竞争地位与力量；对与企业战略密切相关的特别问题进行专门的研究。

可以用来表征企业当前战略运行状况好坏的指标，如企业市场份额升降情况、企业相对于竞争对手边际利润大小、企业净利润与投资报酬率趋势、企业销售增长相对于整个市场是快还是慢、企业竞争地位是改善还是恶化等，比较容易选择并方便用来说明企业经营的成败状况，但是，要想找到一个或若干个评价准则，可以用来真正判定企业当前战略与预期未来行业及竞争环境是否匹配并非易事。要真正比较全面客观地评价企业内外部环境各关键战略要素的匹配情况，必须综合考虑多种因素的影响和作用，这些因素包括：企业当前战略对行业竞争力量及其所面临的关键战略问题是否敏感；与未来行业的关键成功要素耦合的密切程度；对于五种市场竞争力量的抗衡能力；企业各职能领域的支持战略对于企业发展是否有效等。鉴于此，为了有效开展企业内部环境分析，并对企业内外部环境的匹配情况有比较全面的掌握，必须掌握一些必要的企业关键战略要素分析方法。

1. SWOT 分析

SWOT 分析是企业内部优势和劣势与企业外部机会和威胁综合分析的代名词，SWOT 分析作为一种能够迅速掌握、容易使用的企业状况系统分析工具，其主要目的在于对企业的综合情况进行客观公正的评价，以识别各种优势、弱点、机会、威胁要素，并特别将其中与战略相关的要素分离出来。

当然，企业战略管理实际所需的 SWOT 分析并不仅仅局限于表 4-1 中所示的，只要列出企业内部优势与弱点、外部机会与威胁这四个方面的有关要素即可，而必须在列出这些要素的基础上，进一步指明这些要素的相对重要性程度，说明对于企业战略管理过程来说，其中哪些优势特别重要，哪些弱点最具致命性，哪些机会最有吸引力，哪些威胁最具危害性。所以，在这里分析的关键是要从所列的要素中归纳出问题的实质，导出有关企业总体情形的结论，真正阐明这些结论的战略含义。

表 4-1　SWOT 分析检核表

潜在外部机会	潜在外部威胁	潜在内部优势	潜在内部弱点
纵向一体化	市场增长较慢	产权技术	竞争劣势
市场增长迅速	竞争压力增大	成本优势	设备老化
可以增加互补产品	不利的政府政策	竞争优势	战略方向不明
能争取到新的用户群	行业有新的竞争者进入	特殊能力	竞争地位恶化
进入新的市场或市场面	替代品销售额正在上升	产品创新能力	产品线范围太窄
多角化进入相关产品领域	用户讨价还价能力加强	经验曲线优势	易受竞争压力影响
在同行竞争企业中业绩优良	用户需要与爱好有所改变	具有规模经济性	研究开发工作落后
有能力进入更好的战略集团	易受衰退与商业循环影响	适当的财务资源	缺少关键技能或实力
扩展产品线以满足更多用户需要	人口统计情况的不利变化	良好的竞争技能	营销水平低于一般企业
其他	其他	久经考验的管理人员	管理不善或管理能力较弱
		被公认是市场领先者	战略实施的历史记录不佳
		有可能回避竞争压力	不明原因导致的利润率低下
		买主对企业的印象良？	缺乏改变战略方向所必需的资金
		精心设计的职能领域战略	相对于关键竞争对手而言成本较高
		其他	其他

2. 竞争地位评估

对于企业战略管理者，除了需要知道企业总体优势与弱点所在，还必须对企业的相对竞争地位作进一步的评价。评价企业相对竞争地位需要特别关注的有五个方面的问题，即企业目前的竞争地位是否巩固？如果继续实施目前战略或者只作适当微调，预期今后企业的地位是不断改善还是不断恶化？相对于关键竞争对手而言，企业在各重要竞争变量及行业关键战略要素方面的地位如何？企业最终获得的真正竞争优势有哪些？从行业竞争力量、竞争压力及竞争对手的预期攻势来看，企业的防卫能力如何？

类似于 SWOT 分析，竞争地位评估的焦点在于，根据各有关战略要素相对重要性程度与战略含义的不同，对企业与其竞争对手之间相对竞争力量的强弱做出尽可能科学客观的评价。具体来说，为导出关于企业相对竞争力量的评估结论，可以分以下三步来进行这种评估过程。

步骤一：根据行业分析、竞争对手分析、SWOT 分析所得出的结论，列出决定企业成败的关键战略要素与企业的主要竞争对手。

步骤二：对企业自身及主要竞争对手，根据其在每个关键战略要素上所具有的竞争力量强弱情况，进行从 1 到 5 的五分制评分或从 1 到 10 的十分制评分，也就是竞争力量越弱，给定的评分值越低。

步骤三：将企业自身及主要竞争对手在每个战略要素上的得分值加总，通过比较得分加总值的相对大小，判定企业自身与主要竞争对手在竞争力量总体水平方面的相对强弱情况。

3. 内部要素评价矩阵

企业内部要素评价（internal factor evaluation，IFE）矩阵作为一种有效的分析工具，可以帮助企业对各个职能领域的主要优势与劣势进行全面综合的评价。企业内部要素评价矩阵的开发同样包括五个步骤。

步骤一：识别企业内部环境中的关键战略要素，即企业的优势与劣势，通常在实际应用中，以列出 10~15 个优势与劣势（即关键战略要素）为宜。

步骤二：为每个要素指定一个权重，以表明该要素对于该行业中企业经营成败的相对重要性。权重取值范围从 0.0（表示不重要）到 1.0（表示很重要），并使各要素权重值之和为 1。

步骤三：用 1、2、3、4 来分别代表相应要素对于企业来说是主要弱点、一般弱点、一般优势、主要优势。

步骤四：将每一要素的权重与相应的评分值相乘，从而得到该要素的加权得分值。

步骤五：将每一要素加权得分值加总，就可求得企业内部优势与弱点情况的综合加权评价值。

由上述评价过程可知，对于任一企业来说，其可能的最高与最低综合加权评价值分别为 4.0 与 1.0，其平均综合加权评价值为 2.5。综合加权评价值为 4.0 表示企业具有很强的内部竞争优势，综合加权评价值为 1.0 表示企业面临很大的竞争弱点。

表 4-2 提供了一个内部要素评价矩阵的示例，该示例的数据表明，企业的主要优势在于产品质量，主要劣势在于组织结构，其相应的评价值分别为 4.0 和 1.0；产品质量

与职工士气对企业的业绩可能产生的影响最大，其加权评价值分别为0.8和0.6。企业的综合加权评价值为2.4，意味着企业内部要素综合地位处于行业平均水平以下。

表4-2 内部要素评价矩阵

关键内部要素	权重	评价值	加权评价值
职工士气	0.20	3	0.6
产品质量	0.20	4	0.8
营运资金	0.10	3	0.3
行业利润排名	0.15	2	0.3
研究开发力量	0.05	2	0.1
正式组织结构	0.30	1	0.3
综合加权评价值	1.00		2.4

第三节 战略规划外部环境分析

随着社会经济发展，企业面临的外部环境处于瞬息万变的状态中。如何适应并把握外部环境的变化，是企业制定人力资源规划时必须重点考虑的问题。企业外部环境由存在于组织外部、通常短期内不为企业高层管理人员所控制的变量构成，它可进一步分为任务环境与社会环境两部分。

本节分别从任务环境和社会环境两个方面介绍战略规划中外部环境分析的主要内容。

一、任务环境

任务环境泛指能够直接影响企业主要运行活动或为企业主要运行活动所影响的要素及权利要求者集团，如股东、客户、供应商、竞争对手、地方社团、政府部门、金融机构等。企业外部任务环境的分析主要包括行业分析、竞争分析和劳动力市场环境。

1. 行业分析

行业分析主要是对企业所在行业关键要素的分析，即哪些因素影响了该行业的盈利率和吸引力。企业通过行业分析对行业的发展做出预测，找准行业吸引力和利润前景，进而有效制定自己的企业战略。

1）行业结构

行业泛指由于产品类似而相互竞争满足同类买主需要的一组企业，也就是生产彼此可密切替代的产品的厂商群。行业结构可以广义地划分为分散化、成熟、新兴、衰退、全球性、技术变革迅速等几种一般类型。行业结构类型不同企业所面临的环境也会不一样。描述行业结构的因素有卖主数量及相对规模大小、市场领先者情况、买主结构、销售渠道类型、行业中一体化趋势、进入与退出行业难易程度、行业规模与区域范围。在行业分析中，通常需要对以下一些特别的行业结构因素保持警觉。

（1）市场规模较大，有较高的增长率和利润率的行业往往会吸引新的竞争者加入；反之，市场规模较小、增长率和利润率较低且存在生产能力过剩，往往会引起行业竞争加剧，迫使一些企业退出该行业。

（2）对于被认为是高价的产品，买主往往会倾向于选择其中价格最低的购买。标准化的产品会使买主显得更有力量，因为此时从一个卖主转换到另一个卖主很容易。

（3）纵向一体化会提高资金需求，在完全、部分或没有一体化的企业间产生竞争力量与成本优势等方面的差别。规模经济性会影响企业为了获得成本竞争力所必须达到的产量与市场份额大小。

此外，在进行行业结构分析时，还可以根据以下特征将行业中的企业划分成若干战略集团，如可比产品线范围、销售渠道、纵向一体化程度、服务与技术帮助形式、对同一用户组吸引力、大众广告媒介使用、技术工艺、价格/质量比等。根据这些特征，可以将众多企业划分成不同的战略集团，而通过战略集团分析，可以帮助加深企业战略管理者对整个行业总体状况的了解。

2）行业推动力

每个行业所处的环境都在不断变化发展，因此我们需要了解哪些因素是行业变化的决定力量，也就是行业变化的推动力。一般来说，对于行业结构与环境变化影响最大的推动力主要有以下因素。

（1）行业长期增长率改变会影响行业内外企业的投资决策，引起企业进入或退出该行业，从而改变整个行业的相对供求关系与竞争强度。而一旦引起某大企业进入或退出该行业，则更会引起该行业竞争格局的根本改变。例如，来自另一行业的企业进入，往往会给现有市场带来创新思想，引起行业中原有企业间竞争规则的改变，产生新的竞争参与者。行业中原有大企业的退出会减少市场领先企业的数目，增加仍留在该行业中领先企业的垄断性，或者引发对于退出企业的原有用户的争夺战，最终引起行业结构的变化。

（2）产品创新造成产品差异明显，有效增加市场需求，进而导致更多企业进入该行业。工艺创新有效降低产品成本，扩大规模从而形成规模经济，使其他企业模仿学习的难度和时间增加。营销创新利用新的产品营销方式来吸引买主、拓宽需求面、增加产品差别、降低单位成本。这些都会对行业中各企业的生产技术、规模经济、营销渠道、相对成本等行业结构因素产生影响，从而对行业结构变化产生重要的推动作用。

（3）成本与效率的变化。例如，新呈现出来的规模经济性与学习曲线效应会引起单位成本的迅速下降，使大规模与生产经验积累成为竞争优势的关键所在，从而推动各个企业竞相采取扩大生产能力的做法。

（4）政府法规与调控政策的变化会对行业结构的变化发展产生重要影响。例如，知识产权方面的法规健全与否，将对产权知识的扩散起着决定性的作用，而产权知识的扩散则会对行业结构演变产生重要作用。显然，除非采取严格的保护措施，否则产权知识通过竞争对手企业、销售渠道、供应商、用户等途径的扩散，将会侵害产权持有企业的竞争优势，成为行业结构变化的重要推动力。

（5）产品买主及使用方式的改变，可能会带来新的市场需求，从而要求有新的战略与其相适应；用户偏好从希望有产品差别到强调通用产品的变动，将会引起企业对价格竞争与非价格竞争措施侧重点的改变，从而影响行业结构的改变。

3）行业特征与战略焦点

处于不同行业中的企业，其产品的价格（收益）、成本、利润关系都有一定的不同于其他行业企业的基本特征，如资金需求、规模经济、成本结构、定价方法、边际利润、设备利用率与产品成本关系、广告与营销效应等。价格、成本、利润之间的相互关联特征，也是企业经营的关键因素。每个企业应当准确找到关乎企业成败的关键要素作为自己战略实施的重点。例如，对于小杂货店的经营，影响其经营成败的关键要素可能就是营业地点、经营品种、货架陈列、适当定价与内部管理等。

为了经常性地开展行业特征与关键要素分析工作，企业可以建立内外部环境变化监控预警系统，以此来对行业战略焦点与问题进行及时的跟踪评价，并根据所导出的结论，提前对战略规划做出调整，为变化做好准备。尽管企业内外部环境监控预警系统的实际运行，需要企业主管的个人判断，确定行业战略焦点与问题，具有较强的管理艺术，但通常还是可以从考虑以下因素与问题中受到启发，从而更方便地弄清行业战略焦点及问题。

（1）能够影响行业吸引力的因素。

（2）行业是否正在逐步淘汰实力较弱的企业？这种淘汰将会出现怎样的行业调整？诸如成本、技术、供应条件、竞争压力、新企业进入、各战略集团之间对抗行动等因素的预期变动，可能会在多大程度上影响行业发展变化的前景？

（3）政府政策法规与调控措施、人口统计、通货膨胀、经济增长、失业率、利率等方面的可能变动，将会产生怎样的经济影响？这种影响是否会导致异常变动的出现？这些可能出现的异常变动，对行业状况、其中的某些企业或战略集团、关系企业成败的因素等将会产生什么的作用？

2. 竞争分析

竞争分析将在行业分析的基础上了解企业关键竞争对手的有关情况。例如，他们所采取的战略是什么？这些战略的运行情况如何？为什么有些竞争者与另一些竞争者相比，经营得特别成功？各竞争对手的竞争优势有哪些？考虑到竞争是一个相互作用的对策过程，一方面竞争力量的变化会引起竞争参与者战略的改变，另一方面战略改变又会反作用于竞争力量的态势。下面就来具体讨论这些问题。

1）波特竞争环境五因素理论

波特的竞争环境五因素理论是由美国哈佛大学教授迈克尔·波特于1980年提出的。该方法比较全面地反映了产业的竞争特点。

（1）现有竞争对手的威胁。它取决于竞争者的数量与实力、市场的发展速度、固定成本的高低、产品之间的差异及退出壁垒等。

（2）潜在竞争对手的威胁。它取决于规模经济、原始资本需求壁垒、产品差异性壁垒、相对费用壁垒、行政法规壁垒。

（3）用户的砍价能力。它取决于用户的集中程度、用户从本产业购买的产品的标准化程度、转变费用、用户掌握的信息。

（4）供应商的砍价能力。如果供应商比较集中，并且从原来的供应商转向另一个供应商所涉及的成本比较高，那么供应商的砍价能力一般较强。

（5）替代品的威胁。替代品的威胁取决于替代的程度、价格比、替代品的盈利能力、生产替代品的企业所采取的经营战、用户的转换费用。

2）战略成本分析与活动成本链概念

除了对行业存在的竞争力量进行评估外，企业还有必要了解自己在行业中所处的相对成本地位。战略成本分析将重点集中在企业与其竞争对手的相对成本地位上，所使用的主要分析工具是表示产品从原材料采购到最终卖给用户全过程成本构成的活动—成本链。构造完整的活动—成本链，比较行业中不同企业的活动—成本链，可以发现竞争企业之间的相对成本差异，主要出现在以下几项活动。

（1）与企业原材料供应商有关的活动，如原材料采购、运输等。

（2）与企业自身运行有关的活动，如原材料入库、在制品搬运、产品加工等。

（3）与企业产品销售商有关的活动，如促销措施、售后服务等。

根据上述活动的划分，企业可以通过分析，找到与竞争对手相比产生成本差异的活动，从而有针对性地采取措施，消除自身成本劣势。

关于活动—成本链分析，需要说明的是，企业不应简单地通过在每一份外包活动上压低价格来增强自身的利益，而应更多地培育上下游企业共享成本节约所带来的利益，以形成一种长期的战略伙伴关系。所以，这里的关键是优化与本企业有业务往来的上下游企业之间各活动的效率，为用户创造有竞争力的产品和服务组合，为参与合作各方创造双赢的结果。实现从“供应链”概念向“需求链”概念的转化，加强活动—成本链的预测能力，在认清顾客需求的基础上，协调好活动—成本链内部的信息/生产、配送、仓储等关系，争取以有限的生产能力实现“大批量特制”，满足顾客对产品和服务组合的个性化需求。

3）竞争对手分析

考虑到企业之间竞争所存在的高度相互依赖性，一个良好的企业战略必须建立在对竞争对手战略的正确认识基础之上，为此，必须进行竞争对手分析。竞争对手分析可以从三个方面着手进行：第一，竞争对手所追求的市场份额目标，是希望增长、维持现有份额，还是准备放弃现有份额并逐步退出；第二，竞争对手所追求的总体市场地位目标，是希望成为绝对的领导者、行业领导者之一、一般的跟随者、竞争参与者，还是希望通过赶超来重新确定自己的地位，或者安于做一个积极进取的新手；第三，竞争者采取的一般竞争战略，是成本领先、产品差别还是目标集中。

要对竞争对手正在做什么以及下一步可能做什么进行全面系统的诊断与预测，关键在于了解竞争对手对于行业环境、自身使命及实力的认识情况，以便对他们的下一步行动做出正确的估计，从而真正做好以下五个方面的竞争对手分析工作。

（1）就竞争对手在压力下是否有可能或愿意改进业绩做出评价。

（2）了解竞争对手企业的经理对行业将会发生什么以及是否会成功。

（3）考察竞争对手企业的当前战略及其运行情况。

（4）研究竞争对手企业经理人员的背景及经验情况，从中发现他们下一步将会做什么的线索，以便及早采取防范措施。

（5）评价势均力敌竞争对手的实力情况，如他们的优势与劣势情况。

4）竞争合作与竞争防范

根据前述以波特思想为基础的竞争分析，行业竞争强度不仅仅取决于当前竞争者的行为，更重要的是取决于行业的经济结构；竞争力量源自五个方面，这些方面力量的共同作用构成了企业发展的威胁，决定了行业的最终利润潜力。企业竞争分析的目标，就是为企业在行业各种竞争力量的威胁中寻找一个机会，使企业既能回避竞争力量的作用，同时又能对这些力量施加有利于企业发展的影响。所以，在进行竞争分析时，关键是要阐明五种竞争力量产生的原因，认清企业发展的机会与威胁，找到能给企业带来最大利益的经营领域，从而加强企业在行业中的地位。

当然，企业之间竞争关系的存在，并不排除企业内部各单位之间合作的必要性，与传统的通过竞争取得优势的观点不同，在实际中出现了越来越多的竞争企业之间的合作现象，特别是在高技术的研究开发领域。竞争企业之间通过联合投资进行科技攻关之类的合作，只要双方相互信任，坚信对方不会故意损害自己的利益，是能够取得成效的，在这方面，世界上已经有许多公司取得了成功。

（1）竞争企业之间开展互补资源相互合作，如新企业与老字号企业的合作，新企业可以利用老字号企业的商誉扩大产品销量，老字号企业可以利用新企业的先进技术提高产品质量，双方互通有无，共同受益。

（2）联合投入相似的资源，共同承担风险，减少重复工作，如许多电视生产厂家联合开发高保真彩电，计算机公司共同开发新产品等。

（3）扩大市场总需求，如从整个行业的角度出发开展广告促销运动，为这类产品打广告，这肯定比每个企业只为自己的产品打广告更有助于提高整个市场的需求水平。

特别需要说明的是，随着市场经济的发展，企业间的技术竞争不断加强，已有许多公司使用了各种各样的方法搜集竞争对手的情报，为此，企业战略管理上更应该重视商业秘密的保护工作。企业在制定战略时必须引起高度重视，以防由于自己的不慎给竞争对手造成可乘之机。下面的例子将为企业鸣响警钟，希望能够引起企业战略管理者的高度重视，并相应地采取积极的防范措施。

（1）某些单位由于保密措施不严，被其他企业借参观之名窃取技术秘密。例如，珠海某企业就曾组织过由一名真记者与几位专家冒充的记者共同组成的小组到某研究所采访拍照，窃取对方技术机密；又如，我国享誉世界的景泰蓝与宣纸技术，最终泄密就是因为有关企业在接待日本客人过程中的无知与大意。

（2）乔装打扮，以应聘或帮助工作为名，进入竞争对手企业内部。例如，某公司获悉其竞争对手企业拥有一种新的生产工艺，并对该新工艺采取了保护措施，没有领导特许，谢绝任何人参观学习，更不许进入生产车间。为此，由公司总工亲自出马，通过亲友介绍到该竞争对手企业处做临时工，总工到该企业后，不几天就与工人混熟，后来连随意进出车间也没人管，结果很快就将技术窃取，等到企业发现上当，为时已晚。

（3）利用竞争对手的大意，从报纸、杂志、广告等新闻媒介甚至商业谈判对话中获取技术信息。例如，1981 年 9 月 20 日，我国第九颗人造卫星的有关技术资料，就是由于军工部门某工程师好大喜功，通过电台广播与报纸报道的形式泄密；我国重大国家发明“两步发酵法生产维生素 C”的技术专利，是由于有关科技人员的无知，在杂志上详细介绍了全部研制过程及其配方、剂量等细节而失密的。在某涉外钢铁买卖谈判中，就是中方代表无意中向外方透露了我国将大量进口钢材的信息，致使外方借故中断谈判，然后串通几个国家的钢铁生产商，合谋抬价，使我国蒙受上千万元的经济损失。

除了上面所列的例子外，还存在许多其他形式的商业间谍活动，如竞争对手可能会通过搜集企业的废纸；购买企业的产品作解剖；观察企业货栈单位时间发货量情况；研究航空侦察照片；分析企业的劳工合同；观察企业的招聘启事；对企业用户与买主作销售情况调查；向供应商了解企业产量情况；借用户之名发表虚假招标公告；鼓动企业关键客户透露竞争性信息；向企业的前雇员了解情况；约见可能直接或间接为本企业工作的咨询顾问；聘用从本企业离职的关键经理人员；在参加贸易会谈中，从本企业所派技术人员那里获取信息；直接安装窃听器窃取企业的商业秘密。

3. *劳动力市场环境分析*

劳动力市场反映企业的外部人员储备，企业可以通过各种招聘渠道获得其所需要的人力资源。影响劳动力市场环境的因素很多，包括中介服务状况、劳动力流动状况、劳动力成本及劳动力市场的制度环境等。因此，在上述因素的影响下，劳动力市场环境总是处于不断变化的状态中，各类人才的供求平衡只是一种理想状态，而供不应求、供过于求的状态则是常态。

如果所需要的某类人才在劳动力市场上供不应求，则企业通过外部招聘来补充人力资源将受到一定限制，可能很难在劳动力市场上找到所需要的人力资源，或者即使找到，也因为人才定价高而使企业的用人成本高。因此，当企业所需要的人力资源在劳动力市场上出现供不应求的状况时，企业可以有针对性地通过改革薪酬管理的方式，提高这类紧缺人才的工资待遇等，吸引并留住这类企业需要而在劳动力市场上紧缺的人才。这些人才如果离开本企业很容易获得一份新的工作，也很容易被别的企业以高薪聘走。相反，如果劳动力市场上某类人才供过于求，则企业就比较容易通过外部招聘获得这类人才。在这种情况下，企业很容易招募到大量的“候选人”，可以用比较低的人工成本雇用这类人力资源。因此，当企业所需要的人力资源在劳动力市场上出现供过于求的状况时，是通过外部招聘获得这类人才的最好机会，在这种情况下，企业可以用比供不应求时低许多的成本招聘到需要的人才。

所以，企业在制定人力资源战略规划时，需要考虑当地的劳动力总体素质结构，才能在制定人力资源规划时，争取以最高的效率，最低的人力成本，招到最符合要求的人才。

二、社会环境

社会环境是指那些对企业活动没有直接作用而又能经常对企业决策产生潜在影响的一般要素，主要包括与整个企业环境相联系的经济制度环境、宏观经济运行环境、政策法律环境、外部文化环境四个方面的力量。

1. 经济制度环境

社会环境中的经济力量影响了物品、货币、能源及信息等方面的交换活动，其中的关键战略要素有国民生产总值的变动发展趋势、利率水平高低、货币供给松紧、通货膨胀率大小及其变动趋势、失业率水平、工资/物价控制状况、汇率升降情况、能源供应与成本、市场机制完善程度等。不同经济制度下的政府政策和行为对企业人力资源规划的影响也不同。例如，在部分西方发达国家，政府很少对企业的裁员做出反应，但是在我国，有些地方政府为了减少当地的失业率，当企业运作出现困难需要裁员时，政府从降低失业率的角度也会出面帮助企业渡过难关，避免企业出现大面积裁员的状况。

2. 宏观经济运行环境

国家的宏观经济运行环境也将影响企业的人力资源战略规划。从经济学的角度来说，宏观经济运行良好，保持一定的稳定增长率，失业率就能够维持在一个比较低的水平。在宏观经济运行良好的情况下，企业进行裁员以节约成本也比较易于操作。因为在这种情况下，即使裁员，因为经济运行态势比较好，提供的就业岗位多，被裁减的员工还是比较容易找到另外的工作，因而企业的社会压力不会很大。而在经济低迷，失业率高的时候，裁员将是对企业勇气的严峻考验，被裁减的员工很难再找到工作，有的甚至因此进入永久性失业状态。因此，在这种情况下，企业容易面临政府、社会舆论等各方面的压力。

3. 政策法律环境

社会环境中的政治法律力量帮助进行权力分配、制定行为准则、维护法律法规，企业运行于一定的政治法律环境之下，这种政治法律环境是由那些影响社会系统诸方面行为的法律规范、政府机构和公众团体等组成的。影响人力资源规划的政策环境因素包括政治体制、经济管理体制、政府与企业关系、劳动力市场政策、劳动法律法规、方针政策、劳动关系调节制度和习惯、现行的社会保障制度等。这些都会对企业的人力资源战略规划产生重要的影响。

4. 外部文化环境

社会环境中的文化力量决定了人们的价值观、士气、风俗习惯，其中的关键战略要素有生活方式演变、人们工作期望水平、消费者活跃程度、家庭数量增长速度、人口年龄分布状况及其变动趋势、人口区域迁移情况、平均寿命增长情况、出生率等。外部文化环境也是影响人力资源战略规划的一个非常重要的因素。不同地区都有自己的传统、特定的文化，形式各异的地域文化背景为企业的人力资源战略规划带来了挑战。在当今全球化的背景下，随着跨国企业的增多，企业内部不同国籍的员工群体之间的文化和制度的交融与碰撞更趋激烈，这必然需要因地制宜地采取相应的策略。为了尽量降低文化因素对企业业绩的不利影响，许多企业在本地文化很有特色的地区充分估计处理文化差异的重要性，即招聘员工时越来越多地采用本地化的策略，希望通过大量招聘本地员工使企业的现有员工尽快适应当地文化，以减少不必要的损失。

第四节　战略规划内部环境分析

企业内部影响人力资源管理的因素构成了进行人力资源战略规划时需要分析的内部环境。这个内部环境包括企业的经营发展战略、企业的管理现状及企业文化环境等。这些因素对人力资源管理和企业管理其他方面之间的相互作用有着重要的影响，并对企业的整体生产、管理效率有着很大的影响。

本节将从企业经营发展战略、企业管理现状和企业内部文化环境三个主要方面，介绍人力资源战略规划中内部环境分析的主要内容和注意事项。

一、企业经营发展战略分析

越来越多的企业认识到，企业经营发展战略，即企业面对市场的竞争战略与发展战略的成功与否在很大程度上取决于企业的人力资源政策和人力资源战略的成功与否。人力资源战略规划需要识别企业的经营业务战略的目标对人力资源状况提出的要求，把经营业务目标转化为实现该目标所需的人力资源活动。

企业的发展目标和竞争战略是什么？为实现这一战略目标，人力资源如何有针对性地进行代谢和替换，这是进行战略人力资源规划的内部环境分析时应重点考虑的问题。

企业战略一般可以分为企业竞争战略和企业发展战略两个方面。

1. 企业竞争战略

在众多的企业竞争战略研究中，影响最大的莫过于哈佛大学的迈克尔·波特。他在《竞争战略》（1980 年）一书中提出，一个企业在严酷的市场竞争中能否生存与发展的关键在于其产品的“独特性”和“顾客价值”，若二者缺一，则企业很难在竞争中取得优势。为了获得竞争优势，企业可以根据自己的情况采取以下三大基本经营战略中的一种。

1）成本领先战略

企业的竞争优势源自企业生产过程中创造价值的能力，而价值可以通过降低成本创造出来。成本领先战略是通过一系列具体政策在产业中赢得总成本领先。贯穿于整个战略的中心是使企业成本低于竞争对手的成本，唯有如此，处于低成本地位的企业才能在市场竞争中取得价值和质量方面的优势，才能获得高于平均水平的收益。

2）差异化战略

差异化战略是通过生产与其他企业差异化的产品或提供差异化的服务来形成自己的竞争力，其特点是产品与服务具有独特性。实现差异化战略可以有许多方式，如品牌形象、技术特点、外观特点、客户服务、经销网络及其他方面的独特性。最理想的情况是企业在几个方面都标新立异。

3）集中一点战略

集中一点战略是企业只将目标锁定于某一细分市场，有自己特定服务的顾客群，只生产某类特殊产品，或者只供应某一特定地理区域。成本领先战略和产品差别化战略是在整个行业范围内达到目的，但集中化战略只将产品或服务锁定于某一特定的目标，因此能比竞争对手提供更有效更有针对性的服务。因此，在人力资源规划方面，也结合了上述两种企业战略中所采取的人力资源规划方法。例如，采取在控制和降低与人员有关的成本、精简机构和人员的同时，吸引有创造力和独立思考能力的员工，并储备多种专业技术人才。

2. 企业发展战略

企业发展战略主要分为以下三种。

1）成长战略

企业在市场中不断扩大、业务不断成长时通常采取成长战略，以抓住发展机会。

2）维持战略

当市场相对稳定且被几家竞争企业分割经营时，处于其间的企业常常采取维持性战略，即坚守自己的市场份额、客户和经营区域，防止企业利益被竞争对手蚕食，同时保持警惕，防止新的对手进入市场。一般来说，在这个阶段，企业将采取稳定型的人力资源规划与这种发展战略相适应。

3）收缩战略

当企业的产品进入衰退期或因经营环境变化而陷入危机时，企业可以采取收缩战略以扭转颓势，克服危机，争取柳暗花明，走出困境。一般来说，在这个阶段，企业将采取紧缩型的人力资源规划与这种发展战略相适应。

人力资源规划应与企业的发展战略相配合，这样才能实现企业的发展目标。企业高级经理人应充分重视人力资源规划的战略分析，因为能从全局把握企业未来发展，比其他人更了解在未来发展中企业需要什么样的人才，也更容易比其他人发现企业采取何种经营发展战略会在竞争中取胜。高级经理人应充分认识企业的各项职能部门，如研发、生产、市场推广、销售、财务管理、人力资源管理等部门作为企业重要组成部分，皆有权参与企业发展战略的制定和发展。

作为人力资源工作者，在企业中主要从事战略决策成分比较高的工作，因此会有充分发挥高瞻远瞩能力的机会，从而帮助人力资源规划的制定者充分认识和把握如下几点。

第一，人力资源规划制定者要充分认识组织愿景、组织目标和战略规划，还必须认识到组织目标对人力资源活动的影响，高级经理人与人力资源部门及其他各部门主动进行沟通，这样有利于保证人力资源规划的目标与企业的战略目标一致。高级经理人需要把握并参与整体的人事调整决策，并给予相关人员支持，领导其进入角色。在上述前提下，高级经理人还需要参与监控执行情况，做到及时发现问题，并协助适时做出调整。

第二，人力资源规划制定者要意识到企业的人力资源规划受企业不同生命周期的影响，应该根据企业的不同阶段制订对应的方案：在企业的初创期和成长期，企业需要壮大和发展，这时需要制定人员扩张的人力资源规划；在企业转型期则需要重点考虑企业在未来一段时期到底需要增员还是减员等；在企业的稳定发展期则需要制定一个稳健的人力资源规划，这个时期的人力资源规划要考虑人员淘汰方面的需要，如合理裁员、精简机构，以便为未来企业的再造期做好准备；在企业的再造期，可以再次制定人员扩张的人力资源规划，主要考虑的是人员招聘方面。

二、企业管理现状分析

对企业管理现状进行分析是内部环境分析中的一个关键环节，这项工作与企业经营管理的各个环节及企业各个部门紧密相关，因此，在这个环节中需要企业高级经理人的用心参与和密切合作，保证企业的人力资源战略规划适应企业的具体实际。

1. 管理现状分析的内容

在进行管理现状分析前，高级经理人需要对企业的组织结构现状、职位设置状况，以及与员工工作表现相关的企业的薪酬、福利、考核、培训与发展等方面进行整体的思考，以提前进入管理现状诊断的状态。在进行企业管理现状分析时需要认真考虑如下问题。

（1）目前的组织结构和职位设置是否适应企业发展战略与市场竞争的要求？有没有冗余的职位？有没有因人设岗的情况存在？在企业的关键职位上是否有人力资源配备不足的现象？

如果有冗余职位存在，就应在制订轮岗计划、人员裁减计划和组织结构设置方案时认真考虑；如果存在关键职位人力配备不足的问题，就应在制订培训计划、人员补充计划时多加考虑。

（2）企业中现有员工工作表现如何？凭你的客观了解，本企业低绩效员工工作表现不佳的原因是什么？你希望运用何种方式来改善？

如果是员工心理上的问题（如员工满意度不佳）导致的绩效不佳，应考虑通过管理方式上的改进（如薪酬激励机制设计和职业生涯规划指导等）来改变这种现象；如果是员工自身能力上的问题导致的绩效表现不佳，则应当考虑轮岗的方式（包括部门内、部门间的轮岗），帮助员工寻找最适合其能力发挥的职位；如果企业中存在一些不胜任本企业内任何职位，并且在接受培训后也无法提高其工作绩效，则应当对他们适度考虑裁员计划。

2. 管理现状分析的过程中的职责

在企业管理现状分析的过程中，为了更加清楚地了解企业内部管理中存在的问题，常常需要使用包括成文资料的收集整理、问卷调查及员工访谈等调研方法。作为高级经理人，在这个过程中，应尽力参与如下工作，以提高调研工作的效率。

（1）在成文资料的收集整理阶段，需要重新整理近年本企业的工作流程描述、管理制度等方面的文献材料，并及时提供给调研人员。例如，在组织结构设计的调研阶段，调研人员一般是从事人力资源管理工作的专业人员，有的甚至是外聘的咨询机构，他们不一定对所在企业的业务流程有特别清楚的了解。不清楚组织流程就无法正确地进行组织结构设计，也就无法准确地决定企业到底需要哪些职位，不需要那些职位。因此，在这个过程中，高级经理人与人力资源部门的人员及从事人力资源咨询的人员的深度交流，有利于人力资源规划前期工作的顺利进行。

（2）在问卷设计的过程中，需要仔细阅读问卷，并向问卷设计人员提出自己发现但已有问卷没有覆盖到的问题，以完善问卷。这样有助于在对企业的现状诊断过程中准确把握企业业务方面与管理方面真正存在的问题，使将来真正解决问题的方案落到实处。

（3）在访谈的过程中，高级经理人应当主动与访谈人员预约访谈时间，并提前对所要访谈的主题进行了解，就问题作准备，以提高访谈的效率，使访谈人员了解到的信息更加充分，以提高现状诊断的准确性。

（4）仔细阅读现状诊断的结果，高级经理人应与各部门经理一起就诊断结果进行集中讨论，共同分析现存问题的深层次原因，并修正现状诊断报告的误差，使下一步规划的制定有一个准确的依据。

三、企业内部文化环境分析

企业文化是企业全体员工在长期的生产经营活动中形成的共同遵循的最终目标、价值标准、基本信念和行为规范。企业文化的核心是培育企业的共同价值观。实践证明，国内外很多著名的公司都很注重企业文化的塑造，而且在决策时，也很重视企业文化环境对决策的影响。因此，有管理学家认为，人力资源管理的最高层次就是运用企业文化进行管理。

1. 企业文化与内部环境的稳定性密切相关

企业文化的特点与企业的内部环境的稳定性有密切的联系。一个有着成熟的企业文化、良好的企业文化建设能力的企业一般都有如下特点：企业的凝聚力强，员工的进取心强，企业员工外流量小。这样的企业所面临的人力资源方面的不确定性就会大大减少。也就是说，在这种情况下，企业面临的内部环境的变数就会小得多，企业的人力资源内部供给情况就相对容易弄清楚，企业可以立足于对现有员工的培训晋升来满足企业对人力资源质量上的新需求。因此，在这种情况下，企业人力资源规划的重心就可以放在员工培训、晋升和员工职业生涯规划方面，而不是大规模的招聘，大规模的裁员等。

2. 根据企业文化环境特点确定选才标准

企业的人力资源规划要注意与企业文化的有效匹配，在企业选人的过程中要与企业文化进行融合，选择与企业文化及价值观相吻合的人才使本企业的人力资源更具有延续性，有利于企业战略目标的实现。

战略人力资源规划实际上是根据不同企业制定的不同战略目标，以及不同企业存在的不同的企业文化来选人、育人、留人，进而为企业目标的实现提供人才支持。不同的企业文化需要与之适应的不同的人力资源，不同的企业文化对应着不同特色的人力资源规划系统。例如，微软只需要“聪明人”，肯德基需要“服务”的人，麦肯锡需要“热衷解决问题，逻辑思考强”的人。这些说法表明了一个企业的特定文化、稳定价值观取向及其确定的终极目标对人力资源的要求。

人才的标准需要在企业的战略目标指引下由企业的文化、价值观来衡量。也就是说，企业必须在经营战略目标的指引下，系统地根据自己的文化、价值观来制定比较明确的评判机制和标准。只有认同企业的价值观和战略目标的人，才是企业正确的人；有利于达成企业战略目标的事，才是正确的事。凡经过企业试用和培训后不能认可企业文化、价值观、战略目标的人即视为企业的“非人才”。

企业高级经理人必须明确理解企业的价值观、善于总结企业文化和清楚企业战略目标才能知道自己所领导的团队到底需要什么样的人才，才能对人才“是我所需，为我所用”。

3. 根据企业文化环境特点确定人才培养的方向

人才标准是企业自己制定的。企业在招聘人才后很重要的一个方面就是进行企业文化的培训，通过自己的培养和训练或者试用把外来人改变成公司需要的人，即“企业人才”。人员的甄选试用中存在一个淘汰问题，淘汰的依据就是“企业的人才标准”。

正如 IBM（International Business Machines Corporation，国际商业机器公司）所倡导的，无论你以前是什么“颜色”，进了 IBM 就必须变成“蓝色”，否则你就走人。“蓝色”实际代表的就是 IBM 的企业文化和价值取向。

企业的人员培养和训练好像一个铸炼厂，可以把铁炼成钢。麦肯锡实施的导师制就好比炼钢的过程。一个人进入麦肯锡从咨询顾问到高级顾问甚至成为合伙人，每一步都会配置一个导师，带你成为“麦肯锡人”直至成为麦肯锡的老板即合伙人。这就是一个“炼”的过程。当机会和导师都不凑巧时也可能变成废品退出麦肯锡。其实 IBM 的“蓝色”人过程也是一个培养和训练的过程。人力资源战略规划重要的一步是根据企业文化所认定的人才标准进行人才培养，把人培养成企业正确的人。

人力资源战略规划的一个重要的目标是招聘适合企业文化的人才，另一个重要目标是把招聘进来的人才通过培训，以及平时工作中的沟通将人才的价值观进一步与企业的价值观融合，增强企业的凝聚力。高级经理人在这个过程中扮演着沟通者的角色。高级经理人对企业文化、企业的价值观有着深刻的理解，因此在招聘员工的过程中通过短暂的交流能够比较清楚哪些员工是能够融入本企业的文化的，哪些员工的价值观是与企业格格不入的。对于那些价值观与本企业文化格格不入的员工，将做出舍弃的决定。对于招聘进来的员工，高级经理人将在这些员工“干中学”的过程中担当企业文化沟通桥梁的作用，使员工在工作的过程中逐渐融入企业文化。

综上所述，人力资源战略规划的全面性思考要求高级经理人在人力资源规划程序的所有环节中都应当站在战略的高度，充分审视企业自身的资源条件和企业外部环境，在组织愿景、组织目标及战略规划的指引下指导人力资源部门制定企业未来人力资源需求清单与相应的人力资源供给规划，从而支持战略规划的实施，促进组织愿景和组织目标的实现。

【本章小结】

战略规划环境的分析方法包括外部环境的分析方法和内部环境的分析方法。其中，外部环境的分析方法包括竞争轮廓矩阵，EFE 矩阵，外部环境关键战略要素预测；内部环境的分析方法包括 SWOT 分析法，竞争地位评估，IFE 分析法。战略规划的外部环境分析包括任务环境和社会环境；而内部环境分析包括企业经营发展战略分析，企业管理现状分析，企业内部环境文化分析的方向这三个方面。

关键词中英文对照

战略规划环境分析	environmental analysis for strategic planning
竞争轮廓矩阵	competitive profile matrix
外部要素评价矩阵	external factor evaluation matrix
竞争地位评估	competitive status evaluation
内部要素评价矩阵	internal factor evaluation matrix

案例讨论

A石油公司人力资源外部环境的机会和威胁

机会

1. 国家政策

随着社会主义市场经济体制的建立和完善，我国将出台一系列人才强国的政策法规，加大人才培养力度，消除人才流动的体制性障碍，畅通人才流动的渠道，吸引、留住更多的内外人才，为A石油公司获取高素质人才提供了良好的机遇。

2. 发展优势

A石油公司的高速发展和良好前景为人才提供了广阔的事业发展空间。A石油公司对人力资源战略地位相当重视。

威胁

1. 国内竞争者

B石油、C石化正在不断精简机构，提高其核心管理和技术人员的薪酬水平，增强对核心人才的吸引力和凝聚力；C石化等同行业竞争对手控制了国内石化方面的绝大多数专业技术人才，并对其核心专业人才的流出设置了政策障碍，增大了A石油公司获取高素质中下游人才的难度。

2. 国外竞争者

国际能源公司拓展在华业务，并实施人员本地化和高薪吸引人才策略，造成一部分高素质人才的流失。

3. 人力资源市场

由于石油化工行业对专业知识技能要求的特殊性，以及国内石油化工行业人力资源市场很不成熟，A石油公司事业发展急需的中高级专业技术人才难以及时在人力资源市场找到合适人选。

请回答下面的问题

1. 通过阅读A石油公司人力资源外部环境分析材料，根据本节所学的技能，你认为此企业应该在战略人力资源规划中把握怎样的策略原则？

2. 根据本节所学的技能思考，如果你是这个企业的高级经理人，你将如何指导或帮助人力资源部门做好下一阶段人力资源规划工作？

讨论题：

1. 试阐明战略规划中环境分析的概念、作用和地位。

2. 战略规划中环境分析的方法有哪些？各方法的优缺点和适用范围又是什么？

3. 企业战略规划的外部环境分为哪两类？各自有哪些关键因素？对企业的战略规划有何影响？

4. 企业战略规划的内部环境有哪些关键因素？对企业的战略规划有何影响？

【思考题】

1. 应用竞争轮廓矩阵时应该从哪几个方面进行分析？
2. 外部要素评价矩阵应当遵循哪些步骤？
3. 企业内部环境文化分析包括哪几方面？

参 考 文 献

陈东健. 2012. 人力资源管理. 北京：清华大学出版社.
陈维政. 2011. 人力资源管理. 北京：高等教育出版社.
董克用. 2008. 人力资源管理概论. 北京：中国人民大学出版社.
洪玫主. 2006. 人力资源信息化管理. 北京：中国发展出版社.
侯典牧，傅家荣. 2012. 人员素质测评. 北京：科学出版社.
金延平. 2007. 人力资源管理人员培训与开发. 第 2 版. 大连：东北财经大学出版社.
李宝元. 2001. 人力资本运营. 北京：企业管理出版社.

第五章

人力资源供需预测

引导案例

和平公司人员增补规划

何仁现任和平公司人力资源部经理助理。11 月中旬，公司要求人力资源部在两星期内提交一份公司明年的人力资源规划初稿，以便在 12 月初的公司计划会议上讨论。人力资源部经理王生将此任务交给何仁，并指出必须考虑和处理好下列关键因素。

——公司的现状。公司现有生产及维修工人 850 人，文秘和行政职员 56 人，工程技术人员 40 人，中层与基层管理人员 38 人，销售人员 24 人，高层管理人员 10 人。

——统计数字表明，近五年来，生产及维修工人的离职率高达 8%，销售人员离职率 6%，文职人员离职率为 4%，工程技术人员离职率为 3%，中层与基层管理人员离职率为 3%，高层管理人员的离职率只有 1%，预计明年不会有大的改变。

——按企业已定的生产发展规划，文职人员要增加 10%，销售人员要增加 15%，工程技术人员要增加 6%，而生产及维修工人要增加 5%，高层、中层和基层管理人员可以不增加。

思考题：

假设你是何仁，将如何编制这份人员补充规划？

第一节　人力资源供需影响因素

人力资源战略是一个企业的愿景、使命和目标的设定，人力资源规划是人力资源战略实现的过程性载体。而人力资源供需预测分析是人力资源规划实现人力资源战略的关键基础。人力资源供需预测是运用人力资源供应预测方法和需求预测方法，通过对企业战略、劳动力市场和工作分析的分析，预期使人力资源供需达到平衡。可见，人力资源供需预测对人力资源战略与规划的实施具有重要的意义。

一、人力资源供给的影响因素

人力资源规划是企业通过对自身劳动力需求和内外部劳动力供给比较，确定供求缺口，根据企业战略，对未来企业保证人力资源供需平衡要求而筹划行动的一个过程。一般而言，人力资源规划的过程包括五个步骤：①确定企业未来的人力资源需求和人力资源供给；②分析企业的外部环境和内部环境；③确定人力资源需求与人力资源可供量之间的差距（短缺或过剩）；④制定人力资源规划并实施；⑤根据实施效果进行评价、反馈，适时调整人力资源规划。

人力资源供给预测主要受企业内部环境因素和企业外部环境因素的影响。

1. 企业内部环境因素

企业内部影响因素对企业人力资源供给影响最为直接，也是直接创造经济效益的组成部分。企业内部供给因素和外部供给因素不是相互孤立的，因此，企业外部供应因素也直接或间接地影响人力资源供给。

企业内部环境因素是指企业战略、员工自然流失、员工内部流动和员工跳槽。

（1）企业战略。企业战略对未来人力资源供量的预测以当前的人力资源状况为基础。根据人力资源管理的经验，可以推断计划期内可能流失的员工数量及相应类型，推断企业内部人员变动情况（如晋升、降职、转职等），推断新增员工的数量，这样就能确定在未来某个时点或者时期组织内部可以提供的人力资源数量。例如，如果某一企业实施兼并战略，为了将经营理念导入新的企业，母公司必须派出大量的高级管理人员，母公司管理人员的可供量将直接影响该战略的实施。

（2）员工自然流失。员工的自然流失是能提前预知并可控制的，它为企业的人员配置提供了更新间隙，如员工退休、合同结束不在续约等情况。

（3）员工内部流动。一般而言，在一定程度上，员工内部流动是可控的，如企业内部轮岗、内部的调动等。

（4）员工跳槽。与员工自然流失和员工内部流动相比，员工跳槽是影响供给最难预测、最难控制的一种情况。一般来说，从员工提交辞职申请到正式离职，企业在较短时间内找到合适的人员配备到空缺位置是有一定难度的。

2. 企业外部环境因素

一个组织的生存和发展是不可能脱离宏观经济状况、劳动力市场、法令法规、企业所在区域的外部状况、国内国际职业市场状况等企业的外部环境，因此，科学分析企业外部环境状况对企业发展来说至关重要。

1）宏观经济状况

宏观经济状况对一个组织的人力资源供给的影响不言而喻。以中国出口外向型的制造业为例，企业所能提供的就业机会和工作岗位，所需要的工人数量和职业类型，提供给职工的报酬数量和类型，深受区域、行业、国内和国际宏观经济状况的制约。此外，企业所在行业预期经济增长情况也影响了企业人力资源的供应状况。

2）劳动力市场

劳动力市场是指企业招工和人才求职的外部活动场所。劳动力市场根据范围可分为地区劳动力市场、国内劳动力市场和国际劳动力市场。企业可以根据自身对劳动力结构、数量、质量要求在不同的市场范围内进行选择。

以招聘为例，从量的方面来说，当劳动力市场的劳动力供不应求时，企业招聘不到合适的求职者且花费成本较高。与此相反，当劳动力供过于求时，对企业来说易于以较低成本招到较满意的员工。从质的方面来说，供过于求使企业会提高选人标准，同时会将求职者的物质和精神需求限定在一定的范围内。能否实现企业的招聘要求与员工的素质结构相匹配取决于劳动力市场结构。

3）法令法规

在西方发达国家，有关聘用关系的法令法规和行政命令已经较为完善，其具有法定约束力，受到法律保护。美国目前仍在实行的《平等就业机会法》就是典型的例子。目前我国制定和颁布的相关法律政策正在加大对劳动力市场的规范，如2008年颁布的劳动合同法、劳动争议调解仲裁法等。

4）企业所在区域的外部状况

企业人力资源供应受人才的吸引程度和企业自身的吸引程度的影响。

（1）企业所在地的人力资源状况。企业所在地有效的人力资源状况比较重要，如企业需要人才的类型、这一类型人才的市场供给情况和其他企业对这一类型人才的需求状况。区域人力资源状况对地区性企业、中小企业的影响较大，对大型企业、外资企业和合资企业影响相对较小。

（2）区域吸引人才程度。企业所在地的居住环境、地域文化、企业所在地对各类人才的包容性、企业所在地的工作安全感等都是对区域人才供应的重要影响因素。

（3）企业自身的吸引程度，包括企业提供薪酬以及福利待遇、企业对员工的发展规划和晋升指导如何、企业目标是否和员工个人发展目标一致等。

5）国内国际职业市场状况

国内国际人才的职业市场状况对国际企业、大型企业和高端人才的供应影响较大，包括该行业在国内国际范围内的人才供应状况、从业人员的薪酬福利水平和差异、国家关于该类职业在就业方面的法规和政策、全国相关专业的大学毕业生人数及分配情况等。

此外，影响人力资源供给的因素还有技术进步和行业生命周期阶段。例如，我国目前正在进行产业结构调整，加大高新技术对传统产业的改造。随着企业技术进步的加快，一些劳动密集型产业的劳动力人数明显过剩，而一些新兴行业的人才需求明显增大，如金融业、IT 业、保险业的高级专门人才。因此，提高员工素质，采用新技术、新工艺提高劳动生产率已成为人力资源管理和开发的重要职能。

二、人力资源需求的影响因素

影响人力资源需求的因素有很多方面，既有宏观层面因素，如经济、社会、政治文化、法律、劳动力市场、科学技术环境、外部竞争者等；也有微观层面因素，如企业的战略、经营状况、管理水平和组织结构、现有员工素质和流动情况等。

1. 宏观层面

（1）经济环境。经济环境是直接影响企业人力资源的主要外部因素之一，这里所说的经济环境既包括国家或地区的经济状况、行业的经济状况，也包括世界的经济状况。特别是在经济全球化的今天，企业越来越多地参与到世界范围的竞争中，一国的经济状况可能对其他各国企业的人力资源需求和配置产生直接或间接的影响。例如，2008 年的美国金融风暴引起了全球性的经济危机，大大减缓了世界各国的经济发展速度。其中，企业为应对金融危机，降低成本，不少企业都大幅减少人力资源预算，减少甚至暂停企业招聘计划，乃至大幅裁员。可见，经济因素对企业人力资源需求具有重大影响，在人力资源需求分析中必不可少。但我们往往只能做一些宏观层面的定性分析。

（2）政治环境。政治环境一般包括政治局面、政府的管理方式和政府方针政策导向等。政治局面对企业经营者具有根本性的影响。动荡的政治环境导致企业生存发展困难，进而导致企业无法预测和控制企业的人力资源需求。政府管理方式的松紧程度、政策方针的连贯程度都直接影响企业的发展。在政府和企业的互动关系中，政府制定和实施的与企业管理相关的管理方式，会对企业的人力资源需求具有一定的引导和制约作用。政府对企业及其所在行业方针政策会引导企业的发展方向。例如，我国近年来加大对高新技术行业大力的扶持，为高新技术的发展壮大提供了良好的政治和法律环境，如计算机与通信技术类产品、电子技术产品等；对传统高污染低效益的行业进行高规范性要求，合理引导企业间兼并重组，加剧了行业间的竞争，如造纸厂、服装制造业等。

（3）法律环境。法律法规的变更影响人力资源需求，如户籍管理政策和档案管理办法的变更、社会保障法规的变更、环境保护法规的变更等都会引起人员流动及供求的变化，进而影响人力资源规划。特别是在西方发达国家，法律法规的影响更加显著。有关雇佣关系的各种行政法规，规范和界定了雇佣关系的性质及人力资源管理活动的合法范围，如《公平劳动标准法案》《平等薪酬法案》《国家劳动关系法》《雇员退休收入保障法案》等。在我国，影响企业人力资源管理活动的法律法规体系也在逐步建立健全。2008 年劳动合同法、就业促进法和劳动争议调解仲裁法颁布并实施。虽然国家颁布的法律对企业发展具有较大的影响，但是这些因素对企业的真正影响难以确定。然而这些因素对人力资源需求的影响有时却很明显，如国家制定了扶持高科技产业的政策，导致企业对计算机信息类人才的需求增加。

（4）社会文化环境。社会文化因素对人力资源管理的影响是潜在的、间接的，也是深远的。文化的基本要素影响和制约人们的观念、思维和行为，包括工作选择的行业、企业及在工作中的绩效。因此，企业人力资源战略管理必须考虑社会文化对员工的影响，在不同的文化传统下，采取有效的措施引导员工的观念和行为，满足人力资源需求。良好的社会文化在企业中具有标杆示范效应，从而形成员工素质提高的良性循环，使员工更清楚地认识自己的职业路线，还可为企业进行业务实践时尽快找到企业所需的人才。

（5）科学技术环境。科学技术环境对企业人力资源的素质和知识结构要求很高。技术革新与进步对人力资源需求的影响较大。市场竞争推动了技术进步，进而影响了对人才的需求，技术创新和升级换代使企业对技术工人的需求量增加，如第二次工业革命大大提高了劳动生产率，对人力资源（主要是低技能的工人）的需求锐减，而相应要求大批能熟练使用现代机器的工人。现在，信息技术和生物技术革命已经直接影响企业的人力资源需求，而人们对企业产品或服务需求的改变也对企业人力资源需求产生间接影响。

（6）劳动力市场。企业目标能否实现很大程度上取决于企业员工的能力，而劳动力市场是企业获取合格人才的潜在场所，因此劳动力市场是企业必须考虑的重要的外部环境因素。劳动力市场是随时变化的，这也引起了企业内部劳动力结构的变化。劳动力市场是影响企业人力资源需求的一个重要因素，企业人力资源需求预测需要对劳动力市场进行仔细分析。

（7）外部竞争者。外部竞争者一直是影响企业人员需求的一个重要因素。尤其是在人才紧缺的地方，竞争对手的人才政策对企业的人才有很大的影响，企业更需要有针对性地进行人力资源需求预测，并开展人员招聘活动。

此外，区域经济发展状况不同，人力资源需求也不一样。例如，中国的东部沿海地区经济发达，对高级经营管理人才和技术人才有更高的现实需求，而西部地区随着经济发展步伐的加快，对人才的需求也越来越旺盛。地区因素在对人力资源需求产生影响的同时，对人力资源的供给也产生影响，而且区域因素对人力资源供给的影响也许更显著。

上述分析了影响人力资源需求的宏观因素。但是，社会对人力资源的需求（总需求）是以微观经济单位（即企事业单位等）为基础的，人力资源需求的现实形态是微观的。各个微观经济单位对人力资源的需求总和形成了一个社会对人力资源的总需求。因此，简单地从宏观上研究影响人力资源需求是不够的，如此很可能在数量和质量方面存在极大的误差。即使在总体上大致准确，也会在需求结构上存在缺陷。所以说，进行人力资源需求预测离不开宏观因素的考虑，但是企业明白影响本企业人力资源需求的微观因素也许更有意义。

2. 微观层面

从微观层面看，影响企业人力资源需求的因素主要有企业战略、企业人力资源现状、企业的经营效率、企业的管理水平和组织结构、企业文化，以及现有人员的素质和流动情况等。

（1）企业战略。企业战略决定了企业发展的方向，也决定了企业需要哪种类型的人才及人才数量，因此，这是影响人力资源需求的重要因素。企业战略制定的是长期战略，因此企业的人力资源战略既要考虑短期需求，也要用动态的眼光考虑长期发展对人才的需求状况。长远人力资源需求既可以通过内部人力资源的培训开发来挖掘，也可以通过外部招聘来实现。一般来讲，战略制定后，就会对企业当下和未来的人力资源需求和配置产生决定性影响。如果企业战略发展到一定阶段，企业需要扩大市场，就会扩大规模，企业对人力资源需求也会扩大。因此，战略规划制约着人力资源规划，并对人力资源需求预测提出要求。

（2）企业人力资源现状。企业人力资源现状分析是人力资源战略管理的基础，企业必须对企业人力资源现状进行一个全面的分析和认识。企业人力资源现状分析一般包括员工结构分析、数量分析、素质分析，通过分析得出企业人力资源存量。由企业人力资源战略目标和企业人力资源存量进行对比，即可得出人力资源需求量盈余或者不足，从而优化企业的人力资源状况。

（3）企业的经营效率。企业的经营效率也影响人力资源需求。高绩效的组织为了促使企业快速发展，可能需要较少但高能力的员工；高绩效组织随着企业的效益提高来补充企业的人力资源需求。如果组织经营效率低下，组织现有成员不能匹配企业发展的需要，那么企业需要通过调岗、培训、裁员和招聘等途径来实现组织人力资源需求。工作任务和完成工作量等经营状况也影响企业人力资源需求。举例来说，企业如果希望生产量或销售量增加一倍，那么完成工作所需的人数必然也相应增加，但不能简单地增加同样的倍数，而要考感企业的生产率和管理效率等。

（4）企业的管理水平和组织结构。企业的管理水平是指企业管理所达到的先进程度，它首先取决于管理人员的素质。管理水平高，自然对高水平管理人员的需求就较大。此外，组织高层发生重大变化时，也会影响人力资源需求。

组织结构对人力资源需求也会产生影响。随着组织趋于扁平化，管理幅度增加，同一级别的人员供给相对过剩，将对具有较高管理能力的高层管理人员的需求增加，增加从外部招聘新人的需求；组织结构对人力资源需求的影响，还体现在要求员工有更高的素质、适应新角色等方面。

（5）企业文化。企业文化是指一个企业长期形成并为全体员工认同的价值信念和行为规范。企业必然存在对企业价值观的不认同的员工，这就增加了人力资源需求。在进行人员补充和更新时，对新进员工要进行企业文化的培训，通过试用期来检验双方是否相互认同。

（6）现有人员的素质和流动情况。人力资源预测不仅要考虑企业长远发展对人力资源的需要，还要立足于企业现有人力资源对企业的贡献。要看企业现有的人员能否满足企业增加产量、提高服务和提高效率的需要，能否适应市场竞争的需要。如果现有人员的配置合理，现有人力资源预测工作就可以着眼于未来。此外，还要考虑组织中人员因为辞职或中止合同而发生的流动比例或流动频率等因素。人员流动性对人力资源需求提出更高的要求，一方面可能是前期的人力资源需求预测不到位，另一方面也要求面向未来做出更合理的预测。

第二节　人力资源供需预测方法

一、人力资源供给预测方法

（一）内部人力资源供给预测方法

正如前文所述，影响一个组织内外部人力资源的因素有很多，要实施有效的人力资源管理，就必须对未来某个时期的供求状况进行预测。这种预测分为内外部的劳动力供给预测和内外部的劳动力需求预测两种，这两种预测都应考虑，是因为每一种预测都建立在不同的需求基础之上，其所涉及的变量不同。内部供给预测与组织的内部条件相关。人力资源供给预测方法很多，如技能清单法、管理人员接替模型、马尔科夫链预测分析法、人员接替模型。

1. 技能清单法

技能清单是用来反映员工工作能力特征的一张列表，包括以前的经历、持有的技能证书、培训背景、所受奖励、自我认知、主管的能力评价等。技能清单是对员工竞争力的一种反映，可以帮助人力资源计划员预测现有员工升职、调换工作等，如岗位有空缺，可以及时找到填补位置的人员。企业人力资源计划要保证企业全员都有梯队后备人选，因此，有必要建立员工的工作能力记录。技能清单表见表 5-1。

表 5-1　技能清单表

个人数据	姓名	部门	科室	工作地点
	到职日期	出生年月	工作职称	填表日期
教育背景	学位种类	毕业时间	学校	专业
工作经历	工作单位	起止时间	担任何种工作	工作单位
培训经历	培训主题	培训时间	培训机构	
技能	技能种类	证书		
志向	是否愿意到其他部门工作		是	否
	是否愿意担任其他类型的工作		是	否
	是否愿意接受工作轮换以丰富工作经验		是	否
需要接受何种培训		改善目前的技能和绩效		
		提高晋升所需的经验和能力		
愿意接受何种指派				

技能清单的一般作用是确定晋升备选人员、管理人员的接续计划、工作调动、培训、职业生涯规划等。

2. 管理人员接替模型

管理人员接替模型是预测企业管理人员供给的一种简单而有效的方法。其目标是确保企业在未来有足够的管理人员供给。技能清单描述的是个人的技能，而接替模型研究的是企业中关键岗位的接替问题。某公司总经理位置接替模型如图 5-1 所示。

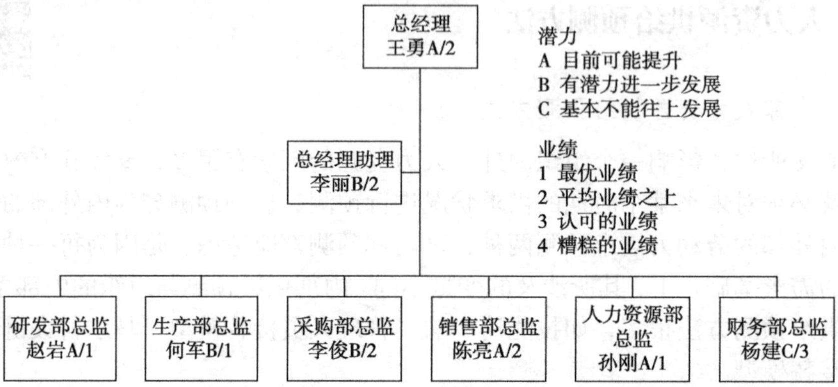

图 5-1　某公司总经理位置接替模型

制定管理人员接替模型的步骤如下：①确定人力资源规划所涉及的工作职能范围；②确定各关键岗位的接替人选；③评价接替人选的整体情况；④了解接替人的职业发展需要，并引导其将个人职业目标与组织目标结合起来。

3. 马尔科夫链预测分析法

马尔科夫链预测分析法是一种进行内部人力资源供给预测的方法。该方法的基本思想是通过组织提供的历史数据找出以前人事变动的规律，进而推测出未来的人事变动趋势。

马尔科夫链预测分析法实际上是一种转换概率矩阵，运用统计计算预测未来的人力资源变化。这种方法可以直观地描述组织中员工流出、流入和内部流动的整体状况，为内部人力资源供给的基础。

马尔科夫链预测分析法不但可以处理员工类别比较简单的企业人力资源供给的预测问题，也可以处理员工类别复杂的大型企业的人力资源供给的预测问题。值得注意的是，虽然马尔科夫链预测分析法在很多大企业中得到使用，但关于该方法的可行性和准确性还有待进一步研究。

下面以某会计师事务所的人力资源供应变化为例。

采用马尔科夫链预测分析法预测企业内部人力资源供给的步骤如下：①根据企业的历史资料计算出每一类的每一职员流向另一类或另一级别的平均概率。②根据不同类职员不同级别流向其他类或级别的概率，建立一个人员流动矩阵表，如表 5-2 所示。以该公司高级会计师为例，其每年有 5%升为经理，5%降为会计，而 10%离职。③根据组织年末的种类人数和人员变动矩阵表，预测第二年组织可供给的人数。仍以该公司高级会计师为例，原公司有高级会计师 120 人，在接下来一年里，预测有 120 × 5%=6 人升职，

120 × 5%=6 人降职，120 × 10%=12 人离职。未来会计员中有 24 人预计升上来，所以，未来全年“预测的人员供给”为 120−6−6−12+24=120 人。

表 5-2　某会计公司人力资源供给情况的马尔科夫链预测分析法

（A）			人员调动概率/%				
			g	j	s	y	离职
职位层次	合伙人（g）		80				20
	经理（j）		10	70			20
	高级会计师（s）			5	80	5	10
	会计员（y）				15	65	20
（B）		初期人员数量/人	数量/人				
			g	j	s	y	离职
职位层次	合伙人（g）	40	32				8
	经理（j）	80	8	56			16
	高级会计师（s）	120		6	96	6	12
	会计员（y）	160			24	104	32
	合计	400	40	62	120	110	68

4. 人员接替模型

人员接替模型虽与管理人员接替模型有相似之处，目标都是确定组织内部关键岗位的候选人，但前者比后者的运用范围更广。

建立人员接替模型的关键是确定一个或者几个接近被接替岗位要求的人选，然后把候选人和企业员工的流动情况结合起来考虑，对企业人力资源进行动态管理。可以运用以下的公式确定组织中各职位员工的预测：

内部供应量=现有员工数量−流出总量+流入总量

流出总量=辞职数量+降职数量+退休数量+晋升数量

流入总量=晋升进入数量+外部招聘数量+降职进入数量

（二）外部人力资源供给预测方法

由于生产规模扩大，劳动力自然减员，在劳动力市场上招聘新员工对于所有公司都是必不可少的。外部劳动力市场对企业制定人力资源战略具有重要影响，因此，对外部劳动力市场相关数据的收集直接影响企业的人力资源战略，调查思路和方法也很重要。在此，主要介绍市场调查预测方法。

市场调查预测是企业进行市场调查或者直接委托外部咨询公司进行相关数据的收集。通过调查得来的数据客观、实际，较少涉及人的主观判断，这就为企业制定人力资源战略提供了客观数据支撑。

1. 市场调查的程序

市场调查从明确调查的目的和任务开始到最终获得有效的市场数据信息，一般要经过以下几个阶段。

（1）明确调查的目的和任务。

（2）情况分析。明确调查的目标和任务后，要充分利用本企业的现有资料，进行初步的市场动态分析，尽可能地节省费用和时间。

（3）非正式调查。通过情况分析掌握调研课题的有关背景资料后，要尽早与相关部门取得联系，赢得支持，为正式调查做好准备。

（4）正式调查。这一阶段是要设计好正式的调查表格，确定好调查对象和调查方法，对调查人员进行必要的培训，做好调查费用的估算，安排好时间、进度、计划等，以便搜集所需要的数据、资料。

（5）数据资料的整理和分析。调查取得的数据和资料，一般都要经过整理加工分析才能变成有用的资料，整理加工程序的步骤，即资料分类、资料编校、列表处理和分析研究。

2. 调查方案与调查方法

1）调查方案

市场调查方案有三种，应根据调查对象适当选定。

（1）普查。这是一种全面性的调查。这种调查方法耗时久、投资大，一般企业市场不采用这种方法；国家采集一些准确的微观数据时会采用这种方法，如人口普查。

（2）抽样调查。根据确定调查目标的分布，对调查目标进行随机调查，通过数理统计推断，进而加工整理分析。

（3）典型调查。选择有代表性的调查对象进行调查，以调查结果代表整体的情况。

2）调查方法

调查方案需要选取具体的调查方法，在此介绍常用的几种。

（1）文献查阅法。文献查阅法通过对国家和地区的统计部门、各类调研机构所发表的各种统计资料的分析，以获取所需的市场信息。这种调查方法在市场调查中普遍应用。

（2）访谈法。访谈法要求调查单位进行调查前做大量的准备工作，以便在与被访谈者进行访谈时，及时抓住有效的信息。同时，调查单位在选取访谈对象时要求很高，一般要求访谈对象是该调研主题的资深研究者或市场主题的工作者。同时，访谈法可借助问卷对不易访谈获得的数据进行收集，后期再进行加工分析以使调研结论更加客观准确。

（3）直接观察法。直接观察法是依靠有经验的市场调查人员或市场研究人员对市场的直接观察结果来判断市场状况的方法。这种方法的优点是简单、方便，缺点是观察范围有限，容易掺入观察者的主观看法。因此，这种方法常常作为其他方法的辅助手段而被广泛采用。

（4）会议调查法。通过各式各样的主题或学会研讨会议收集市场信息也是一种行之有效的方法。例如，每年的行业学会会议、人才信息发布会，以及劳动力市场分析会等。参加会议收集市场信息，了解市场行情，直观获取第一手的信息，可以使调研者甄别其他渠道获取的信息的真实性。

二、人力资源需求预测方法

用于测定人力资源需求的技术很多，主要分为定性预测法和定量预测法，其中定性预测法，如经验预测法、专家预测法、岗位分析法、驱动因素预测法；定量预测法，包括回归分析法、趋势外推法、比率分析法、计算机模拟预测法。

（一）定性预测法

1. 经验预测法

经验预测法，即管理人员根据工作经验和企业发展业务需求对企业人力资源需求进行分析、估计，预测未来人力资源的需求。由于经验预测法是以管理者的经验为主制订人力资源需求计划，所以，这种方法对管理者工作经验能力要求很高。经验预测法分为“自上而下”“自下而上”两种方式。

“自上而下”方式是一种先由高层管理者根据企业现在和未来发展状况拟定总体人力资源需求，然后根据企业战略发展需要，由各部门将总体人力资源需求计划下达到各基层用人部门的方法。采用这种方法主要包括以下五个步骤：①高层管理者先拟订总体人力资源需求计划；②将总体人力资源需求下达到各个部门；③各部门根据部门实际需求预测，修改部门的人力资源需求计划；④汇总各部门反馈的实际需求预测，并将结果反馈给高层管理者；⑤高层管理者根据反馈信息修订企业总体人力资源需求计划，再正式公布，将人员配置计划层层分解并下达给各级管理者。

“自上而下”方式的经验预测法能够将企业高层管理者整体人力资源战略思想贯彻到企业总体发展思路中，虽然这种预测法会使人力资源总体需求人数略大于企业实际所需，小幅度增加了人力成本，但它突出了企业整体人力资源需求中长远战略。

“自下而上”方式是一种由基层逐级上报人力资源需求计划，人力资源部汇总后经高层审批，再逐层下发各部门执行。采用这种方法的主要包括以下三个步骤：①基层管理者根据部门实际所需人员情况，凭借经验上报部门人力资源需求计划；②企业人力资源部对收集的各部门需求计划进行整理、分析和评估，最终根据企业的发展战略制订总的人力资源预测方案；③经高层管理者批准后，人力资源部负责正式公布企业人力资源需求计划，将人员配置计划层层分解并下达给各级管理者。

“自下而上”方式是根据企业基层管理工作任务所需提出的人力资源需求计划进行总体人力资源需求预测，压缩了企业人力资源的不必要成本；但它仅立足于企业的现在，没有着眼于企业的长远发展，这会为企业的中长期人力资源需求预测产生滞后性的影响。

2. 专家预测法

专家预测法是利用专家的知识、经验和综合分析能力，对企业未来人力资源的总体需求进行预测的方法。根据专家间是否有直接交流，将专家分析法分为“面对面”和“背对背”两种方式。

“面对面”方式包括以下四个步骤：①事先将有关人力资源需求预测的企业相关资料分发给各位专家。②组织各位专家召开会议，让专家自由交流观点。③各位专家阐述各自观点和理由后，专家们形成比较一致的结论。如果一次会议不能达成一致的结论，可以进行第二次或更多次的讨论会议，直至最后与会专家基本达成一致的结论。④根据专家结论建议，制订企业人力资源需求预测方案。

“背对背”方式包括以下六个步骤：①成立研究小组，将人力资源需求预测设计成若干问题；②将有关人力资源需求预测的企业资料和问题发给各位专家，请专家根据问题作答；③回收专家答案和建议，统计、归纳和分析，将整理好的结果以匿名的形式反馈给各位专家；④在此基础上，各位专家进行新一轮的作答，并给出意见；⑤以此类推，直到各位专家的意见逐渐趋于一致；⑥根据专家结论建议，制订企业人力资源需求预测方案。

3. 岗位分析法

岗位分析法是指通过对企业所有岗位的工作内容和职责范围分析，根据企业业务量，预测需要的人员。由于这种分析方法涉及的工作量比较大，工作内容繁杂，对中小企业比较实用；对一些进行组织结构调整的企业，可以配套实用这种方法进行人力资源需求预测。

采用该方法的主要步骤一般如下：①进行岗位分析；②根据企业业务目标，确定组织的业务量；③根据岗位分析和企业业务量，预测人力资源需求。

4. 驱动因素预测法

某些与企业的特征有关的因素主导着企业的主营活动，进而决定人员的配置需求。驱动因素预测法就是找出企业的这些驱动因素，并根据这些因素制订人力资源需求计划。

采用该方法的主要步骤一般如下：①找出企业的驱动因素，如产量方面的变化、客户关系方面的变化、新资本投资等；②分析驱动因素与人力资源需求之间的关系；③预测驱动因素的变动；④根据预测的驱动因素的影响，预测人力资源需求。

企业扩张、并购、引入新设备、组织重构等因素都会直接影响未来的人员配置需求。例如，组织中的研发部门，根据特殊的项目计划确定人员配置需求。每个项目都有明确的工作计划和包含人力资源在内的资源需求。

由于管理者很清楚对企业具有直接影响的人员配置需求驱动因素，该方法透明、直观，并能够自主地根据驱动因素变化进行人员调配调整。所以，驱动因素预测法成为当今企业的首选方法。但是该方法合理应用的前提是驱动因素的影响容易测量，更常用于确定操作人员和事务性岗位的人员需求，而不是确定管理、专业或某些技术岗位的人员需求。

（二）定量预测法

1. 回归分析法

回归分析法是一种定量的预测方法，是通过建立人力资源需求与其影响因素之间函数关系，从影响因素的变化来推测人力资源需求量变化的一种数学方法。当研究的因果关系只涉及因变量和一个自变量时，称为一元回归分析预测法；当研究的因果关系涉及因变量和两个或两个以上自变量时，称为多元回归分析预测法。此外，在回归分析中，又依据描述自变量与因变量之间因果关系的函数表达式是线性的还是非线性的，分为线性回归分析预测法和非线性回归分析预测法。

在此，主要介绍一元线性回归预测法和多元线性回归预测法。

1）一元线性回归预测法

一般只有在某一因素与人力资源需求量具有高度相关关系时，才运用一元线性回归预测法。在应用一元线性回归进行预测时，重点必须预测自变量和因变量之间的相关系数。

一般线性回归方程为 $y=a+b\times x$ 。

相关系数的计算公式为

$$r=\frac{\sum_{i-1}^{n}\left(x_i-\overline{x}\right)\left(y_i-\overline{y}\right)}{\sqrt{\sum_{i-1}^{n}\left(x_i-\overline{x}\right)^2\cdot\sum_{i-1}^{n}\left(y_i-\overline{y}\right)^2}}$$

$$b=\frac{\sum_{i-1}^{n}x_i y_i-\overline{x}\sum_{i-1}^{n}y_i}{\sum_{i-1}^{n}x_i^2-\overline{x}\sum_{i-1}^{n}x_i}$$

$$a=\overline{y}-b\overline{x}$$

式中，r 表示相关系数；x_i 表示自变量第 i 期的值；y_i 表示因变量第 i 期的值；$\overline{x}$ 表示自变量的平均值；$\overline{y}$ 表示因变量的平均值。

只有当 $|\boldsymbol{r}|$ 值较大时，才可用一元线性回归方程进行预测。

2）多元线性回归预测法

在实际工作中，影响企业人力资源需求量可能有多个因素，且它们与人力资源需求之间也是线性关系，因此就需要建立多元线性回归方程。多元线性回归预测法与一元线性回归预测法不同，是将多个影响因素作为自变量，能够确定许多变量之间的关联模式。它运用事物之间的各种因果关系，根据多个自变量的变化来推测与之相关的因变量的变化。由于多元线性回归分析法涉及很多数学公式，因此在此不进行详细的介绍。

2. 趋势外推法

趋势外推法是时间序列法中最简单的一种方法，是人力资源预测中运用广泛的时点数列预测方法。运用趋势外推法必须具备两个条件：一是企业要有较长时间的历史数据；二是这些历史数据要具有一定的发展趋势。趋势外推法通过趋势线呈现出来，可以通过分段平均法、最小二乘法和指数平滑法来实现。

3. 比率分析法

比率分析法是通过企业中某些关键因素和所需要的人力资源数量之间的一个比率来确定未来组织的人力资源需求。该方法主要是依据企业历史数据的关键因素大致对应的人力资源完成企业业务的比例，根据企业关键因素的变化，利用比率来对企业人力资源进行预测。具体公式如下：

$$y=a\times x$$

式中，y 表示未来企业的人力资源预测值；a 表示历史关键因素与人力资源的比率值；x 表示预测关键因素的数值。

采用该方法的主要步骤如下：①根据需要预测的人员选择关键因素；②由历史数据计算出历史关键因素与人力资源的比率值；③依据企业发展要求确定预测关键因素的数

值；④运用关键因素数值和比率值，计算企业的人力资源预测值。

例如，可以根据组织的销售额预测组织需要的销售人员数量。假设销售收入=销售员数量×每位销售员的销售额。1名销售人员每年通常可以实现50万元的销售额，在过去的两年中，每年需要10名销售人员完成500万元的销售额。假如计划在当年将销售额提高到800万元，并在第二年将销售额提高到1 000万元，则在人均销售额保持不变的情况下：a=500/10=50万元，当年预测需销售人员 y_1 =（800−500）/50=6人，第二年预测需销售人员 y_2 =（1 000−800）/50=4人。

需要指出的是，比率分析法假设两种因素的比率不变，这会影响预测的准确性。例如，以上对销售人员数量的预测，就是假设销售生产率不变。如果销售生产率上升或下降，销售额和销售人员之间的比率就会改变，那么根据历史比率进行人力资源预测就缺乏准确性了。

4. 计算机模拟预测法

计算机模拟预测法是人力资源需求预测中最复杂也是最精确的一种方法。它主要借助计算机程序模拟计算，综合考虑各种因素对企业人员需求的影响，随着上述技术的发展，这种方法将会逐渐得到普遍应用。该方法主要是根据各种影响人力资源需求的因素使计算机建立人力资源需求预测模型，将未来变化的因素数值输入计算机，从而得到未来需求的人力资源配置方案。

不同方法各有优劣，一般企业在进行人力资源需求预测时会采用定性和定量两种方式进行综合预测。

第三节 人力资源供给预测

人力资源计划目标不仅要与组织的长远战略规划一致，也必须与企业的短期目标一致。人力资源最终取决于内部和外部劳动力市场的结构与作用。因此，对劳动力市场进行分析是进一步探讨人力资源目标的前提。企业劳动力市场分为内部劳动市场和外部劳动力市场。

一、内部劳动力市场分析

企业在配置人力资源供给时，一般情况下，内部劳动力市场是企业人力资源部首先和着重考虑的范围。因为内部劳动力市场是企业自身经营的人力资源，员工适应了企业，也了解企业的工作方式和工作模式；如果员工得到了新的平台会更加努力工作。

内部劳动力市场由现在为企业工作的员工构成。内部劳动力市场有以下两个方面的特征：①长期雇用。内部劳动力市场都在企业进行过一段或长或短的工作，与企业外部市场供应的人力资源相比 ，内部劳动力市场员工具有长期被雇用或将被长期雇用的优势。②内部晋升。对于内部劳动力市场，当企业进行人员配置时，首先在组织内部实行公开招聘，任何人均可提出申请。在内部劳动力市场发出通知，通过竞聘实现内部晋升，实现企业内部资源的整合。

内部劳动力市场是企业人力资源供应主渠道。建立内部市场有以下三个方面的必要性。

（1）员工发展的需要。内部员工发展的路径主要有两条：一是专家路线，二是管理者路线。企业要根据员工发展需要，制定企业内部员工发展通道和职业生涯规划以留住人才。

（2）激烈的市场竞争使组织迫切需要有经验、即刻就能融入企业的人才。从内部市场挖掘人才符合企业这一需求。

（3）人力资源战略的需要。人力资源战略包括人才结构和接班人储备等。内部劳动力市场可以解决适合企业需要的人才结构和接班人。

因此，建立在上述基础上的内部劳动力市场分析包括以下几点。

（1）组织战略与内部劳动力供给。企业内部劳动力市场的可供给程度取决于组织发展战略。例如，如果组织准备实施战略转移以开发新型产品作为企业今后的发展战略，则企业现在的研发人员就会显得过剩，研发人员就会面临被裁员。但如果企业准备对自身成熟业务扩大生产，则内部销售人员紧缺，内部劳动力市场供应不足。此时需要对候选人目前的业绩水平和提升潜力进行考察，一般考察的内容如下：①工作经历；②教育背景；③优势和劣势评价；④职业生涯发展的需要；⑤目前及未来提升的潜力；⑥目前的工作业绩；⑦专业领域；⑧工作特长；⑨职业目标和追求；⑩预计退休时间；⑪个人生理、心理评价记录。

（2）组织结构与内部劳动力供给。随着组织结构向扁平化发展，管理层数减少，横向的职位变迁（如在某个同级工作部门中调换不同的岗位）将受到欢迎。因此，学习新的技能，熟悉部门内其他新的角色，培养员工技能的多面性，将增大内部劳动力供给的强度。当现有员工的工作需求有所减少时，组织可以有计划地减少内部劳动力供给。

（3）企业人员流动率与内部劳动力供给。企业内部人员流动率会对劳动力供给产生重大影响。例如，某个部门有 25 名员工，前一年有 5 名员工离职，则该部门的人员流动率为 20%。如果组织其他部门的该指标都不超过 5%，该部门人员的高流动率会破坏内部劳动力平衡，该部门涉及的内部劳动力项目供应紧缺。一般情况下，某些行业通常会有较高的人员流动率，如餐饮业的厨师在某一岗位的留任时间较短会造成餐饮内部劳动力市场供应不足。

虽然建立内部市场面临较多的挑战，但拥有良性健康的内部劳动力市场对企业的持续稳定的发展很有益处。一般建立内部市场须做好三个方面的准备。

（1）加强公司企业文化建设，引导员工从思想上接受和配合。

（2）组织要有完善的员工发展体系。根据员工个人目标和企业战略目标对员工进行培训，使员工切实感受到企业对其的培养及其自身的成长。

（3）信息系统。信息系统是支持企业建立内部市场的重要基础。

二、外部劳动力市场分析

如果内部劳动力市场不能满足企业现行人力资源运作和战略的需要，那么企业就必然需要外部劳动力市场不断补充人员。劳动力市场是劳动力供给方（求职者）与劳动力需求方（雇用者）相互作用，从而决定劳动力价格的地理区域。在供不应求的劳动力市场中，雇用者会采取提升工资水平的方式来提高企业选择求职者的供应量。例如，随着我国金融行业的兴起，计算机人员、金融工程师、资本运作人员的劳动力市场远远供不应求，这些工作的工资水平一直在稳定增长。在供大于求的劳动力市场中，在外部环境不变的情况下，雇用者可以用低水平的工资在外部劳动力市场上尽量择优雇用应聘者以满足企业的需要。例如，随着我国经济水平的提高，整体劳动力工资水平上升，对于供大于求的大学生劳动力市场，大学生的入职工资水平在逐渐上升。实际上，外部劳动力市场受到许多因素的制约，人力资源管理者在进行人力资源管理时要综合多方因素考虑。影响外部劳动力市场供应的重要因素有以下几点。

1. 人口现状和人口政策

人口现状直接决定了企业现有外部人力资源状况，它的主要影响因素包括人口规模、人口结构。

人口规模决定劳动力规模，影响劳动力的外部供应。以我国中部地区为例，随着中部崛起战略的实施，中部地区工业化进程开始稳步提升，由于中部六省都是人口大省，所以中部地区企业的外部劳动力市场一直处于饱和状态。反观东南沿海地区的加工制造行业，随着近年来新生代员工就业选择的特点和广大农民工就业观念的转变，其在每年的春秋季都会出现大量的“招聘难”现象。

人口结构直接影响劳动力的外部供给。人口结构主要包括年龄结构、性别结构和素质结构。随着我国“80后”和“90后”逐渐成为社会中坚力量，改革开放、经济高速发展和高校扩大招生等机遇为他们提供了良好的生活环境，其中，女性接受教育的比例大大提高，男女平等的观念也深入人心，社会中坚力量年轻化为我国快速发展提供了年轻、充满朝气的高素质人力资源供应。

虽然我国许多省市纷纷颁布了吸引各类人才的政策，人口政策在逐渐为全国人力资源按市场规律合理流动提供平台，预示着在全国范围内人才要有更大的流动。但严格的户籍制度制约着企业外部人员的供给，根据市场经济资源有效配置原理，户籍制度在很大程度上制约了企业高层次管理和专业技术人员的配置。

从全球人口角度看，欧洲人口结构中年轻人所占的比例近年来有明显的下降，这会导致亚洲国家的熟练工人成为欧洲人力资源供应外部市场的重要来源。然而，这种预测可能会受到其他因素，如语言、文化和经济增长等的制约。

2. 社会和地理因素

社会和地理因素也是影响劳动力外部供给的重要因素。劳动力市场没有界限划分，特别是经济全球化进程越来越快，但会因为社会和地理因素的影响而有所限制。例如，近几年在我国中部和北部区域，外出务工的人员逐渐选择家乡或靠近家乡的城市务工，这是东南沿海地区招工难的原因之一。这主要是我国小农意识文化、沿海地区薪酬竞争力下滑、在外务工缺乏安全感和归属感、地域性文化和地理差异综合的结果。从雇用者的角度看，其所面对的并不是一个单一的劳动力市场，而是不连续、相互分割的劳动力市场，这些市场的供需条件差异很大。我国东部产业向西部转移就是为了应用当地劳动力供应市场和地方政府的优惠政策。

3. 劳动力市场的发育程度

社会劳动力市场是否发育良好，是指劳动力是否可以自由进入市场，市场经济能否合理引导劳动力进行人力资源在企业间的合理流动。如果劳动力市场发育不健全，国家宏观政策引导不利，行业规章制度不能和国际接轨，这势必会影响人力资源的优化配置，也给企业对外部劳动力市场预测带来了较大的困难。

4. 社会就业观和择业心理偏好

不正确的社会就业观是影响企业人力资源供应预测的一个原因，如一些城市失业人员不愿意从事一些苦、脏、累、险的工作。择业心理偏好也是影响企业人力资源供应预测的原因。当下大学毕业生普遍愿意进入国有企业或外资企业工作，并且希望工作待遇好且不太辛苦，而不愿去一般的企业。

5. 员工的类型

员工的类型也是外部劳动力供给中需要考虑的一项因素。例如，一些企业会在个别大学招聘新毕业生，经过长年的招聘历史分析，该学校培养的大学生比较符合企业所需员工的类型。某大型农业设备制造企业在从位于农村的地方学校招聘员工方面做得十分成功。这家企业的管理者认为，由于许多学生来自农村，所以他们能够更快地适应企业的运作方式。百事可乐公司经常从二类学校招聘人员，因为品牌大学的毕业生很少愿意从底层的职位做起。

第四节　人力资源需求预测

一、工作分析与人力资源需求预测

（一）工作分析

工作分析是一切人力资源管理工作的基础。工作分析收集的信息是其他人力资源管理职能实施的依据，对企业进行人力资源需求预测起到了关键性作用。工作分析通过对工作输入、工作转换过程、工作输出、工作的关联特征、工作资源运用、工作环境背景等的分析，形成工作分析的结果，即工作描述和工作说明书。工作描述具体说明某项工作的物质特点和环境特点等，主要包括工作名称的描述、工作内容的描述、工作条件的描述，聘用条件及工作关系等内容。工作说明书要求说明从事某项工作职位的入职员工必须具备的生理要求和心理要求，主要包括工作识别信息、工作概要、工作职责，以及任职资格的标准信息，为其他人力资源管理职能的使用提供方便。工作分析按照一定的步骤收集信息，进行企业目标的逐层分解直至工作岗位。工作分析的过程和结论体现了企业目前实际所需的人力资源，对企业人力资源需求预测有重要的作用。

（二）工作分析与人力资源需求

由于企业经营状况的不断变化，工作分析是市场根据企业的组织目标和组织结构进行分析，整理企业在不同部门和不同岗位所需的人力资源。工作分析对人力资源管理中的招聘、培训开发、绩效管理和薪酬福利都有重要影响。工作描述和工作说明书提出了胜任某岗位所必需的资格条件，招聘时就依据岗位资格条件进行遴选。工作分析提供的信息指出某项工作需要某种特殊的知识、技能和能力，随着岗位知识和技能要求的提高，需要对岗位上的员工进行培训和开发以满足岗位要求。绩效评价标注源于工作分析的结果，应根据员工完成工作说明书中规定职责的情况进行评价，保证评价的公正性。对于薪酬福利，相对来说，工作职责越重要，工作就越有价值。要求高知识、高技能的岗位对企业的贡献就越大，其薪酬福利就高。例如，一般而言，要求具有硕士学历的工作的相对价值应该高于只需本科学历的工作。此外，工作分析的资料可以为员工提升、调动提供依据。

从以上的分析来看，人力资源管理的各个方面与工作分析都有较大的关联。不过工作分析资料的主要作用在于人力资源规划，特别是人力资源需求预测方面。人力资源经理要具备知道每项工作所需的不同关键核心知识、技能和能力。显然，有效的人力资源规划必须考虑这些工作要求，而人力资源需求预测也必须以这些要求为基础。人力资源部经理会根据企业岗位的新要求来扩充工作描述和工作说明书的内容，为人力资源需求预测提供依据。反过来，这些信息也会被用来实施和强化不同的人力资源管理职责，而工作分析的最终目的是提高组织工作效率和生产率。工作分析是组织“选人”“育人”“留人”“用人”等决策，组织需要在人力资源需求设计的基础上进行。

二、企业战略与人力资源需求预测

（一）企业战略与人力资源规划

企业战略是为实现组织总体目标而制定的政策、措施和手段，要想真正实现企业战略就必须拥有优质人才。例如，一家新成立的公司，企业战略已经确立，企业设施配置完毕，潜在市场分析已经完成，但所有这些活动的执行需要一定人员去完成，这也是人力资源需求预测面临的任务。人力资源需求预测需要回答哪些岗位需要配置人才及配置什么样的人才的问题，同时制订人员空位填补计划。

人力资源规划的目的是保证企业有合适数量与质量的人才来实现企业的各种目标。因此，企业总体上的竞争战略是制定人力资源规划的目标和基础。人力资源是企业最重要的资源，企业的一切其他资源都必须与人力资源相结合才可以创造效益。因此组织必须使组织的战略和人力资源计划相吻合，不仅要考虑企业人力资源现状与战略的适应，还需预测未来实施可能需要的人才，以便提前做好培训或招聘。

在经济全球化时代，世界各国正在兴起科技创新的热潮。与此相适应，企业组织需要一种能够支持创新的“柔性”结构体系。

（二）人力资源需求预测与企业战略的整合

人力资源规划是企业战略必不可少的一部分，而人力资源需求预测又是人力资源规划重要的部分，所以人力资源需求预测也必须与企业战略相互依赖，相互作用。企业要根据企业战略的实施方向进行科学合理的人力资源需求预测。例如，企业为了实施一系列兼并与收购战略，要根据并购活动成功实施的程度，确定不同层次的管理及专业人才的需求。人力资源需求预测作为人力资源规划的核心部分，所起的作用就是分析企业目前的人力资源状况，预测企业未来发展所需的人才数量和质量。又如，企业扩大经营领域或者缩小经营范围和生产规模，都会影响现在及未来对人才的需求变化，这时人力资源需求预测就显得尤为重要。

然而人力资源需求预测显然又会影响战略的实施与实现。预测的主要作用是为管理者提供有用的信息，预测结论作为管理者进行招聘或减员的参考。不过预测的需求和供给很难恰好相符。因此需要通过预测过程不停地对需求进行调整或者对供给进行调整，直至供需达到基本平衡。

第五节　人力资源供需平衡

在企业的运营过程中，企业始终处于一种动态的人力资源供需平衡状态，不可能处于一种长期的静态平衡。人力资源部门的重要工作之一就是不断地调整人力资源结构，使企业的人力资源始终处于供需时点平衡状态。通过这个过程，可以有效地提高人力资源利用率，降低企业人力资源成本。企业的人力资源供需调整方法分为人力缺乏调整和人力过剩调整两部分。

一、人力缺乏调整方法

（1）外部招聘。外部招聘是最常用的人力缺乏调整方法，当人力资源总量缺乏时，采用此种方法比较有效。在人力资源缺乏报告中，如果缺乏的员工处于企业的关键核心岗位，则先通过企业内部调整、内部晋升等计划，最后是外部招聘；如果缺乏的员工是一些可替代性强且劳动力市场可选人员较多时，则直接通过外部招聘补充所需的人力资源。

（2）内部招聘。内部招聘是指当企业出现岗位空缺时，优先在企业内部招聘合适的人才来填补职位的空白。内部招聘在提高招聘效率的同时也节约了招聘成本，从企业内部招聘的员工更熟悉企业的规章制度与企业文化，提高了招聘的信度与效度，这种招聘方式使员工与企业共同成长，在企业内形成积极进取的氛围，成为激励员工的有效手段。这种招聘方式的弊端在于容易导致企业的人心不稳，不利于企业的创新和个人的创新。

（3）内部晋升。内部晋升是指企业内部符合条件的员工从现有的岗位晋升到更高层次岗位的过程。获得内部晋升的员工大多已在现有岗位表现出了不俗的业绩，能力毋庸置疑，比招聘新人更为可靠。同时，内部提拔有利于激励员工努力工作。内部晋升的员工适应期短，与企业的文化也更加融合。

（4）继任计划。继任计划在国外比较流行。继任计划是指发现并追踪具有高潜质的雇员的过程。它是为首席执行官（chief executive officer，CEO）、副总裁、职能部门和业务部门的高层经理等职位寻找并确认具有胜任能力的人员，是为组织储备核心的人力资本，其实施过程涉及人力资源培训与开发、职业生涯管理和绩效测评等方面。

（5）技能培训。对员工进行技能培训不仅能让员工胜任现在的工作，也能为员工轮岗奠定基础。技能培训不仅可以实现员工适应更高岗位需求的愿望，还可以有效解决企业转型后的岗位适应与冗员问题。

（6）调整工作范围。当企业人才供不应求或短时间内无法招聘到合适的人才时，课题通过修改岗位说明书来调整员工工作范围，适当扩大工作职责，进而填补多余的工作量。与之相对应的也应调整员工的薪酬待遇。

二、人力过剩调整方法

（1）提前退休。企业可以采取提前退休的方法提高企业运营效率，降低多余劳动力造成的巨大成本。

（2）减少人员补充。短时期内减少员工招聘数量。

（3）增加无薪假期。当企业出现短期人力过剩的情况时，可以采取无薪休假来缓解人力过剩造成的成本压力。

（4）裁员。裁员是一种最无奈却最有效的方式。但裁员要严格依据劳动合同法等法律进行裁员。裁员的程序要恰当且要做好后续的沟通与补偿工作。

【本章小结】

人力资源战略是一个企业的愿景、使命和目标的设定，人力资源规划是人力资源战略实现的过程性载体，而人力资源供需预测是人力资源规划实现人力资源战略的关键基础。

人力资源供需预测分析是在对人力资源供给影响因素和需求预测影响分析的基础上，运用人力资源供应预测方法和需求预测方法，通过对企业战略、劳动力市场和工作分析的分析，以期使人力资源供需达到平衡。

关键词中英文对照

人力资源需求　　human resource needs

人力资源需求预测	demand forecasting of human resources
工作分析	job analysis
人力资源供给	supply of human resource
人力资源供给预测	supply forecasting of human resources
定性预测法	qualitative forecast method
定量预测法	quantitative prediction method
马尔科夫预测分析	Markov forecast analysis
市场调查预测方法	market research forecast method
回归分析法	regression analysis
内部劳动力市场	internal labor market
外部劳动力市场	external labor market

案例讨论

齐齐哈尔金车工业公司（以下简称金车公司），是 1995 年末在原齐齐哈尔车辆厂劳动服务公司的基础上转制组建的。金车公司下设 9 个具有法人资格的专业公司和 6 个直属厂，资产过亿、员工过万，实行公司、专业公司、厂队三级管理。原齐齐哈尔车辆厂劳动服务公司为齐齐哈尔汽车集团公司厂办集体企业，自 1958 年创办以来，走过了艰难历程，现已发展成为全国铁路货车配件生产基地和排头兵、全国最大的铁路货车配件生产企业、全国铁路货车配件行业重点骨干企业。2004 年、2005 年公司的产品产值、销售收入连续两年位居全国同行业首位。

据有关部门统计，我国铁路货车制造行业所拥有的专业技术人员数量仅为发达国家的 1/10。高级管理与技术人才匮乏是制约我国铁路货车制造业发展的一个重要因素，尤其是高级技工和高级技师严重短缺。

截止到 2005 年底，金车公司在册员工 10 798 人，其中，在岗员工 9 980 人，生产及辅助工人占 70%，管理和营销人员占 15%，工程技术人员占 15%。工程技术人员中，高级职称占 20%；生产及辅助工人中，技师占 7%。年龄结构，50 岁以上占 25%；40~50 岁占 35%；30~40 岁占 20%；30 岁以下占 2%。知识结构，大中专以上学历占 25%；高中及技校学历占 25%；初中以下学历占 50%。流动趋势，“十一五”期间，员工到达退休年龄的平均每年近 300 人，正值一个退休高峰期，其他原因的员工离职率预计也将有所增加。

虽然金车公司工程技术人员已占企业在册员工的 15%，但对于技术含量越来越高的货车配件制造业来说，工程技术人员数量相对较少，尤其是缺乏高水平人才。近几年由于地域等原因，人才流失较严重，对企业的发展产生较大影响。这些现象在技术工人和经营管理者队伍中同样存在。总结起来的问题是“整体素质不足，高级人才匮乏，梯队断档，招聘困难”。由于新产品研制开发及生产压力较大，员工队伍中偶有“厌战情绪”，士气不够稳定。吸纳高级技术人才和管理人才，健全和完善激励机制，是金车公司实施企业战略必须解决的根本大计。

“十一五”期间，金车公司的总体战略是：以发展为主题，调整为主线，创新为动力，重点在技术创新和制度创新上下功夫，找准企业在竞争中的位置，占领市场竞争的空间，把铁路货车配件生产为主继续做大做强。通用产品产销量保持行业第一，与此同时，逐步提高产品术含量，上档次，出精品。与国内外研究机构联合开发具有当代水平的新产品，与国外一流厂商开展合资合作，达到五个行业第一，即生产规模最大、产品种类最全、产品水平最高、综合实力最强、经济效益最好，金车公司成为国家铁路货车配件产业化基地。为了配合公司的总体战略，金车公司人力资源战略的指导思想是以人为本，加强对人力资源的开发、获取和利用，充分发挥人的潜能。建立人本管理体制，再造激励约束机制，扩展员工自我价值实现的通道，唤发员工的积极性和创造性，加大人才培养和引进的力度，不断改善人员结构和整体素质。这一战略思想蕴涵以下两个关键理念。

在人才需求方面，建立国内领先的技术创新体系，加快产品开发节拍，缩短产品周期，要使研发人员中的技术专家占50%以上。技术装备数控化率5年内由目前的4%提高到13%，为实现柔性合理，要求技术工人一专多能的比重由5%逐步提高到30%，对关键、稀有工种达到100%。为了强化市场反应机制，建立满足用户需求的营销体系，使营销的工程技术人员达到60%。多元化发展战略及体制改革，需要在较短时间内配备20-30名、复合型高级经营管理人才。随着ERP（enterprise resource plan，即企业资源计划系统）等管理信息化手段的广泛应用，要使能文能武多面手型的管理人员比重由10%提高到50%以上。

讨论题：

1. 金车公司的总体战略和人力资源战略与公司所处的内外部环境是否相适应，请阐述理由。

2. 假如你是金车公司的人力资源部部长，为了满足公司未来一段时期内对人才的需求配合公司的发展战略，你将如何保证人才的供给？

【思考题】

1. 影响人力资源供给的因素有哪些？请举例说明。
2. 影响人力资源需求的因素有哪些？请举例说明。
3. 请举例说明如何运用技能清单法进行人力资源供给预测。
4. 请举例说明如何运用管理人员接替模型法进行人力资源供给预测。
5. 请举例说明如何运用马尔科夫链预测分析法进行人力资源供给预测。
6. 请说明市场调查预测法的程序和方案的主要内容。
7. 请简述人力资源需求预测方法。
8. 请阐述工作分析对人力资源需求预测的作用。
9. 为什么要根据企业战略进行人力资源预测？怎样进行人力资源和企业战略的预测？
10. 请分别阐述企业的人力缺乏调整和人力过剩调整方法。

参考文献

波特 M. 1997. 竞争战略. 北京：华夏出版社.
波特 M. 2005. 竞争优势. 北京：华夏出版社.
葛玉辉. 2013. 人力资源管理. 北京：清华大学出版社.
侯光明，王月辉，刘存福. 2009. 人力资源战略与规划. 北京：科学出版社.
刘俊昌. 梅小敏，赵君. 2006. 企业人力资源供需平衡分析. 社会科学家，（10）：171-172.
孙泽厚，罗帆. 2006a. 管理心理与行为学. 第2版. 武汉：武汉理工大学出版社.

孙泽厚，罗帆. 2006b. 人力资源管理——理论与实务. 第 2 版. 武汉：武汉理工大学出版社.
王玉娇. 2013. 人力资源管理. 北京：清华大学出版社.
萧鸣政，Cook M. 2013. 人员素质测评. 北京：高等教育出版社.
徐新陶. 2007. 动态均衡下的人力资源供给. 人力资源，(5S)：18-19.
杨维富，王仁理. 2008. 人力资源战略规划执行. 北京：中国发展出版社.
张春波. 2006. 金车公司人力资源战略研究. 哈尔滨工程大学硕士学位论文.
赵曙明. 2008. 人力资源战略与规划. 北京：中国人民大学出版社.

第六章

人力资源总体规划

引导案例

20 世纪 60 年代后期，美国××钢铁公司决定在××州北部建造一座大型钢铁厂，公司高层领导雄心勃勃，希望将投资 2 亿美元的工厂发展得如同德国最负盛名的鲁尔钢铁工业区一样。公司领导层把钢铁厂的厂址选在一个小镇。公司的决策得到了州政府的大力支持，州政府为此特地新建了一条 4 车道宽的高速公路和 5 条水上运输线，通过水路交通可把钢铁厂需要的生产原料源源不断地运进来，并将钢铁厂生产的产品源源不断地运到市场上。

当钢铁厂即将完工时，公司领导层却发现了一个问题，即小镇人口不足 1 000 人，附近方圆 64.37 千米以内找不到生产所需的大量劳动力。于是，公司不得不到远离小镇的中部地区去寻找劳动力。为了吸引工人，公司付出了高昂的代价，工资高出其他厂家 20%。当公司领导层发现这个问题时，钢铁厂已经建好了。后来，它成为人们的笑谈，从成本和利润的经济角度看，钢铁厂是个低效益的典型。由于公司财力有限，钢铁厂从未找到足够的工人。

直到 20 世纪 80 年代，这个投资 2 亿美元的钢铁厂还未完全投产。而对州政府来说，建设此钢铁厂也成了一个灾难，因为它所投资的交通运输基础设施没有得到回报，得不偿失，有苦难言。

思考题：

1. 该钢铁厂后来怎么会成为人们谈论的笑料？如果你是该钢铁厂的领导你又会怎么做？

2. 请你简单谈谈怎样才能做好人力资源的总体规划。

人力资源总体规划是人力资源管理活动的基础，它是以企业战略目标为基础，对规划期内人力资源管理的总目标、总政策、实施步骤和总预算的安排。人力资源总体规划的主要内容有如下几个方面：①阐述在企业战略规划期内组织对各种人力资源的需求与各种人力资源配置的总的框架。②阐明人力资源方面有关的重要方针、政策和原则，如人才的招聘、晋升、降职、培训与发展、奖惩和工资福利等方面的重大方针和政策。③确定人力资源投资预算。

总之，人力资源总体规划着重于人力资源总的、概括性的谋略及有关的重要方针、政策和原则，主要分为人力资源结构规划、数量规划、素质规划和政策规划。也有人将人力资源结构规划称为人力资源层级规划，它可以帮助企业确定现在的分层和分级结构，同时也可以帮助企业对未来合理的分层分级结构进行规划；人力资源数量规划也可以称为定编，其目的是现有人数和未来所需要的人数；人力资源质量规划也可以称为能力模型或任职要求规划，其目的是企业目前的人员素质和未来所需的人员素质；人力资源政策规划则是为了确定企业按照什么样的政策进行招聘、培训、绩效管理、薪酬管理等。

事实上，企业人力资源结构、数量、素质和政策规划，四者是相辅相成同时进行的，不能撇开其他规划单独做某一种规划。

第一节　人力资源结构规划

传统的企业人力资源规划侧重点仅在人力资源数量规划，这在战略管理日益受到重视的今天已难以满足现代人力资源管理的需要。当社会总的人力资源结构和经济结构发生变化时，就会引起企业人力资源结构的变化。进行人力资源结构规划，可以确保企业在任何情况下都具有较好的人力资源结构的最佳组合，从而避免出现不同层次人力资源组织的不配套或结构及比例失调等状况。

一、人力资源结构规划的实质

人力资源结构规划是依据行业特点、企业规模、企业未来战略重点发展的业务及业务模式，对企业人力资源进行分层分类，同时设计和定义企业的职位种类、职责及权限等，从而理顺各职位人员在企业发展中的地位、作用和相互关系。建立合理的人力资源结构框架，有利于分析企业各类职员的业务能力状况。根据人力资源结构分类来分析各类职员的贡献大小，从而确定各类职员人员数量的配比关系，以便合理地配置企业的人力资源。人力资源结构规划就是要打破组织壁垒，如部门对人力资源管理造成的障碍等，为按业务系统要求对相关人员进行人力资源开发与管理提供条件；同时，人力资源结构规划也为建立或修订企业人力资源管理奠定基础，如任职资格体系、素质模型、薪酬体系和培训体系等。人力资源结构规划的关键是定岗，即岗位设计。岗位设计也可以称为工作设计，它是指以企业的业务目标为基础，充分考虑员工个人的工作任务、职权和本岗位与组织中其他岗位之间有何关联的整个过程。岗位设计的主要目的是帮助组织向组织成员分配工作任务和工作职权。

二、人力资源结构规划的步骤

人力资源结构规划是数量规划、素质规划和政策规划的前提。通常来说，人力资源结构规划由五个关键步骤构成，具体如下。

（1）以公司价值链为基础，将公司的职位分类。以公司的价值链为基础是因为公司所属的行业不同，价值链也必然不同，公司所需的职位类别也会有很大区别。例如，一家高科技制造公司，它的价值链主要包括采购、运输、生产、研发、营销、技术管理及职能管理等关键环节，相对应的职位可分为六大类，分别是供应链管理类、生产制造类、研发类、营销类、技术支持类和职能管理类。又如，一家房地产企业，它的价值链包括土地获取、项目策划、招标采购、施工、营销、售后和职能管理等关键环节，与此对应，其职能应该分为四大类，即工程类、营销类、开发类和职能管理类。

（2）通过对工作分层完成职位分层。要对职位分层，首先应该对工作进行分层。虽然不同的公司对工作分层的不同关注点导致差异性的职位分层。但是，总的来说，大家普遍采取的方法是按照工作的性质对职位分层。例如，现在 A 和 B 两个公司，其工作分层分别如下：A 公司，决策类、管理类、执行类、操作类；B 公司，规划创造类、业务管理类、执行应用类、辅助支撑类。那么相对应的，两个公司的职位分层分别如下：A 公司，决策类、管理类、执行类、操作类四个层次；B 公司，规划创造类、业务管理类、执行应用类、辅助支撑类四个层次。我们可以发现，虽然两个公司职位分层的称谓不一样，但其本质上是一样的。

（3）以工作分层和职位分层模型对目前公司的人员结构进行诊断。此过程需要注意以下三点。

第一，采用定性的方法对现有人员结构进行诊断，关键是其能否满足公司业务发展的要求，如果诊断结果是否定的，我们要找出主要的症结所在。此方法的基础信息主要来自公司高管和各个部门主管的访谈信息，因为他们对于现有人员能否满足公司的业务发展要求最有发言权。但是，定性分析法不如定量分析法具有说服力，因此，我们需要以定性分析为基础，结合定量分析和标杆比对对公司现有人员结构进行进一步的诊断。

第二，采用定量的方法对现有人员结构进行诊断，主要对其与员工承担的工作任务量结构之间的关系进行分析，判断两者之间是否匹配；如果不匹配，则找出不匹配的主要原因。

第三，采用标杆法对现有人员结构进行诊断，把公司的人员结构与标杆企业的人员结构进行对比，找出差距，确定公司未来完善人员结构的方向。

（4）厘清经营战略对公司人员结构的要求。厘清公司的经营战略对人员结构有何要求，是因为进行人员结构规划的最根本的目的是实现公司的战略和目标。因此，这一过程是人力资源结构规划的其中一个关键步骤。

（5）给出未来优化人员结构的建议。针对现有人员结构和理想结构之间差距，给出未来一段时间优化公司人员结构的相应对策和建议，当然我们也要充分考虑企业人工成本的变化及员工的成长规律，因此企业也需要招聘和培训等配套工作。

总之，企业人力资源结构规划的难度较高，对公司管理层和人力资源部的人员的挑战性较大。因为它是人力资源数量规划和质量规划的基础，所以一旦出现纰漏，数量规划和质量规划也会出现差错，最终整体人力资源不能满足公司战略目标的要求，给公司的经营管理造成严重的损失。因此，人力资源部要在深入理解和把握公司经营战略的基础上，选取合适的方法和工具对人力资源结构进行规划。

三、人力资源结构规划的方法

人力资源结构规划与人力资源数量规划及素质规划是同时进行的，数量规划和素质规划都是依赖结构规划所确定的结构进行的。因此，人力资源结构规划的岗位设计是关键，也是难点。岗位设计的中心任务是要为企业提供完成战略目标的保证，并为人力资源管理提供基本的依据，保证事得其人、人尽其才、人事相宜。

岗位设计可以基于价值贡献度、工作任务、工作能力和团队进行。

1. 基于价值贡献度的规划

首先，确定各职位在企业价值中的贡献度（某一职位与其他职位相比，其对企业收益的贡献程度）以作为薪酬、晋升等人力资源政策的依据，按照各岗位价值贡献的大小，合理配置人力资源。其次，以贡献度为每一职种员工数变化幅度的判断基准；员工数量减少时，贡献度减小，变化幅度增大；员工数量增加时，贡献度增大，变化幅度增大。可以使用层次分析法等确定各职种的价值贡献度。各岗位价值贡献的评价基础是达成共识，故评价指标体系应是企业广泛讨论后形成的较为一致的看法。

2. 基于工作任务的规划

基于工作任务的规划要求我们按照工作流程的特点，将任务目标分解到一定形式的岗位，以此将任务目标落到实处。这种做法有很多优点，首先，岗位工作目标与岗位职责清楚简单，便于操作，员工开始工作之前只需要简单的培训即可；其次，效率较高，便于管理者对员工进行监督和管理，又因为企业存在等级多且细的职位结构，若员工能够保证在岗阶段不出生产事故就一定能够提级加薪；最后，由于任务目标可量化，我们可以用某些量化指标，如人均劳动生产率将具体的编制计算出来。但是，基于任务的规划也存在一定的缺陷，最突出的一点，即忽视了员工的个性化特征，员工相当于岗位的附庸。例如，流水线工人的工作重复性极高，长此以往，员工就相当于一台机器，工作士气和工作积极性必然不高。

3. 基于工作能力的规划

基于工作能力的规划是指按照工作流程将工作目标进行层层分解，最终分解到各个具体岗位。但是，相较于基于工作任务的规划，基于工作能力的规划最终分解到岗位上的任务种类是复合型的，其职责也相对宽泛，不过对在岗员工的工作技能要求会比较多，比较全面。基于工作能力的规划会让企业能够更好地适应市场变化，员工不会拘泥在某个特定的岗位职责范围内，可以充分施展自己的特长，使企业会更具竞争力。在这种形势下，企业的岗位管理方法一般是我们通常所说的宽带管理。这种做法其实存在一定的缺陷：首先，工作任务设置比较复杂，员工的工作表现要依靠直接管理者的监督和评估，因此直接管理者的责任很大；其次，对员工能力的高要求必然导致劳动力成本和培训成本的上升；最后，员工灵活性的加大会增加工作成果的不确定性。此外，这种基于能力的规划在服务业中普遍存在，因为在服务业中具体岗位的工作任务往往由一个完整的过程组成，难以量化。因此，这种岗位设置一般是不能得出具体编制数的，通常的做法是对人力成本进行预算控制。

4. 基于团队的规划

与其他三种岗位设置形式相比，基于团队的规划更加市场化和客户化。它是以客户提供的中体附加值为中心，将公司内部相关的岗位组合成团队，进行团队协作。这是相对来说比较理想的岗位设置形式。其优点如下：首先，快速响应客户个性化需求；其次，团队工作的形式打破了公司内部的部门和岗位界限，团队成员可以互相学习，团结协作，提高效率。但是，这种形式也存在一定的缺陷，如果公司管理人员的管理能力和协调能力不高，就容易出现混乱。在实践中，这种方法多应用于“项目型”公司，如建筑工程、软件开发、咨询服务等。这种形式下，岗位人员的确定一般是以客户需求为基础进行相应的组合，通常对人力成本的预算进行控制。

第二节　人力资源数量规划

一、人力资源数量规划的实质

人力资源数量规划是依据企业战略和人力资源战略，以及未来企业业务规模、地域分布、商业模式、业务流程和组织结构等因素，确定未来企业各级组织人力资源编制及各类职位人员配比关系或比例，并在此基础上制订企业未来人力资源需求计划和供给计划。人力资源数量规划主要解决企业人力资源配置标准的问题，它为企业未来的人力资源配置乃至整个人力资源的发展提供了依据，指明了方向。人力资源数量规划的实质是确定企业现有人员数量和未来所需人员数量，换而言之，人力资源数量规划最终要落实到企业编制上。

二、人力资源数量规划的步骤

人力资源数量规划远则影响运营的成本与效益，近则事关当期人员配备与补充。制定数量规划的步骤主要包括以下三步。

（一）制定结构性定编框架

定编包括宏观定编、微观定编与结构性定编。宏观定编的目标主要是管控，包括整体编制能不能增长、应不应该增长、如何增长或减员、与哪些管控因素相关、管控从严或是从宽等。微观定编的目标主要是精确核定某一局部短期内需要的人员数量、变化趋势等，必须结合当期的业务规模、工作方式，甚至组织架构等因素而定。而结构性定编，顾名思义，则是将整体与局部之间的内在关联立体展示出来。

无论是宏观定编还是微观定编，其核心依据归根到底是人力资源的使用效率。定编本质是对“人均效率”的管理：人力资源总投入=人力资源总产出÷人均效率×客观环境因素修订系数。

衡量人力资源投入最基本的指标是人员数量或人工成本、培训费用、劳动保障福利等一切与人员数量相关的成本指标。而衡量人力资源产出最基本的指标是工作量（工时）或一切与工作量紧密相关的业务量或经济效益，如产量、客户数、收入数、利润数、产值数等。由于工作量不一定与经济效益对等，因此效益指标在管控方面的意义更加明显。

影响人力资源使用效率的外部因素通常有两类：一类是自然及社会客观环境，如地域广度、气候、环境、客户消费能力、社会人均GDP等。这些因素是在定编过程中必须重点关注的修订系数，它们相对稳定，在特定情况下甚至可能成为定编的核心制约因素。另一类是其他一切可能导致人均效率产生变化的主观能动因素，如技术变革、业务模式调整、业务流程优化、信息化/自动化程度提升、人员技能培训等。通常主观因素可评估，但难以量化，其实质是评估人均效率的业务监控指标，即该指标的变化能够直观反映某些业务的工作成效是否利于人均效率提升；因变化性较大，它往往作为定编管理的前提出现。

借助人力资源使用效率这一工具，怎样把握住整个企业编制管理的脉络？我们认为，“四定”是关键。

1. 按业务体系整体定编——“定总量”

例如，研发体系、生产体系等，甚至是不同业务板块（如分/子公司）的人员总量，重点关注各业务领域对人力资源需求的差异性。需要注意的是，这里的业务体系并非一定是一个部门或机构，而应该是具有相对完整业务体系和组织架构，能够相对独立的进行成本或收益核算的单元。由于业务体系内部在运作模式、组织架构、人员分工甚至管理风格等方面均差异较大，特别是受现有人员素质的制约，完全精确到各个岗位的定编实际上是难以操作的，管理成本高而缺少灵活性。以业务体系为基本单元进行定编，目的在于制定各岗位编制总量的边界，即“上限”和“下限”，同时亦可以给管理者相对灵活、自主的管理空间。

适用定编的方法为经济模型法或财务预算法。由于成本和效益易于独立核算，因此在衡量业务体系的人均效率时可以直接选择财务类指标，即以财务指标衡量产出，以人数或人工成本衡量投入。

例如，某银行信用卡部按地区分行开展人均效益规划（营收、客户、人均消费值等），建立起各区域人均效率同比增长，以及各区域人均效率增长横向对比的模型。在此模型上结合各地区的金融监管政策、社会经济发达程度、信用卡消费合作方规模等参数，确定地区信用卡部的人员编制总量；而各地信用卡部则自发优化具体岗位和编制，总部并不做严格要求。

2. 按业务体系重点岗位定编——“搭骨架”

这里的重点岗位是指直接生产岗位，重点聚焦于创造效益最大和直接人力资源投入最大的两类岗位。一方面，对这两类岗位实施精确用工管理的价值较大（或提升主要业务收入、业务量等或能够控制主要人工成本）；另一方面，这两类岗位的工作成果通常直观、明确，易于找到精确定编所需的人均效率指标。按重点岗位定编的意义在于“搭骨架”，而其他管理、支撑、辅助性质的岗位则可以通过与重点岗位之间的配比关系进行填充。

由于工作过程或成果可评估、易量化，多采用以工时为基础的劳动定额法、工时分析法等，通过客观衡量完成一项工作，以及某一工作任务单元的时间与物资消耗等，结合总工时测算出人数；采用以工作产出分析为基础的经济模型法，根据人均承担业务量，结合总业务量测算出人数。

例如，某制药企业开展生产体系定编，首先确定了四类主要岗位，即研发、生产、设备及采购、销售。这四类岗位人员数量相对独立、定编指标也不相同。其中，研发人员主要与研发立项及项目报批周期相关，生产人员主要与总产量、设备产能、工时排班相关，设备人员主要与公司设备量相关，采购人员主要与采购物料种类、批次、周转率相关。确定上述四类岗位人员定编的标准后，质量、生产辅助人员可以根据生产人员数量按一定比例进行配置，其他运营分析、人力资源、财务、行政等人员可以根据上述人员总量按一定比例进行配置。

3. 按各岗位成熟人才定编——“找重心”

按照岗位人员分布的主要岗位层级进行测算，简而言之，就是按照一般成熟人才的人均效率进行定编。这个范围不包括非成熟人才，如毕业生（工作效率通常远低于上述水平）、高级专家人才（实际产出通常远高于上述水平）。按一般成熟人才定编的意义在于综合考虑了企业或业务的发展阶段因素。同一岗位，人员数量相同而梯队层次不同、各梯次人员结构不同，其投入和产出变化都不能简单待之，特别是在人员总数较大的情况下更需要慎重。成熟、市场化程度较高的企业中，由于有人员正常流动，各纵向梯队结构应接近正态分布或梯形分布（无头、无尾），队伍整体人均效率大致与熟练个体的人均效率相当。但对于处于特定发展阶段的企业，则需要根据当期经营环境来判断成熟人才在整个队伍中的结构，是成熟人员偏多还是非成熟人员偏多？未来数年这种纵向梯队结构是否发生变化、呈现何种趋势？特别对于处在新生期或业务转型期的企业，在相当长的一段时间内新业务领域成熟人才的占比可能小于 50%；而在业务发展相对稳定、形成规模后，成熟人才可能达到 90%以上。由此可见，企业处于两种不同阶段，在用工总量方面应该有明显的差异；更近一步看，在人才招聘、培训、储备等各类策略上也应体现出不同需求倾向。此外，需要关注的是高级专家人才的比重，此类人员的人均效率、薪酬成本等不具代表性，建议另行规划。

适用定编方法为对标分析法、劳动定额法，通常以绩优人员或合格人员的人均效率作为整支队伍定编的效率标准。

例如，某电信市分公司运维部，现有人员满编而人员流动性较低，其中近60%的员工集中分布在35~45岁，在公司人员不予强制退出的前提下，将导致未来10年内新员工比例极少。而从第10年开始，超过一半的人员会在下一个10年快速退出，即每年将近8%的员工达到退休年龄、同时还有8%达到拟内退年龄。运维人员的培养周期在两年以上，意味着每年至少会有15%~20%以上的非成熟员工在岗任职。剥除轮岗、脱岗培训时间，该部分人员人均效率仅达到成熟员工的1/3~1/4。若不采取相关调整策略，运维部工作将面临极大压力。

4. 按典型业务模式/人员配置模式定编——“厘清组合”

实施精确定编的目标是对岗位工作量进行合理计量，但其基本前提是业务模式最优。同样的业务目标，业务模式不同、人员的组合方式就会不同，使最终定编结果也不同。但在实际运营中，业务模式并无所谓最优，更多体现了管理侧重的差异。因此，有必要对各类业务模式下所需的人力资源进行分析，再结合当期管理重点选择其中一种或几种定编方式。以产品开发为例，企业采取“产品经理全责制”或“开发—运营分工制”，最终的产品研发和运营人员的定编结果就会完全不同，分工制用工至少是全责制用工的两倍。但由于产品人员总量相对较少，而企业通常更关注研发工作对整个企业生产效率的放大作用，宁可多用人也要把事情做好，此时人力资源效率最高则不是定编的主要依据。

例如，某电信省公司过去以省、市两级机构为主开展产品研发和运营，市分公司必须开发本地化产品以适应区域性需求，因此在省、市两级都配置产品研发队伍。该省下辖二十余个地市，一方面，产品个性化强，一定程度上对于前期抢占市场起到支撑作用，但另一方面也出现了“一套产品20种模式、20条线管理”的问题，最后导致产品研发人员总量不是与产品规模相关，而是与市分公司数量相关。该公司转型后对产品研发重新定位，以省公司为核心开发统一的产品，各市仅从销售服务渠道反馈产品需求，不再单独设置产品研发队伍。此时按照产品规模对研发人员重新定编，总量精简达到50%以上。可见，在不同发展阶段、不同业务模式下，对人员编制的管理不应绝对僵化。

结构性定编的核心价值在于建立企业编制管理的静态模型，为后续的动态规划和管控提供基础的管理起点。

（二）制定各类编制增长与管控策略

企业人员本身就是流动的，因此编制管理是一个持续优化、动态调整的过程，最终表现为编制如何增长或减少，即能够使上述的静态模型随着企业的业务变化“动起来”。

1. 确定人员增长与业务增长之间的相关关系

通常随着企业从新生到成熟，人员的增长与业务规模的增长之间必然呈现出一定关联。有以下方式可供参考。

（1）人员增长体现规模效应，即人员数量随业务规模同步增长，但人员增速应低于业务规模增速，多数为业务成熟期时采用；而在达到一定运营规模或人均效率后，又会出现“天花板效应”。如果业务模式、管理模式等未有创新，则人均效率不再提升甚至降低，人员数量与业务规模同比增长甚至超过业务增长。

适用方法：以企业主营业务和人员规模的历史数据为基础进行回归模型分析，建立“业务规模—人员规模”的对应变化曲线。

（2）人员数量受外部环境影响呈现周期性变化，如外部宏观经济环境、社会消费水平发展等，这类变化在航运、港口等行业尤为明显。例如，中国电信运营企业赢利目前处于“U”形曲线底部，近三年重点强调客户维系和新数据业务推广培育，因此在整体收入增长放缓的同时，应降低成熟业务领域人员配置、增强新数据业务领域人员配置。

适用方法：以外部关键环境因素和全行业从业人员规模的历史数据为基础进行回归模型分析，建立“环境因素—人员规模”的对应变化曲线。

（3）体现人均效率稳定增长，特别是在大型国企中实行“减员增效”，通常在业务没有显著增长而人均效率有较大提升空间的情况下，逐年提升人均效率成为一种管理理念和手段。

适用方法：通过同类型、同规模优秀企业对标，设置人均效率提升目标，通常每年要求在原效率基础上提升5%~10%。

（4）随着业务板块、地域规模、产品规模等变化，当出现整合、协同等效应时，人均效率应大幅提升，人员增长规则应适时进行调整。

适用方法：以同行业经验规律为基础，需要更多专业人员参与分析，包括财务、投资等。

2. *确定总量增长策略与结构性调整策略*

论证了人员数量“应不应”增长后，还需要明确“能不能”增长，一是人员总量是否可增长，二是哪些局部领域的人员可增长。

人员总量增长策略应兼顾企业的业务性质和业务成熟度。例如，高收益行业或处于业务快速增长期的企业往往更关注人员投入，在人工成本不构成极大压力的情况下，其他约束性条件较少。而高成本行业或处于业务规模稳定期的企业应更偏重管控，多数会采取设置约束性条件、滞后调整等方式。对于新培育业务，则可能以人力资源投入为主，同时预设封顶条件，在达到一定的业务规模之前，不允许人员大幅增加。

总量增长最终体现为各局部的人员增长。大致来说，新培育业务领域与成熟业务领域的人员的增速应不同，前者基于资源投入原则进行增长，后者基于资源管控原则进行增长；核心业务领域与非核心业务领域的人员增速应不同，前者管控相对宽松，通常可增可减，后者管控相对严格，通常不能增只能减。直接生产岗位与非直接生产岗位的人员增速应不同，原则上后者增速应低于前者。

“能不能”增长是从企业运营所期望的角度，如成本结构、人员素质等，反过来对人员数量和结构提出要求。当“应不应”与“能不能”产生冲突时，就需要重新部署或改进业务和管理模式，如进行市场策略调整、流程优化等，即超出了人力资源规划的范畴。

3. 确定人员内部流动与外部流动策略

不同企业的人员流动性差异极大，而人员流动在相当程度上直接影响人员总量和结构的变化。

人员内部流动性管理包括横向流动和纵向流动。横向流动是规划各业务之间、各岗位之间人员是否可流动，通常流动的方向、方式、规模、速度、需要投入的成本如何。横向流动是实现各类岗位人员结构性调整的主要方式之一。岗位之间的横向流动通常会有一个经验值，同时基于企业人才培养需要，还可以策略性地制定人员横向流动目标。例如，某电信公司在网络运营人员冗余的情况下，规划全公司具备前后端岗位复合经验的人员应达到30%，并在五年中有意识地开展部分人员的岗位调整和轮岗培训，最终使一批网络运营人员成功转型到市场运营岗位，市场人员配置得到充实，整个队伍结构得到优化。

纵向流动是指同一类或同一个岗位上，各层级人员纵向晋升保持何种速度和规模。例如，初创期企业的研发人员队伍结构呈现“△”形，随着企业成熟、规模扩大，队伍结构逐渐变为“◇”形，此时必须进行合理控制，避免使队伍结构变成“▽”形。关注纵向流动的深层次原因还在于各层级人员所面临的外部人才竞争环境差异较大，必须制定相应的应对策略以保留核心员工。

外部流动性管理主要是指企业与外部市场人才之间的交流。例如，运动消费品代理商以示范店和营业店为主，在示范店经理队伍的管理策略上应尽可能以稳定、保留为主，而对于营业店队伍则通常保持一定的强制流动比例，基本上2~3年实现门店人员全部更换，一方面保持队伍年轻化，另一方面上岗培训成本远低于人工成本增长预期。又如，证券投资企业以高级专业人才为主，在行业口碑、维持业绩等方面均需要确保投资经理队伍相对稳定，因此相对于较高的外部市场流动率，企业必须有针对性地实施关键人才保留策略，以降低其流动性。

4. 确定人员退出策略

处于特定阶段的企业，如业务转型、衰退、外包等，人力资源规划中还必须考虑人员退出的方式，包括哪些人员可能退出、以何种规模和速度、以什么方式退出、退出成本如何、是否涉及国家管控政策、企业现实掣肘如何、退出人员如何安置等。典型案例莫过于国有企业深化改革过程中实施员工下岗分流，轻则影响人工成本、人员管理等，重则影响整个企业运营，甚至造成社会性难题。在很多国有企业改革项目中，如果涉及简单操作性质岗位的人员数量规划，特别是一些业务模式相对成熟、工作标准化程度较高、行业内从业者众而竞争较激励的领域，则应该多从成本管控和人员退出的角度进一步考虑。

（三）实施后备人才储备规划

数量规划既要考虑“进口”和“出口”，还要考虑“缺口”，即后备人才的储备规划。

1. 明确关键岗位

战略性后备人才储备规划企业中有一部分关键岗位，对于企业战略和经营的影响远远超过其他岗位。举例来说，企业的中基层管理岗位、高级研发岗位等，对任职者的要求也有别于其他岗位，而企业最需要的这类人员往往也是外部人才市场的稀缺资源。确保企业在面临人才需求时永远有合适的人选，不仅需要持续开展引进和培养，还应前瞻性地进行规划和提前储备。

战略性后备人才规划多为支持企业长期发展需求，求精不求多，重在选拔培养，并且需要考虑人才晋升、人员流失等因素，因此数量规划方面并不做特别严格的限制，后备人才数量与关键岗位数量遵循一定的比例原则即可。例如，中层管理岗位，通常按 1∶1 或 1∶2 进行选配。此外，战略性后备人才规划是一种“提前量”，而人才培养具有相对滞后性，因此必须规划好人员培养周期与拟任用时间之间的时间差，并根据储备和培养情况及时予以调整。

2. 常规后备人才储备规划

常规后备人才储备主要考虑企业可能的规模扩张、人员流失等因素，基于短期业务变化需要灵活制定即可，重点关注需要储备的岗位类别、储备人员来源和储备方式等，有条件时可通过各类招聘渠道建立内外部人才库，包括基本资料和职业经历等信息。很多企业也开始关注毕业生源的储备，通过建立完善的实习生招聘和培养计划，把优秀人才的储备和发掘做在入职前，既利于学生提前熟悉企业运作，也利于开展更有针对性地引进和培养。

在企业面临自身或行业中可预期的业务转型时，也应该提前开展成熟人才的储备。例如，电信某市分公司在三年前就开始招聘和培养无线网络优化专家人才，并通过专家带队伍的方式建立了一批队伍。得益于人才储备，该公司在 2008~2010 年电信行业无线人才竞争高峰中，顺利度过了网络磨合期。

三、人力资源数量规划的方法

如前所述，数量规划的核心是定编，定编是一种科学的用人标准，它要求根据企业当时的业务方向和规模，在一定时间和一定技术条件下，本着精简机构、节约用人、提高工作效率的原则，规定各类人员必须配备的数量。数量规划的核心问题是确定工作岗位所需人员的素质及数量。

确定企业编制，有定性的方法也有定量的方法，前提是必须对企业内部已经进行了科学的分析工作，在这一前提条件下，根据岗位说明书等人力资源管理文件，以及公司的未来发展战略和所处的宏观环境，确定员工的数量。

人力资源数量规划定性方法包括以下三种。

（1）战略量化目标推算法。通常根据企业的战略目标的量化指标来推算人员数量。例如，根据销售收入这一指标，我们可以结合销售人员的劳动生产率对销售人员的数量进行计算，然后根据岗位设计或其他经验数据，按照一定的比例分别计算出其他类别的员工数量，加总得出总体的人员数量，最后从总体上描绘未来 3~5 年企业的人员规模。

实际上就是根据工作量和劳动定额来计算员工数量。因此，凡是实行劳动定额人员的企业都适用这种方法。但这种方法也会遇到一定的困难，最为突出的是未来3~5年的劳动生产率如何预测。在预测企业的劳动效率时，企业可以借鉴业内标杆企业的劳动生产率数据与本企业近3年的劳动生产率经验数据，但是如果企业想让预测更加精确，对企业业务情况的深入考察必不可少。总而言之，对于劳动生产率的预测实际上是较为复杂和有难度的任务。劳动效率定编法是根据生产任务和员工的劳动效率及出勤等因素来计算岗位人数的方法。

（2）经验判断法。经验判断法是指以过去的经验为基础，预测人力资源需求。一般做法是：根据企业的生产经营计划及劳动定额或每个人的生产能力、销售能力、管理能力等进行预测。企业采用这种方法时，一方面要注意经验的积累，从而减少预测的偏差；另一方面也要认识到这种方法应用于不同的对象时，预测结果的准确程度也会不同，对可准确测度工作量的岗位，预测的准确性较高，对难以准确测度工作量的岗位，预测的准确性较低。

（3）德尔菲法。德尔菲法又称专家意见法，它始于20世纪60年代初的美国兰德公司。当时公司的集体讨论存在盲从现象，专家为了改变这一现象而提出了这种方法。这是一种定性预测的方法，采用“背对背”的通信方式分几轮征询专家们的预测意见，期间专家们只能够与调查人员有联系，最后让专家们的预测意见趋于集中，以便企业最终做出的预测能够符合未来的市场发展趋势。

德尔菲法一共分为六个步骤：①根据所要研究的问题组成专家组。通常需要根据问题的大小和所涉及的领域具体确定专家的人数，一般来说不超过20人。②征询专家意见。将相关的背景材料发送给专家，请专家作书面回答。③专家回答。专家在收到相关的材料之后给出个人的预测意见，同时他们也要对自己如何得出这些预测值给出解答。④再次征询专家意见。对第一次收回的专家意见进行汇总整理，可以列成图表进行比对，再次发回给专家，让专家们在知道其他专家的意见后对自己的意见进行修改。后者在进行二次征询之前，可以让更高级别的专家进行评论，将所有的意见反馈给专家小组，再进行二次征询。⑤重复上面的步骤，一般要经过三四轮，直到专家们不再改变自己的意见为止。且在进行征询时，所有的专家都是匿名的。⑥综合处理所有的专家意见。

德尔菲法具有很多的优点，首先，它能够发挥专家会议法的优点：①集中了多个专家的意见，准确性比较高；②在多次征询时能把专家们的分歧之处表达出来，扬长避短。其次，它也能避免专家意见法的缺点：①避免权威专家影响其他人的观点；②消除了从众心理和面子问题，专家们可以根据自己的观点回答问题；③匿名的方式，避免专家自尊心作祟而不愿修改原来的意见。不过，德尔菲法也存在一些缺点，最主要的是过程比较复杂，耗时比较长。

人力资源数量规划定量方法包括以下六种。

（1）工作效率法。工作效率法主要根据员工的具体工作量、工作效率和出勤率等因素来确定在岗人数。

例如，某手机公司销售部预计总销量为5 000 000部，每名销售员平均每天可销售手机 46 部，根据经验数据，销售员每销售一部手机耗时 0.174 小时，销售员的年平均出勤率为 95%。假设每周休息 2 天，全年 10 天节日休息。据此，可以给销售人员定编。

按销量定额计算：

$$\begin{aligned}人员数量&=总销量/（人均销量\times出勤率）\\&=5\,000\,000部/\{46部\times[(365-2\times52-10)\ 天\times0.95]\}\\&\approx456人\end{aligned}$$

按时间定额计算：

$$\begin{aligned}人员数量&=总销量\times时间定额/（员工工作时间\times出勤率）\\&=5\,000\,000部\times0.174小时/\{8小时\times[(365-2\times52-10)\ 天\times0.95]\}\\&\approx456人\end{aligned}$$

虽然此方法可以计算出销售员的具体编制，实际上在人员定编时还要具体考虑产品、市场、内部支持系统等诸多因素的综合影响。

（2）业务分析法。业务分析法也称为回归分析法，它主要根据企业的战略目标和历史数据（包括市场占有率、销售量、销售收入、利润等）确定未来一段时间内企业所需编制。首先建立这些历史数据与人员数量的回归方程，其次通过回归分析来计算人员编制。

例如，某手机公司去年月平均销量为 160 000 部，预计明年销量增长 10%，公司计划明年月平均销售 176 000 部，回归分析得出销量与人员数量的回归分析方程为 0.003 574。则销售人员的编制为

$$\begin{aligned}人员数量&=明年月平均销量\times回归分析方程\\&=176\,000部\times0.003\,574\\&\approx629人\end{aligned}$$

回归分析方法以未来的预测为基础，其结果的准确性依赖于预测的准确性。因此为了便于进行回归分析，企业在日常的管理中要加大知识管理，保留真实的历史数据。

（3）预算控制法。预算控制法在西方企业中比较流行，它没有硬性规定某一部门某一具体岗位的人数，这种方法主要通过人工成本预算对人员数量进行控制。具体步骤如下：①企业制定人力成本年度预算，并将其分解到各个部门；②在部门人力成本预算内，各部门负责人自行决定各岗位人员的人数。因为企业的资源都是有限的，且与产出密切相关，因此预算控制会严格约束各部门的人数。

完成全年的业务量有两种方案：其一，用 10 个人，月人均工费用为 10 000 元；其二，用 8 个人，月人均工费用为 12 000 元。部门人工费用预算为 98 000 元。

方案 1：人工费用=10 000×10=100 000（元）

方案 2：人工费用=12 000× 8=96 000（元）

根据预算控制法，方案 2 较优。

（4）行业比例法。行业比例法主要根据企业员工总数或某一类人员总数的比例来

确定岗位的人数。由于存在专业化的分工和协作的要求，同一行业中的某类人员和另一类人员之间会存在一定的比例关系。我们通常用这一方法来确定各种辅助性和支持性岗位的人员规划，如人力资源和财务管理人员。

例如，手机公司人力资源人员与业务员之间一般存在一定的比例，即 1∶100，A 公司业务员人数为 1 500 人，则其需要配备的人力资源人员为 1 500 人×0.01=15 人。需要指出的是，对于这种行业比例一般不能一概而论，实际操作中还需要把公司的分支机构、区域分散程度及人力资源服务的精细化程度等因素考虑在内。

（5）标杆对照法。标杆对照法是在选取和确定最佳典范和标杆的基础上，整体考虑本企业的特征、作业流程、效率和业务量，从而确定岗位人数的一种方法。标杆值是取一样群在标杆项目的统计值，标杆值平均值以取样群的平均值为基准，即取样群实际值会高于或低于平均值的概率各有约 50%。标杆值数据种类一般包括作业绩效（如成本、效率）和人力配置等，但并不是所有的产业、功能、作业项目都有现成的标杆值，国际上有很多知名机构都对标杆值进行了分析。例如，财务会计有 IMA（The Institute of Management Accountants，即美国管理会计协会），人力资源有 Saratoga Institute，信息管理有 Gartner Group。

例如，手机公司产业平均值为每年 5 000 部销量配置 1 人，而某公司现况为每年 500 部销量配置 1.4 人，每年员工技能提高和信息技术使用等会带来 5%的生产率增长，公司手机在全国的年均总销量为 5 000 000 部，明年预计销量增长 10%（即总销量 5 500 000 部），则用标杆对照法对人力需求进行计算。

行业标杆值计算人力：5 500 000 部 ÷ 5 000 部=1 100 人

公司人力预估调整：1 100 人×1.4=1 540 人

因生产力增长 5%而调整公司人力预估：1 540 人 ÷ 1.05≈1 467 人

因此，公司应当配备销售人员 1 467 人。但是有一点要注意，在运用标杆值进行人力配置时，标杆值是主要的参考值而并非是决定性的数值。为了推动值的执行，企业必须综合考虑自身的内外需求来设定目标达成值。

（6）流程优化法。流程优化法是指根据新的信息系统或流程对工作岗位进行重新优化来确定岗位人数。

例如，某手机公司对客户拜访流程进行重新优化以后，对拜访的时间进行了约定：假如销售员工作 8 小时/天，260 天/年，其中 70%时间都直接花在了客户拜访上，剩余的 30%为内部行政管理及支援工作，销售员的出勤率为 95%，则所需销售人员数量为

大客户电话预约每年人数：5×12×0.3×200 ÷（8×260×0.7×0.95）≈3（人）

大客户路途交通每年人数：30×12×0.3×200 ÷（8×260×0.7×0.95）≈16（人）

大客户拜访面谈每年人数：90×12×0.3×200 ÷（8×260×0.7×0.95）≈47（人）

大客户拜访跟进每年人数：30×12×0.3×200×0.4 ÷（8×260×0.7×0.95）≈7（人）

由以上方法可知，企业流程重组和管理优化可以帮助企业挖掘人员潜力，进而达到精简人员、降低人工成本的目的。

在具体实践中，企业一般会综合运用各种办法，参照行业最佳案例对本企业的岗位

人数进行规划。不过，鉴于每个企业的实际情况千差万别且复杂多变，并没有所谓的“绝对正确、完全适用和一成不变”的人力规划方法。人力规划是一个动态的过程，它会随企业总目标和环境的变化而不断调整优化。人力规划的硬约束是企业的投入与产出，在企业投入有限的情况下，岗位人数也是有限的。因此，人力资源管理最重要问题是运用有限的资本投入获得岗位和人数的最佳组合，从而获得最佳的效益。

第三节　人力资源素质规划

人力资源素质规划是指在充分考虑企业战略目标、业务模式和流程的基础上，明确组织对员工的具体要求，从而对职类、职种、职层人员的任职资格要求进行相应的设计，其中任职资格包括数字模型、行为能力及行为标杆等，最后结合企业战略目标的要求进行招募和培训，提升人力资源能力，促进员工与企业的共同进步。

一、人力资源素质规划的实质

人力资源素质规划是企业开展选人、用人、育人和留人活动的基础与前提。其实质是通过规划的实施培育企业的人力资源，并提升企业人力资源的能力，满足企业发展的需要。人力资源素质规划有两种表现形式，即任职资格标准和胜任力模型。任职资格标准也称为职业化标准，是员工成功完成业务工作所应该遵循的业务行为规范，应具备的相关知识及经验的要求；是衡量员工对业务工作胜任能力的标尺，体现企业战略对员工成长和发展的内在需求。胜任力模型采用行为方式来定义和描述员工完成工作需要具备的知识、技巧、品质和工作能力，通过对不同层次的定义和相应层次的具体行为的描述，确定核心能力的组合和完成特定工作所需要的熟练程度。这些行为和技能必须是可衡量、可观察和可指导的，并将对员工的个人绩效及企业的成功产生关键影响。因此，人力资源素质规划应注意围绕如何设计任职资格标准和确定素质模型来开展工作。

二、人力资源素质规划的前提

在进行人力资源素质规划之前，首先要进行人员素质分析，即对现有员工的受教育程度和培训状况进行分析。一般来说，企业都希望拥有高素质的员工，因为教育水平和培训程度高的员工工作能力相对会高一些，他们更有可能为企业创造更大的效益。但事实上，员工受教育程度与培训程度的高低，应以满足工作需要为前提。为了达到人岗匹配的目的，人员素质应当与岗位需求相匹配。同时，管理人员在提高员工素质的同时，也应该积极提高员工的工作效率，以员工创造工作，以工作发展员工，通过人与工作的发展促进企业的壮大。

人员素质分析中教育水平与培训程度只能代表员工能力的一部分，企业中人岗不匹配的情况也普遍存在，有的人能力不足不能胜任工作，有的人则能力有余未得到充分利用。提高人岗匹配程度的办法有以下几种。

（1）变更职务的工作内容。减少某一职务、职位的工作内容，以及工作责任交由其他职务人员接手。

（2）改变及强化现职人员。通过培训和协助，强化现职人员的工作能力。

（3）变更现职人员的职位。如果上述两种方法仍无法达到期望，则说明现职人员不能胜任本岗位，应将其调动他其他适合的岗位。

对于究竟应该选用哪一种方法，首先应当考虑以下几个问题。

（1）通过培训能否提高员工素质。如果培训之后员工素质能够胜任本岗位工作，则不需要调岗。

（2）在岗可能的时间长度。如果某员工任该职位已届退休或轮调期或组织结构更迭，则可采用临时性的调整。

（3）是否情况紧急，需要立即改善。如果该职位至关重要并可能影响组织目标的实施，则必须采取组织措施，否则应尽量不用组织措施解决。

（4）是否影响组织士气。如果将员工调离本岗位会让其他员工产生不安全感，则调岗不利于组织的稳定。

（5）有无合适的接班人。如果短时间内不能从内部或外部招聘到理想的接班人，则应该采取循序渐进的措施，避免造成更大的损失。

（6）本职位与其他职位的关联程度。如果本职位与上、下、平行多个其他职位的关联程度很高，则不应采取突然措施，以免影响其他职位的效率和工作进展。

三、人力资源素质规划的步骤

人力资源素质规划的主要步骤如下：第一步，分析外部环境；第二步，企业内部人力资源存量分析；第三部，制定人力资源素质规划；第四步，制定人力资源素质提升规划。

本节主要详细阐述人力资源素质规划的第三步和第四步。

（一）制定人力资源素质规划

人力资源素质规划包括：设置任职资格，让员工明白岗位工作者需要掌握的核心技能和相应的能力组合；开发任职资格和素质评价工具，并分阶段实施与监控。

1. 设计任职资格标准

任职资格标准是员工成功完成业务工作所应遵循的业务行为规范及应具备的相关知识经验的要求，是衡量员工对业务工作胜任能力的标尺。它体现了企业战略对员工成长和发展的内在需求，是企业理念与文化的重要载体之一。

任职资格标准反映了企业战略与组织运行方式对各职类、职种、职层人员的认知能力要求。任职资格标准包括能力标准（必备知识、专业技能、专业经验与成果）和行为标准。能力标准是关于员工能做什么以及需要做到什么程度的规定；行为标准是关于员工在工作过程中的行为规范的规定。企业建立任职资格标准和任职资格管理体系，其目的有二：其一，为员工指明职业发展通道，牵引和推动员工不断学习；其二，规范人才培养和选拔标准，为企业构建一支职业化的员工队伍，也方便企业对人员进行有效合理的配置。

设计任职资格标准主要有以下五个步骤。

（1）收集职位序列的相关信息。职位序列即职级划分，进行级别划分首先要对级别进行定义。级别定义是关于此级别的员工能力的基本描述，包括大致的知识、技能、经验与成果、行为素质，级别定义为开发资格标准和行为标准定下了基调。级别定义需要考虑的五个维度：一是知识技能；二是解决问题难度和熟练程度；三是在专业领域的影响力；四是业务变革的作用；五是应负的责任。级别划分的依据如下：一是人员成长的内在规律；二是要有区分度：三是企业未来业务发展要求。

（2）分析关键职位的功能。对关键的职位进行分析，整理关键职位的工作内容和职责，形成职位功能表。

（3）分解职位功能相关工作任务。把职位功能表分解成多项工作任务，然后提炼出为达到相应的本职位所需要的语言域、知识域、技能域、经验与成果域和行为素质域等。这一过程主要得到四个部分的内容：第一部分是行为。行为的确定依据主要是本级别内各项活动的重要性，需要选取最重要的4~6项关键任务活动，在选取这些行为要项时，我们需要考虑三个方面的内容：一是各行为之间的逻辑关系；二是活动范围；三是活动本身组成成分。第二部分是技能。技能要项选取需要注意两点：一是技能要项是指不同级别标杆人物活动列表中能够体现出不同级别专业水平差异的活动项（可能会与行为模块重复）；二是专业技能要项是专业活动的关键支撑能力。第三部分是专业经验与成果。专业经验是依据员工胜任该级别工作的最短时限来确定的。专业经验需要考虑三个方面：一是目前企业此类员工的从业时间现状；二是专业工作本身要求；三是其他同行业企业的做法。而专业成果是根据专业人员从事专业工作的活动输出来确定的。第四部分是知识。知识域的确定需要考虑两个方面：一是提炼出来的知识点要明确、具体，便于企业开发培训大纲；二是不同级别必备知识点可以相同，但是在深度和广度的要求上应该有所区别。

（4）分类整理和对比资格标准。根据职位序列的级别分级和定义，将职位序列的知识、技能、经验与成果和行为素质进行标准划分。HR（human resource，人力资源）项目组应该与公司的相关负责人和该职类骨干员工进行讨论，整理出任职资格的各个模块，形成各职位序列任职资格标准的初稿，供专家进行审阅。

（5）确定职位序列任职资格标准。邀请专家和领导一同参与任职资格标准初稿的讨论，通过广泛征求意见平衡多方面的要求，最终定稿。

2. 开发胜任力模型

胜任力模型是高绩效者与绩效平平者或低绩效者之间存在差异的特征的集合。它是某个岗位或职业的绩效者成功而出色地完成工作任务所具备的个性特征、知识、能力和职业素养的组合。胜任力模型的构成要素主要包括个性特征、知识、能力、职业素养、经历经验等。一方面，胜任力模型是员工自我能力开发和学习的指示器；另一方面，人力资源管理者和直线经理可以根据胜任力模型对员工进行有针对性的培训和辅导，使其具备本岗位所需的知识和技能，同时该模型也是人力资源管理者对本岗位员工进行职业生涯规划的依据。

近几年来，企业对胜任特征的管理日益重视，各企业争相开发企业自身的“人员胜任力模型库”。为达到预期的目标，企业在建立胜任力模型时通常需要将以下三种做法有机结合起来。

（1）归纳法。归纳法以具体的行为依据比较适合成熟稳定的企业。一般来说，此方法开发出来的胜任力模型与企业实际最贴合，应用效果也最显著。但是归纳法耗时耗力，而且需要对特殊的行为事件进行访谈，操作难度高。

（2）推导法。推导法实际上是一个逻辑推导过程，其基本步骤如下：一是澄清组织愿景、使命、战略和核心价值观；二是了解岗位角色和职责；三是推导胜任力。推导法构建的胜任力模型逻辑清晰且与企业战略及价值观密切相关，但是由于缺乏具体行为依据，胜任力模型的描述过于抽象空泛，容易脱离现实。

（3）修订法。修订法是建立胜任力模型的一种简便方法。此方法的一般步骤：一是专业顾问根据对组织的初步了解，结合通用的胜任力调查项目，提出一组相当数量的胜任力项目；二是由相关人员选择，根据选择频率筛选确定出胜任力模型。修订法省时省力，对于初步引进胜任力概念而没有能力在胜任力模型开发上大量投资的企业不失为一种有效的方法。但是此方法通用的成分比较多，与具体的企业文化和企业战略结合不够紧密。

单纯用某一种方法构建胜任力结构是有很大局限性的，因此需要采用三种方法相互结合的方式。

胜任力模型的开发以组织发展战略、岗位工作职责、岗位工作标准和社会及经济环境变化为依据。岗位胜任力模型的构建是整个人力资源管理框架中的关键环节，它将企业战略与人力资源管理业务紧密连接，构建一个岗位胜任力模型主要有以下几步：一是明确企业发展战略目标，确定目标岗位。以企业愿景和发展战略为基础，确定要构建模型的关键目标岗位。二是关键岗位胜任力模型构建的准备。在准备阶段，主要工作包括界定目标岗位绩优标准、选取样本组，为后期胜任力模型构建奠定基础。三是收集、整理数据信息。对关键岗位在岗人员以问卷调查的方式收集胜任特征，并结合专家数据库最终确定胜任特征，提出岗位胜任的初步模型。四是定义岗位胜任素质和划分胜任素质等级。其指标分为五大类，即个性特征要素、知识要素、能力要素、职业素养要素和经验经历要素。对胜任力模型涉及的所有指标需进行定义，并划分为 10 个或更多等级，为后续的岗位胜任特征测评提供操作依据。五是确定胜任指标，计算指标权重。确定胜任指标后成立权重评定小组，采用权值因子判断表法对模型指标权重进行计算。构建流程如图 6-1 所示。

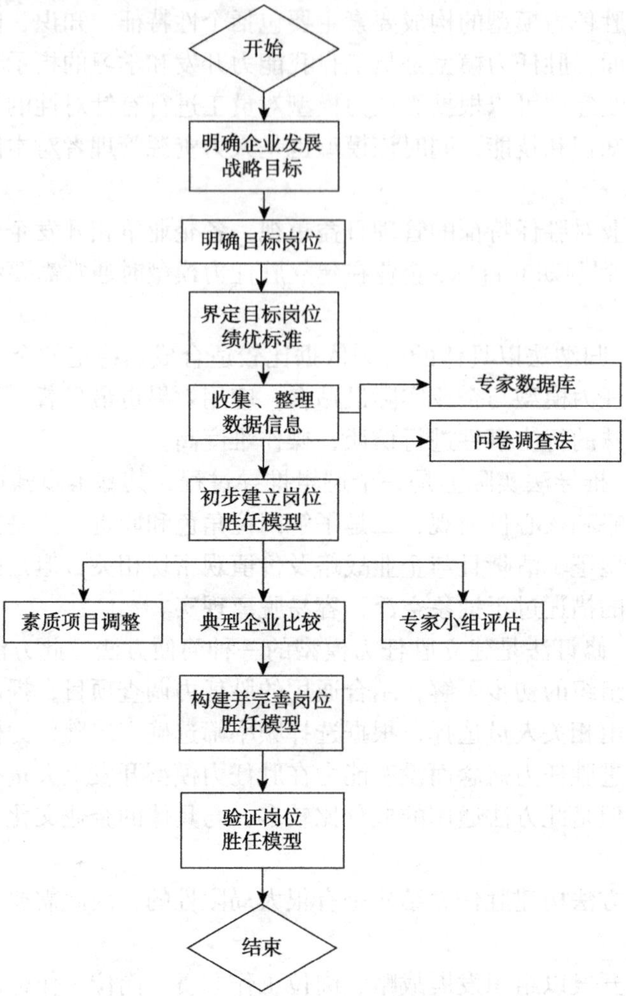

图 6-1　胜任力模型构建流程图

（二）制定人力资源素质提升规划

1.“能岗匹配”规划

不同的岗位对能力的要求不同，在能力导向的人力资源战略规划中，必须做好“能岗匹配”工作。“能岗匹配”度与绩效的关系如图 6-2 所示。

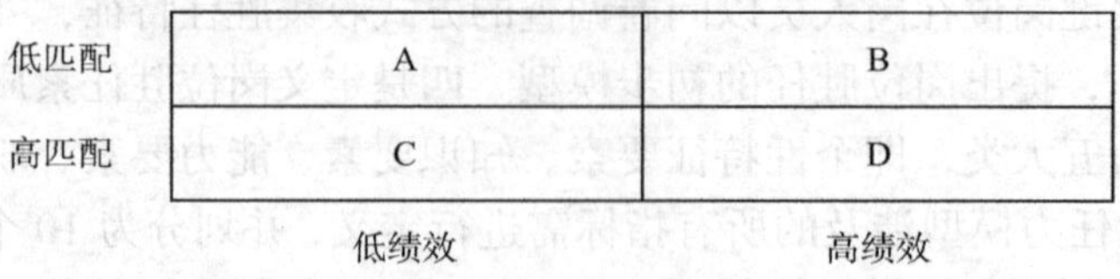

图 6-2　“能岗匹配”度与绩效关系

强调“能岗匹配”并非要求任何岗位都必须用最有才能的人员。有些员工需要能力与岗位必须高匹配才能取得高绩效，如 D 类员工。有些员工需要能力与岗位低匹配，就可以取得高绩效，如 B 类员工。有些员工在能力与岗位低匹配的情况下，职能取得低绩效，如A类员工。有些员工在能力与岗位高匹配的情况下，由于组织激励因素不足，影响能力的正常发挥，也只能取得低绩效，如C类员工。因此，在进行人力资源规划时，不仅要让大多数员工实现“能岗匹配”，还要尽力把A类、C类员工转化为B类、D类员工。

2. 人力资源能力的建设与开发

在变化莫测的市场环境中，很难在预先的人力资源规划中把将来的人员与岗位进行完全合理的匹配，这就需要进行人力资源能力的建设与开发。也就是说，不断提升或改变当前员工的能力水平和能力结构，使之能够有效地适应企业的发展战略。

能力建设是一个长期过程，其目的在于提高人力、技术、组织和资源等方面的能力，以实现可持续发展。能力建设需要所有利害关系相关者的参与，包括在政府部门、机构、社会这三个相互关联的水平上加以处理：在个人水平上，能力建设涉及有效完成任务的过程；在机构水平上，能力建设涉及机构开发，主要是对管理体系、过程和方法的完善，不仅包括组织内部，还包括对不同组织和部门之间关系的处理；在社会水平上，推广制度和法律体制的开发、完善，使所有部门和不同层面的组织、协会、机构都能提高他们的能力。具体来说，企业可以从两方面入手，一是做好常规培训，二是激发员工不断学习的积极性，创建学习型组织、能力型组织。进行人力资源的能力建设与开发，可以从员工学习能力、适应能力、竞争能力、管理能力、创新能力五方面进行。

员工学习能力的开发是最为重要的一步，只要员工具备持续的自我学习能力，其他所有能力都可以通过学习而提高。适应能力对于企业人力资源规划和企业发展战略而言是最重要的。企业要具备灵活多变的适应能力，而企业的这种能力源自员工的适应能力。竞争能力是战胜竞争对手并促使员工不断进步的一个重要因素。管理能力可使企业的战略逐步、井然有序地实现，而创新能力则是企业发展的驱动器，没有创新的企业永远不会有大的作为，永远不会成为行业的“领头羊”。

第四节　人力资源政策规划

一、人力资源政策规划的内涵

人力资源政策规划主要是指为了保证人力资源战略目标的实现，以及人力资源数量、结构、素质规划的实施所制定的人力资源政策体系，主要包括招聘配置政策、培训政策、薪酬福利政策、员工职业生涯政策等。这些政策为人力资源管理工作及人力资源业务规划的各种活动设立了边界和约束，可以确保企业人力资源业务规划和人力资源管理工作的有效推进，从而为成功实施企业人力资源战略奠定基础。

二、人力资源政策规划的五维模型

在制定人力资源政策规划时，可以从分层、分类、分等、分阶段和人性化五个维度考虑。

（1）分层是在制定政策中要考虑不同层级的人员差别，如高层、中层和基层人员的政策制定是不同的。

（2）分类是在制定政策中要考虑不同类别的人员差别，如技术、市场、生产等类别人员的政策制定是不同的。

（3）分等在制定政策中既要鼓励员工从低向高发展，也要鼓励大多数员工在本岗位深化，在政策中要能体现鼓励脚踏实地、岗位内深化的含义，同时使我们的管理更加精细化。

（4）分阶段是指不同时期的人力资源管理重点不同，人力资源政策要因时而变、因势而变、与时俱进，建立与不同时期的不同战略相匹配的人力资源政策。

（5）人性化是指在政策中要能体现人性化，因为人力资源最能与其他资源相区别的就是人性化，可以在政策中体现人性化，但不能用人情解释政策。例如，任职资格政策的制定，就需针对不同层级不同类别的员工分别建立任职资格标准，并在标准中分等以鼓励员工在岗位内深化，任职资格标准的修订在不同时期需要体现企业不同的战略重点和要求，同时辅以培训和培养等人性化手段牵引和帮助员工发展。

人力资源政策制定的五维模型对应于自然界的四维空间（X、Y、Z轴和时间轴），以及体现人力资源特点的人性化维度构成了五维模型，充分体现了古语的“大道至简”和“道法自然”的精神，打破了以往以一种政策来适用各种情况的弊端和使用各种政策的盲目，建立了一套思维模式，为我们解决错综复杂的人力资源问题提供了很好的分析工具和方法。

人力资源政策规划要涵盖人力资源管理工作的不同环节和层面，为人力资源业务规划的制定和人力资源管理工作提供更加具体和明确的范围、方向。因此，一个完整的人力资源政策体系是人力资源政策规划的重要成果。它以人力资源战略规划为指引，以结构规划、数量规划、素质规划为基础，以人力资源业务规划为重点，是贯穿选（招聘和配置）、育（培训与开发）、用（考评和薪酬）、留（职业生涯）和员工关系管理的具有内在统一性和匹配性的体系。在现实中，不同企业的政策规划由于企业特性、人力资源战略、规划等方面的差异会有很大的不同。即便是同一个企业，它的政策也会随企业自身的发展和所处环境的变化而变动。

因此，在人力资源政策体系中，各项具体政策的制定具有复杂性和多变性，要考虑的变量和因素包括：国家法律、法规和社会价值观；企业战略和人力资源战略；企业的工作任务和产品的技术特征；人力资源的供求状况；管理理念和企业文化等。

【本章小结】

人力资源总体规划着重于人力资源总的、概括性的谋略和有关的重要方针、政策和原则，主要分为人力资源结构规划、数量规划、素质规划和政策规划。

关键词中英文对照

人力资源结构规划	structural planning of human resources
人力资源数量规划	quantity planning of human resources
人力资源素质规划	quality planning of human resources
胜任力模型	competency model
人力资源政策规划	policy planning of human resources

案例讨论

TC公司如何做到让人才为公司守候

“我认为公司肯定存在问题，但是具体哪有问题我还说不清。”TC 公司的总经理伍先生说。他自己创立的企业已成一定的规模，但最近感觉越来越力不从心，这让他备感焦虑。

伍先生的秘书和其他的工作人员说，老板最近又忙又累，可公司内部的问题并没有解决反而日益严重，对外业务也日渐吃力，员工抱怨连连。

TC 公司是一家民营房地产企业，1996 年初创时，公司仅有 50 万元资金和 5 个员工。8 年过去了，公司已形成了一定的规模，现如今公司拥有员工 150 多人，资产规模 1 亿多元。但是，企业规模的扩大也带来了很多问题，如内部的人力管理、外部的市场、业务等。

对于初创时的 TC 公司，伍先生非常自豪。他原来是一名机关员工，8 年前，他毅然离开机关，凭借敏锐的商业意识利用东拼西凑得来的 50 万元成立了 TC 公司经营房地产项目。5 个公司成员分别负责公司的财务、项目前期、工程管理、行政等事务。其中财务的负责人刘女士是伍先生的小姨，仅有基础的会计常识。负责项目前期开拓的江先生原来是一家餐馆的老板，仅受过初中教育，他是伍先生多年的好友。

TC 公司的飞跃式发展在 1998 年，当时公司所在地的房地产才刚起步，伍先生凭借对市场的敏感性果断决定投资。准确的判断、广阔的市场、成功的运作给公司带来了较高的回报和巨大的动力，他开始加大力度进行商品房的开发。接下来几年，伍先生开发的几个楼盘销售业绩都十分可观。

随着公司规模的迅速扩大，公司部门从原有的 5 个增加到 10 个，人员也逐渐增加到 150 多人。人员增多出现了诸多的管理问题。伍先生觉得，公司的确有明确的战略规划，但总是得不到落实，“关于责任归属问题，似乎大家都有责任，大家自我批评一通后，下次的规划依然难以落实”。公司初创的那两年，大家都很团结，TC 公司依靠员工的团结和凝聚力渡过了很多困难。但现在公司内部出现了很多小团体，各部门各自为政。伍先生觉得公司员工的整体素质偏低，但员工也觉得公司薪酬较低，并且没有公平的考核机制。

“在若干资源中，公司最为稀缺的是人力资源。但是，公司外部人力资源的提供是一个困难，因为本市仅有两所普通高校，较高素质的人力资源相对匮乏。”伍先生说，人力资源的问题若得不到解决，必然阻碍公司的发展。

近年来，该地区的房地产运作不断加速，万科、香港汇达等数十家实力雄厚的企业纷纷进入该地区。与这些公司相比，TC 公司虽然在土地开发上存在低成本的竞争优势，但它在管理、销售及人力资源方面都存在着明显的缺陷。此外，竞争对手的不断进入导致了房地产开发的迅速升温，众多的楼盘都在较短的时间内推出，销售价格也在逐渐降低，这直接影响了TC公司固守的价格优势防线。

目前TC公司手中的待开发土地大概还有120万平方米。伍先生觉得，别人都是没有地可以开发，但是他是不确定是否要进行开发，怎么开发？企业目前的状况已经让他忙得焦头烂额。较大的市场供给差、欠缺的人力资源能力、日益增多的管理问题等，对伍先生和TC房地产公司都是很大的考验。人力资源咨询顾问在对TC公司进行战略和组织方面的诊断后，进行了人力资源管理的诊断。

在组织结构方面，由于TC公司内部没有横向连接的部门，各单位各自为政，对于交叉性的问题都直接丢给总经理，这样就导致了“互不交往，压力上传”。根据房地产企业资金型、项目型的特性，咨询顾问有针对性地对其组织结构进行必要的调整。

首先，将原有的职能部门拆分成由三个副总直接分管的财务、人力资源、企业监督三个职能中心；精简机构，减少上层管理者的管理幅度，大大降低管理成本。过去，TC公司的层级过多，精简机构之后取消了部门下设的科级机构，科级下设专业性较强的机构成立单独的部门。

其次，咨询顾问对公司的人力资源进行了诊断。问卷调查的结果显示，大多数员工对公司的人力资源工作存在不满。原因包括：一是缺乏必要的人力资源规划，公司内部普遍存在“找不到人、用不好人、换不掉人”的局面。二是薪酬结构不合理，只有基本工资和奖金，且基本工资标准不一致无法体现公平性，奖金的发放没有明确的标准，完全由老板决定。三是缺乏必要的考核体系，公司扩大之后不能再像创业初期那样只靠成员的自觉性工作，必须依靠考核机制对员工进行多角度的考核，以此作为奖惩的依据。基于这三个方面的问题，咨询顾问建议TC公司从以下三个方面着手：建立人力资源制度、使用人员测评技术进行招募用工和组织员工培训。对人力资源规划方面的建议如下。

通过对企业现有和未来需要的人力资源进行盘点和预测，采取相应的对策确保企业在合适的时间招到合适的人才，实现“人岗匹配”，并从一定程度上降低人力资源成本。由于在先前的经营管理中，TC公司的高层对人力资源管理不够重视，公司内部并没有必要的人力资源管理体系，因此进行人力资源规划的其中一个关键步骤就是建立合理的人力资源管理体系。

基于问卷调查的结果，咨询顾问对人力资源规划的步骤进行了设计，其基本步骤分为四点：其一，盘点现有人力资源的结构；其二，进行人员需求预测；其三，进行内外部人员供给预测；其四，通过综合平衡制定人力资源规划。人力资源规划要回答的问题包括：公司现有人员结构如何？未来所需人员结构如何？公司需要哪些人才？如何获取所需人才？如何做到人尽其才？如何使人才效益最大化？

基于这些问题，规划的第一步是要对现有人力资源机构进行盘点。

通过人员分布结构盘点发现，TC公司现有人员157人，高层管理人员8人，占全员的5%；中层管理干部及管理人员有74人，占全员的47%；其他技术工人75人，占全员的47%。由此可发现，TC公司中层管理人员过多且多为关系户，其原因在于没有人员引入标准和控制。根据惯例，一个中层可以领导和控制15~20名员工，公司只需要10名左右的中层；而根据企业实际情况和具体的工作分析，不熟练人员增加1倍，因此将中层管理人员数量定在20人左右。

通过人员学历结构盘点发现，公司没有硕士及以上学历人员，本科学历10人，占全员的6%；大、中专学历40人，占全员25%，其他为中学学历，占全员68%。而公司高层中只有4人接受过高等教育，在中层管理干部中有35人接受过大中专教育，占中层管理干部的47%，人员素质相对偏低是影响TC公司将来发展的一大障碍。

通过对人员年龄结构盘点发现，30岁及以下人员98人，占全员的62%；30~38岁人员46人，占全员的29%；38~48岁人员9人，占全员5%；48岁以上占2%。交叉分析中高层领导的平均年龄在31

岁。人员年龄较轻对于组织的稳定性有一定的影响，但同时有一定可培养、可挖掘的潜力。

第二步是对企业人员需求进行预测。

为了实现公司的战略，未来2~3年公司总人数将减少至90~100人。其中，中层管理人员将由现在的74人减少至34人。管理部由原来5个增加为8个，需要增加5个中高层领导；剥离一个分工厂，技术人员维持不变。就整体素质而言，接受过同等大、中专以上教育的人员达到50%以上，总体看来，公司的需求状况是在发展的同时对人员进行精减替换。

第三步是对人员的供给进行预测分析。

企业内、外部的环境对人员供给有着直接或间接的影响，外部因素包括行业因素和地区性因素，内部因素包括（正常情况下）人员的病休、升迁、解聘、主动离职等。由于TC公司外部人才供给相对匮乏——所在地仅有为数不多的几所高校，因此人才需求主要依靠企业内部解决。内部人员供给预测使用方法主要有员工调查法、马尔可夫法和人员接替法等。鉴于马尔可夫法在员工流动基本固定不变的情况下使用效果较好，而对于变化性较大的企业有一定的局限性。因此，咨询顾问采取实用性较强的人员接替法。人员接替法是通过建立重要岗位的人员接替图，清晰了解人员的供给状况，并做好后备人员储备。首先要建立重要人员的基本档案，档案内容包括该员工的职位及基本业绩，并注明其可升迁、调任的相关职位；其次，可制成人员接替表并存档。

咨询顾问同样按照第二步的做法，在现有人员档案的基础上对TC公司各重要职位进行整体评估，并对没有替代人员的岗位进行了统一整理。结果显示，未来2~3年TC公司在完成企业战略的基础上，人力资源总监、财务总监、人力资源中心、企管监督中心、财务中心、置业部、物业管理部、项目策划部8个部门12个重要职位难以供给，主要包括中高级的管理人员、中高级的技术人员，因此需要外部引进与内部培养相结合，主要依靠内部培养。

第四步是在综合平衡的基础上制定措施和计划。在对TC公司进行人员供求分析后，为了检查分析与实际之间的距离和矛盾，咨询顾问要对分析结果进行综合的平衡。特殊情况可以在事实基础上柔性处理。

第五步，咨询顾问根据以上的分析，制订了人力资源规划方案，该方案重点内容包括现有人力资源状况的分析、基于战略目标对未来人力资源的状况的预测分析及具体规划内容。规划内容要有明确的计划性，包括具体的时间、负责人、检查人以及基本预算等，以使该规划具有一定的可执行性。

（资料来源：http://www.gfar.com）

讨论题：

1. TC公司在人力资源管理上遇到了什么问题？导致这些问题的原因是什么？
2. TC公司是怎样进行人力资源规划的？
3. TC公司在人力资源规划上的做法对其他企业有何借鉴意义？

【思考题】

1. 什么是人力资源结构规划？在实际中该如何操作？
2. 什么是人力资源数量规划？举例说明实际操作中常用的方法。
3. 什么是人力资源素质规划？举例说明胜任力模型是如何构建的。
4. 什么是人力资源规划的五维模型？

参 考 文 献

陈京民，韩松. 2005. 人力资源规划. 上海：上海交通大学出版社.
段磊，荆泽峰，孙超. 2014. 人力资源四维审计 HRA4 改善人力资源管理的绝佳利器. 北京：中国发展出版社.
樊宏，韩卫兵. 2006. “五步法”开发任职资格标准. 人力资源，(19)：14-15.
郭小静. 2014. 企业内部控制规范化操作全案. 北京：机械工业出版社.
胡蓓，王通讯. 2005. 人力资源开发与管理. 武汉：华中科技大学出版社.
匡五寿. 2013. 中小企业人力资源管理制度范本与表格大全. 北京：化学工业出版社.
刘追. 2014. 人员招聘与配置. 北京：中国电力出版社.
滕宝红. 2013. 世界 500 强企业制度与表格管理工具. 北京：人民邮电出版社.
张岩松，赵晓明，李健，等. 2008. 人力资源管理案例精选精析. 北京：中国社会科学出版社.
郑晓明. 2005. 人力资源管理导论. 北京：机械工业出版社.

第七章

人力资源业务规划

引导案例

NZTH 电气集团的人力资源规划

江苏 NZTH 电气集团是由两大集团本着优势互补、资源共享的原则于 2003 年元月重组而成。通过整合资源，公司相继建成了集团管控架构下的十多个专业子公司、一个研发中心和遍布全国的营销网络。经过五年的发展，企业规模不断壮大，经济总量持续攀升，综合实力明显增强。2007 年，集团公司成功实施了厂区的整体搬迁，实现了集团发展史上的第二次创业。2008 年是进入新发展期的第一年，集团意识到战略规划对未来发展的重要指导意义，委托江苏大学战略规划项目组为其制定 2009~2013 年战略规划。

集团人力资源管理工作由人力资源部负责。人力资源部有三位工作人员，部长助理主要负责招聘、薪酬，一科员负责培训，另一科员负责社保与劳动关系。专业公司均无人力资源部，人力资源工作由管理部或办公室负责。

NZTH 电气集团没有真正的人力资源规划，也不重视人力资源规划。已有的一些与人力资源规划相关的工作，主要是凭经验完成，没有专业人员用科学的方法进行预测。NZTH 电气集团推行的事业计划，其中包含部分人力资源规划工作，如《江苏 NZTH 电气集团子公司 2008 年度事业计划》，包含了人力资源目标分解表、公司组织机构图、人员运用计划表、2008 年度人员需求计划表、2008 年度培训计划表、关键人才培训计划表、两保办理计划表、绩效考核计划表。

项目组在人力资源管理诊断的基础上，制定了五年人力资源规划。原人力资源管理存在的三大核心问题如下：现有人员与企业发展所需人员相匹配问题（人员结构性失衡且缺乏预警机制）；制度建立与管理执行相统一问题（制度缺失、执行力弱）；员工职业发展与企业发展相适应问题（未关注员工与企业长远和谐的发展）。针对这三大问题，制定了三大人力资源子规划，即人力资源获取规划（组织重构、人才库建立、招聘吸引）、人力资源保留规划（绩效考核、薪酬管理）、人力资源发展规划（职业生涯规划、培训与开发、长期激励）。为了支持人力资源战略规划得以实现，同时建议集团人力资源部战略重组，着重从岗位重构、职责重定、人员重选三个方面展开。

人力资源规划总目标是为整个集团的顺利运行及战略实现提供保障，提升人力资源利用效率，保证人力资本持续增值，达到员工与企业共同和谐发展的最终目标。为了支持总目标实现，三大 HR 规划也设立了相应的分目标：HR 获取规划的目标是“能岗匹配，人尽其才”；HR 保留规划的目标是“体制改革，激发活力”；HR 发展规划的目标是“提升素质，和谐共赢”。

思考题：

1. NZTH 电气集团进入第二次创业，此时制定战略规划有何重要意义？人力资源规划为何是企业战略规划的重要组成部分？

2. 原人力资源规划工作薄弱，主要存在什么问题？这些问题对企业的发展有何影响？

3. 请从新人力资源规划的框架上，评价 NZTH 电气集团的 2009~2013 年人力资源规划。

人力资源业务规划，是指总体规划的具体实施和人力资源管理具体业务的部署。它是人力资源总体规划的展开和具体化，其执行结果应能保证人力资源总体规划目标的实现，主要包括：人力资源聘用规划、人力资源培训与开发规划、人力资源薪酬规划、人力资源流动规划、员工职业生涯规划、退休解聘规划等。每一项业务计划都由目标、政策或办法及预算等部分构成。应当注意人力资源业务规划内部的平衡，如人力资源聘用规划、人力资源培训与开发规划、人力资源薪酬规划之间的衔接和协调。当企业需要补充某类员工时，如果信息能及早到达培训部门，并列入人员培训开发计划，则这类员工就不必从外部补充。又如，当员工通过培训开发提高了素质，而在任用和薪酬方面却没有相应的政策和措施，就容易挫伤员工接受培训开发的积极性。

第一节　人力资源聘用规划

人力资源聘用规划是根据企业发展的实际需要，有目的、合理地弥补企业空缺职位的人力资源需要，从而拟定的人员招聘配置目标、实施政策和实现方法等。通常，企业人力资源聘用规划的制定必须考虑企业人力资源现状和企业人力资源流动规划等因素的影响。当人力资源需求确定以后，就应该根据组织的需要积极网罗人才，即选择合适的途径和方法进行人力资源招聘。如何任用适当的人员担任适当的工作，也是人力资源管理中重要的一环，尤其是在现代企业竞争激烈的情况下对人才的任用更为重要。一般来说，人力资源招聘任用包括招聘（recruitment）、甄选（selection）、配置（placement）等环节，如图 7-1 所示。招聘任用规划也应围绕上述过程，是从招聘、甄选和配置三方面分别确定目标、制定具体政策、提出实施措施的规划过程。

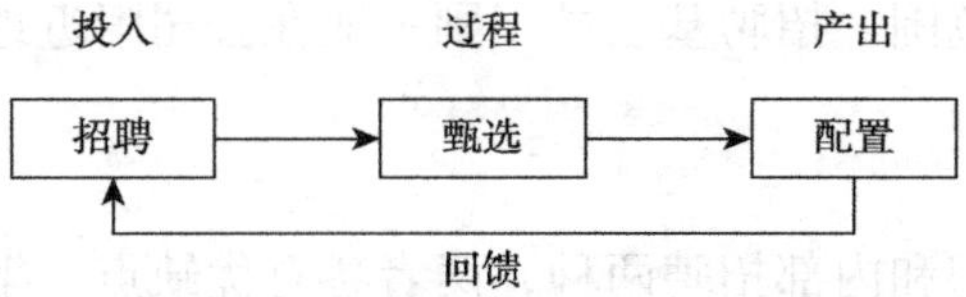

图 7-1　人力资源招聘任用的程序

一、人力资源招聘规划

1. 人力资源招聘规划的主要内容

人力资源招聘规划的主要内容包括：①招聘目标。根据企业人力资源战略规划确定未来一段时期内招聘工作的具体目标。②人员需求清单，包括未来一段时期内拟招聘的岗位名称、人数、任职资格等。③招聘工作的时间安排。在未来一定是时期内，确定企业进行招聘的时间节点和每次招聘持续的时间。④招聘小组人选的确定方法和依据。给出招聘小组人选的资格条件及确定人选的方法,在招聘工作中根据每次招聘工作的需要，确定招聘小组人员的姓名、职务和职责等。⑤招聘渠道与甄选方案的选择。比较分析各种渠道，指出各种渠道的使用条件，确定方案选择的方法，以便在未来的招聘工作实施过程中选择合适的甄选方案。⑥招聘费用的预算。确定规划期内招聘工作的总体费用预算，包括资料费、广告费等，为每次招聘工作的费用与成本控制提供依据。⑦实施、评价与调整的过程和方法。在实施、评价与调整工作中应该采取的一般步骤和基本方法。

2. 人力资源招聘规划的编写步骤

人力资源招聘规划的编写一般包括以下步骤：①根据企业人力资源战略，确定招聘目标；②人力资源需求部门递交招聘申请，并经主管部门协调汇总，确定人员需求清单；③根据招聘规划的时间范围，初步拟定规划期内招聘工作的时间安排；④确定招聘小组职责及人员组成条件和要求；⑤确定招聘渠道和人力资源甄选的基本方法，根据具体的人力资源需求，形成不同的甄选方案，规定每个方案适应的条件和范围；⑥根据人力资源招聘目标，制定招聘费用总体预算；⑦制定招聘规划实施、评价和调整的工作流程；⑧形成招聘规划。

3. 人力资源招聘规划的要点

企业要获得满足其需求的人力资源，通常要依靠良好的招聘程序和相关工作。而良好的招聘程序和相关工作需要招聘规划的指引，并要循序渐进，人力资源招聘规划的要点包括确定招聘目标、选择招聘渠道和甄选方案等。

1）确定招聘目标

（1）确定未来人力资源需求。针对未来业务发展的需要及企业所处环境的变化，在人力资源战略规划的基础上，通过对人力资源数量、结构、素质规划等内容的分析，确定完成各项业务的人力资源需求。

（2）决定需要招聘的人力资类别及数量。将上述的人力资源需求与供给相结合，以拟定需要招聘的人力资源的类别与数量。

（3）拟定招聘策略。根据招聘的对象确定招聘策略。例如，招聘职位较高的人员，可适当放宽招聘的地区范围；招聘基层员工则一般在公司附近地区招聘，以提高员工工作的稳定性。

2）选择招聘渠道

招聘渠道有外部招聘和内部招聘两种，两者各有优缺点。渠道的选择主要取决于企业的业务性质、拟招聘人员的数量、结构和素质要求及费用预算等。在招聘规划中，要通过对各种渠道的比较分析，确定选择招聘渠道的方案。

（1）内部招聘渠道。企业的岗位空缺可以通过内部招聘的方式解决。内部招聘的特点是费用少，能极大地提高员工士气，申请者对公司相当了解，适应公司的文化和管理，能较快进入工作状态，而且可以在内部培养出多能的复合型人才。但其局限性也比较明显，就是人员供给的数量有限，容易形成派系，组织决策时缺乏差异化的建议，不利于管理创新和变革。通常这种方式用于那些对人员忠诚度要求比较高、比较重要且应熟悉企业情况的岗位。内部招聘也用于内部人员的晋升、调动、轮岗等。

（2）外部招聘渠道。外部招聘亦称社会招聘，它往往是在内部招聘不能满足企业需要，特别是企业处于初创期、快速成长期或企业因产业结构调整而需要大批人才时，将视线转向社会的人力资源市场，通过外部招聘渠道吸引所需人员。常用的外部招聘渠道有校园招聘、招聘会招聘、推荐与自荐、网络招聘、广告招聘、职业机构推荐等。

二、人力资源甄选规划

甄选的目的在于进一步获得应征者的详细资料并加以评估，以便企业能够招聘到合适的人才。因此，人力资源规划中的甄选方案能够根据企业的招聘目标，将应征者的个人情况做充分的比较与分析，然后再做出雇用的决定。甄选方案的主要工作内容包括选择甄选的程序、标准和方法。

1. 选择甄选程序

甄选的程序因企业的规模、管理理念、工作类型及管理者风格的不同而有所差异。企业常用的甄选程序包括：①确定甄选标准；②选择甄选方法；③甄选前的准备；④审查应聘者资料；⑤测试；⑥面试；⑦体检；⑧发出录用通知；⑨试用考察；⑩正式录用。

企业要根据招聘目标、招聘渠道等实际情况确定具体的甄选程序。在招聘规划中，只给出一般的甄选程序，在制订招聘计划和进行招聘工作时，还要根据实际情况确定具体的甄选程序。

2. 确定甄选标准

甄选标准分为三大类，即生理、技能和心理标准。生理标准主要是指年龄、健康等标准，可根据工作的特殊需要，增加相应标准，如服务员有身高、相貌等要求，司机有视力要求等。可以通过应聘申请表体检报告筛除不符合生理标准的求职者，对于一些特殊标准，还要增加相应的测试。技能标准是指学历、专业、资格证书、工作经验、工作能力等标准根据岗位需要制定。主要技能的相关内容体现在应聘申请表上，企业的主要任务是核查内容是否真实。一些特殊的技能要求，还可以通过专门的测试进行检验。但是对工作能力的考察必须通过实践评价，所以企业对基本合格的人员会安排一段试用期。最难制定的标准是心理标准，虽然忠诚、努力、有责任心等是公认的要求，但是如何将这些要求转化为可以衡量的标准则比较困难。应聘申请表中，可以通过个人经历来推断其部分心理特征，但也只是肤浅的认识。对于内心世界的探测，可以借助各种测试手段完成。许多测试最早是用于心理学领域，现已有不少成熟的测试方法可以引用。但是测试结果如何还有待于大量、长期的科学验证。所以，选择甄选标准，关键是如何把基本的标准变成可以考察的标准。在招聘规划中，要根据不同的招聘渠道和招聘目标确定合适的甄选标准。

3. 选择甄选方法

企业对挑选员工手段科学性需求的不断增加，促使甄选技术不断发展，出现了各种各样的甄选方法。严格地讲，只要是可以用来挑选人员的方法都属于甄选方法。因此，除了人们正在关注的甄选方法外，还有一些方法早已被用于实践。人们普遍关注多且运用的甄选方法大致可以归纳为笔试、面试、测试等。这些甄选方法都有各自的特点和使用范围，招聘规划中必须确定如何根据招聘目标等前提条件选择合适的甄选方法。

现代企业组织甄选人才，常运用的方法大致有如下五种。

（1）笔试（written examination），即指通过对应征者进行文字回答的人推断其能力的方式。其特点在于容易管理、客观具体、公正公平而又高效。

（2）口试（oral examination），即由主试者提出问题，而应试者以语言方式来答复的一种测试形式。其有封闭式与开放式两种，其特点在于可测验应试者的反应能力和语言组织表达能力。一般可作为笔试的补充。

（3）现场操作测试（performance tests），即以实际操作来测试受试者是否具有履行该职位所需的技术与能力。

（4）心理测验（psychological tests），即经过标准化的测量工具，以客观了解被测试者的心理现象并衡量其个人的行为表现。其具有预测与诊断两大作用，增加了甄选的正确性与合理性。

（5）评价中心（assessment center），主要是针对甄选管理人员，其方式有公文筐测试（in-basket tests）、集体讨论（group discussion）、个人测试（individual tests）、面谈评价（interview evaluation）和业务游戏（business games）等。由于所有评价者共同参与评价工作，所以评价的信度与效度均较高。

三、企业配置规划

企业配置规划的目的在于优化企业内部的人力资源配置，为企业各层次的关键人力资源选拔做准备，均衡企业人力资源的工作负荷。

企业的人力资源配置主要有部门配置和群体配置。部门配置是指如何将企业所拥有的人力资源在各个部门之间进行合理配置，使各个部门能够围绕企业的经营目标进行有效的配合，使企业在激烈的市场竞争中获得优势。群体配置是企业人力资源配置的主要内容，主要从数量和质量两个方面进行，以实现人力资源群体配置的规模效益。

企业人力资源配置规划的制定步骤主要包括：①确定岗位短缺人数；②公布短缺岗位需求信息；③动员员工申请短缺岗位；④员工与岗位配置平衡；⑤制订配置规划实施方案。

人力资源的配置规划一般包括以下内容。

（1）职前训练。一般情况下，新员工刚进入组织时，往往会因环境陌生而有心理紧张的感觉，以至无法正常发挥其原有的工作能力。因此，职前训练的内容虽然随工作内容、训练对象的学历程度及要求不同而有所不同，但其训练的目的均在于使新员工适应环境。

（2）试用。试用的目的一方面在于使主管了解新员工的工作能力、潜力、工作态度及其人格特质；另一方面新员工也可以了解工作的内容和组织的要求，建立良好的人际关系。试用期一般因工作性质和员工工作能力而异，可为3~6个月，也可为1~2年。

（3）考核。试用期满之后，由主管对其进行试用期考核，以确定其表现是否符合组织要求。不合格的则延长试用期，延长期考核仍不合格的则解职。

（4）正式任用。试用期考核合格的，企业则批准对新员工予以正式任用。

第二节　人力资源培训与开发规划

人力资源培训规划不仅涉及人力资源管理部门，还涉及企业内的人力资源使用部门和人力资源培训投资部门。因此，在人力资源培训工作开展的过程中，需要协调各部门完成企业的人力资源培训规划制定工作，指导培训工作的开展。

为了实现有效的战略性人力资源培训，必须建立合理而健全的培训体系。一般组织的培训系统模式如图7-2所示。

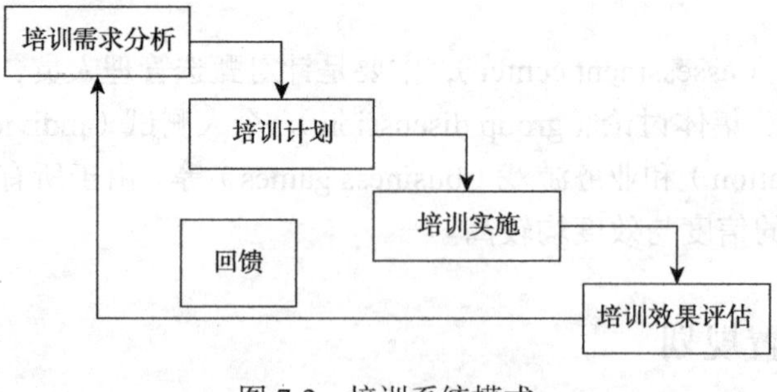

图7-2　培训系统模式

企业要根据培训工作的需要制定人力资源培训规划。培训规划一般包括以下内容：①培训目标。根据企业人力资源规划确定未来一段时期内培训工作的具体目标。②培训需求。根据未来一段时期内拟进行培训对象的职务名称、人数等内容确定。③培训工作的时间安排。在未来一段时期内，确定企业拟进行培训工作的时间节点和每次培训工作持续的时间。④确定培训实施方案。根据培训需求和培训工作的时间安排，确定培训实施方案选择的方法和依据，以便在未来的培训工作实施过程中确定合适的方案。⑤培训费用的预算额。确定规划期内培训工作的总体费用预算，为每次培训工作的费用与成本控制提供依据。⑥规划实施、评价与调整的过程和方法。本节将对培训规划的重要内容进行阐述，说明如何制定人力资源培训规划。

一、培训目标与需求

培训目标与需求是企业在人力资源战略规划的基础上，通过对企业、工作及人员的分析来确定的，是未来培训工作所要达到的目的和具体要求，是人力资源培训规划的重要问题之一，具体表现为不同时间阶段或不同人员的培训目标与需求。一般从企业、工作及人员三个方面进行分析，以确定人力资源培训目标及需求。

1. 企业分析

企业分析主要了解企业的目标和相应的人力资源状况，以及企业组织结构和相应的人力资源配置状况。企业分析即组织层面的培训需求分析，依据组织目标、结构、内部文化、政策、绩效及未来发展等因素，分析和找出组织中存在的问题及问题的根源，以确定在整个组织中有哪些部门、业务需要实施培训，哪些人需要加强培训，以保证培训计划符合企业的整体目标与战略要求。因此，在选择培训作为解决方案之前有以下三点需要注意：一是组织目标导向分析；二是组织资源分析；三是管理者和受训者对培训的态度。

2. 工作分析

工作分析包括分析员工为什么要选择这项工作、做什么、如何做和做这项工作所需要的技能等内容，最终形成书面记录，即工作描述和工作规范。工作分析即任务层面的培训需求分析，是以对工作任务和义务的研究为基础来确定培训项目内容的过程。工作分析主要通过核查职务说明书，发现从事某项工作的具体内容与完成该工作必须具备的条件，找出差距，确定培训需求，弥补不足。可以从工作任务和职责、工作饱和程度、工作内容和形式的变化等几个方面进行考量。

3. 人员分析

人员分析包括企业现有人力资源的评估与未来人力资源供需的预测。人员分析一般是对照工作绩效标准，分析员工目前的绩效水平，找出员工现状与标准的差距，以确定培训对象及其培训内容和培训后达到的效果，主要从员工的工作背景、学识、资历、年龄、工作能力等方面进行分析。

通过以上内容的分析，确定企业培训目标，明确企业培训需求。

二、培训实施方案

培训实施方案主要包括选择培训方式、确定培训内容、购买培训辅助资料并确定培训预算等，这些内容是培训实施方案的关键。培训实施方案的选择要以培训目标为出发点，综合 5W1H[①]等因素进行。在培训工作中，往往会有多套备选培训实施方案，要分析每类方案的适用情况，以便在进行培训的时候做出正确选择。

1. 培训内容

培训内容的难易、繁简都会影响培训的成效，所以在培训实施方案中必须合理选择培训内容，应注意以下事项。

（1）培训内容的特征。每个培训实施方案都应确定与培训需求相一致的培训内容。在培训实施方案中要分析每类培训内容的特性，判断其是否满足培训需求。培训内容一般具有以下几个特性：①完整性，是指培训内容、进程和程序要配合培训需求与目标，使其具有完全性和统一性。②动态性，培训内容不仅是静态的知识，也是动态的经验和活动。③联系性，包括纵向的联系性和横向的联系性。前者指不同内容间的衔接，后者指不同内容间的配合。④平衡性，良好的培训内容必须注意不可偏重某一领域，以保证受训者能够平衡的发展。

（2）培训内容的范围。培训内容的范围不宜过大或过小，过大易造成课程间的重叠，不易把握重点；过小则无法了解整体情况。在培训实施方案中，要根据培训内容的涵盖范围进行判定，确定其能够满足企业的培训需求。

（3）培训内容的流程。培训内容的流程要注意相关知识间的先后次序，需以循序渐进的方式，由浅入深的原则，让受训者系统地了解全部培训内容。在培训实施方案中，要根据培训需求选择合适的流程，使受训者易于接受培训内容。

2. 辅助资料

辅助资料包括软件、音像制品、图书、模型及道具、实验及实习场所等。图书是最为常规的培训辅助资料。此外，培训软件与音像制品是以现代技术手段为载体，运用许多新颖的培训方式，帮助受训者高效地实现培训目标，极大地缓解了培训主管的压力。

在培训实施方案中，要根据培训需求合理确定要购买的辅助资料，对辅助资料的用途和经费预算进行分析与控制。按照国内外的经验，购买辅助资料的经费预算应控制在总预算的一定范围内，不宜过高也不宜过低。

3. 培训预算

培训预算大多以员工数量或全年销售额的一定比例为基数进行确定。常见的比例为总销售额的 2%~5%，以 5%为上限。对新公司、新部门或新进人员较多的公司，预算会相对高一些，而发展平稳且有经验的公司可相对低一点。

三、培训的实施

培训的实施也是培训规划的重要组成部分。一般的培训步骤如下：①根据培训实施方案做好培训准备工作，安排培训进程。②发出通知，组织培训。③根据培训实施过程中的反馈，及时调整培训计划，保证培训效果。在具体的培训工作中，要根据不同的培训类型确定培训工作重点，制定具体的实施步骤。以企业员工能力开发培训的层级培训

① 5W1H：六何分析法，5W 为 what，why，where，when，who；1H 为 how。

为例，培训工作的重点如表 7-1 所示。

表 7-1 层级培训工作的重点

层级		培训的重点
管理层	最高经营层	战略决策能力、企划能力
	中级管理层	管理决策能力、协调能力
	现场监督层	业务决策能力、分配能力
基层（职员、操作工）		技术能力、执行能力

四、培训的评估

培训评估可以分为绩效评估与责任评估，绩效评估是以培训成果为对象进行的评估，包括受培训者对企业经营成果的贡献，绩效评估是培训评估的重点。责任评估是对负责培训的部门或培训者责任的评估，作为日后改进培训活动的参考。在培训规划中，要列出可供选择的评估基准、评估方法及一般的评估步骤。在开展具体的培训工作时，根据选择的评估基准和评估方法，适当调整评估步骤，满足实际培训评估工作的需要。

遵循良好的培训评估流程是顺利、有效地进行培训评估活动的关键。在培训规划中，要列出可供参考的培训评估步骤，在开展具体的培训评估工作时，可以根据实际情况进行取舍。培训步骤主要包括以下环节。

1. 了解培训需求

培训评估应当从确定培训需求开始。了解培训需求的方法很多，如问卷法、观察法、访谈法、小组讨论法、重大事件法、心理测试法等。根据培训课程和受训者的具体情况决定获取培训需求的方法。了解企业培训需求主要是通过收集与管理人员的个性、能力和兴趣爱好等相关信息，一般通过与管理人员及其上司和同事进行访谈，以及进行心理测试等来获取信息，这些信息可用来确定管理人员的培训需求。

2. 掌握培训目标

培训需求明确了人员所需提升的能力，评估的下一步就是要掌握具体且可测量的培训目标。培训目标是指培训活动要达到的目的和预期成果，培训项目可以包括多层次的培训目标。针对每层次的培训目标制定相应的评估指标和标准。

3. 选择评估方法

在选择培训评估方法前必须确定评估的层次，因为这将影响培训评估开展的有益性和有效性，所以必须针对不同级别的评估运用不同的评估方法。

4. 设计培训评估方案

一个卓有成效的评估过程应该经过仔细、周密的计划。在设计培训评估方案时首先要明确以下问题：为什么要评估？谁将要接受评估？评估什么内容？如何进行评估等。此外，还要考虑进行评估可以利用哪些资源，所在企业的企业文化是否会影响评估的方式。

5. 实施培训评估

培训评估工作需要花费大量的时间和精力。系统的培训评估应由企业高层、培训经理、培训师、受训者的直接上级和受训者五方全部介入。如果一个企业的高层、培训部门、受训者的直接上级、培训师和受训者之间有良好的沟通氛围，培训评估会因各方的努力而更加有效，同时培训部门及人力资源部的工作也很有效，对整个企业也都有益。

6. 撰写培训评估报告

在培训评估结束后需要呈交书面报告，将有关评估过程、收集的信息、分析结果等内容进行整合，形成一份综合性的评估报告。评估报告包括概要、培训项目的背景、评估目的、评估方法和策略等。实际工作中可以根据具体需要增减评估报告的内容。评估包括应简明扼要。在报告表述中可以通过数字式、图表式等说明培训的效果。企业可以对书面报告设定一个标准，以便规范评估报告的格式。

7. 沟通培训项目结果

培训评估是为了改进培训质量、增强培训效果、降低培训成本。企业需要建立良好的培训评估反馈系统。

系统的培训评估模式始于20世纪50年代，最有代表性的是柯克帕特里克(Donald L. Kirkpatrick)的四层级培训评估模型，如表7-2所示。

表7-2　柯氏四层级培训评估模型

评估级别	主要内容	可以评估的问题	评估方式
一级评估：反应层	观察学员反应	学员喜欢该培训课程吗 课程对自己有用吗 对授课教师及培训实施等有什么意见 课堂反应是否积极主动	问卷、调查表、访谈
二级评估：学习层	检查学习结果	学员在培训项目中学到了什么 培训前后，学员在知识及技能方面有多大程度的提高	调查表、笔试、案例研究
三级评估：行为层	衡量培训前后的工作表现	学员行为有没有改变 学员在工作中是否用到了培训所学的知识	360度绩效考核、测试、观察
四级评估：效果层	衡量公司经营业绩的变化	行为的改变对组织的影响是否是积极的 组织是否因培训而经营得更好	考察事故率、生产效率、经济效益

柯氏四层级培训评估模型，简称“4R”，主要内容如下。

（1）反应评估（reaction），评估被培训者的满意程度。反应评估是指受训人员对培训项目的印象如何，包括对讲师和培训科目、实施、方法、内容、自己收获的大小等方面的看法。反应评估主要是在培训项目结束时，通过问卷调查来收集受训人员对培训项目的效果和有用性的反应。这个层次的评估可以作为改进培训内容、培训方式、教学进度等方面的建议或综合评估的参考，但不能作为评估的结果。

（2）学习评估（learning），测定被培训者的学习获得程度。学习评估是目前最常见，也是最常用的一种评价方式。它是测量受训人员对原理、技能、态度等培训内容的理解和掌握程度。学习评估可以采用笔试、实地操作和工作模拟等方法来考察。培训组织者可以通过书面考试、操作测试等方法了解受训人员在培训前后知识与技能的掌握方面有大多程度的提高。

（3）行为评估（behavior），考察被培训者的知识运用程度。行为的评估是指在培训结束后的一段时间，由受训人员的上级、同事、下属或者客户观察他们的行为在培训前后是否发生变化，是否在工作中运用了培训中所学到的知识。这个层级的评估可以包括受训人员的主观感觉、下属和同事对其培训前后行为变化的对比，以及受训人员本人的自评。这通常需要借助一系列的评估表来考察受训人员在培训后实际工作中行为的变化，以判断所学知识、技能对实际工作的影响。行为层是考察培训效果最重要的指标。

（4）效果评估（result），计算培训创造的经济效益。效果的评估即判断培训是否能给企业的经营成果带来具体而直接的贡献。这一层次的评估上升到了组织的高度。效果评估可以通过一系列指标衡量，如事故率、生产率、员工离职率、次品率、员工士气及客户满意度等。通过对这些指标的分析，管理层能够了解培训所带来的收益。

柯克帕特里克四层级培训评估模型在西方得到了广泛认可，具有一定的技术先进性，但该模型偏重于培训评估的定性研究，存在执行难度，在培训实践中有很大的局限性。

首先，柯氏四层级培训评估模型的作用只能有限地发挥在其前两个层次，即反应层和学习层。大多数企业对柯氏四层级培训评估模型的使用，都只是进行到了反应层和学习层，很少有企业能够推进到行为层和效果层。也就是说，对于培训效果的评估比较有限。目前包括财富 500 强在内的企业都没有将隐藏在这一模型背后的真正功能发挥出来，即没有对培训的效果层评估进行有益的尝试。

其次，柯氏四层级培训评估模型就能对一般的培训课程和项目的评估有效。事实上，柯克帕特里克指出，设计这一模型是为了更好地评估核对管理人员的培训项目。今天的培训更多的是基于战略开展的，是为满足企业发展战略服务的，因此对企业的培训效果的评估也需要与企业的发展战略紧密联系在一起，而柯氏四层级培训评估模型正是以此作为出发点。

最后，柯氏四层级培训评估模型和培训教学设计、胜任特征及绩效管理毫无关联。把四层级培训评估模型和教学设计、胜任特征及绩效管理结合起来可以增加四层级培训评估模型的运用深度，并可在此基础上形成战略协同性，这就从真正意义上使人力资源管理中的培训活动成为企业发展战略的业务伙伴。

培训效果的评估活动是一种有目的、有意识的行为。因此在开展培训评估活动时，首先需要做的是决定采用什么样的技术和工具。只要确定了评估的技术和工具，就可以配置资源来开发评估工具、分析信息并对培训效果做出评价。借助柯氏四层级培训评估模型，我们可以确定有效的评估技术和工具，有针对性地对培训活动的效果进行评估。例如，构建胜任特征模型，并将其与特定的培训项目或课程及绩效管理体系结合，可以保证培训评估活动的效率和效果。

第三节 人力资源薪酬规划

薪酬（compensation）是指员工因被雇用而获得的各种形式的经济收入。狭义的薪酬只包括货币化的收入，而广义的薪酬还包括企业为员工提供的福利。薪酬规划是指根据企业内外部环境的变化和企业的人力资源战略，为提高员工的工作绩效和激发员工的工作激情而制定的面向未来的一系列薪酬福利政策、管理办法及实施措施。

一、薪酬规划

薪酬规划是企业结合自身的发展目标及对未来各影响因素的分析和预测，对未来一定时间内企业薪酬的策略和具体实施途径与措施等内容所做的全面、科学和系统的规划。薪酬规划的主要内容包括薪酬策略的制定和选择及薪酬结构、薪酬水平的确定。企业在制定薪酬规划前，必须对影响企业薪酬规划的影响因素进行分析，对外部薪酬现状进行深入调查，以便为企业提供薪酬结构和水平设计方面的决策依据。影响薪酬规划的因素分为内外部两大类。外部因素主要包括法规政策、经济发展水平、劳动力市场供求情况、行业行情、产品市场特征、当地物价指数等。内部因素主要包括企业发展阶段、企业文化、岗位划分、员工个人因素和工会力量等。常见的调查渠道有企业之间的相互调查、委托专业机构进行调查、从公开的信息中调查及从流动人员中调查四种。这些调查渠道的操作要点各不相同，在进行调查时必须给予足够的重视。薪酬调查渠道的操作要点如下。

（1）企业之间的相互调查。由于我国的薪酬调查系统和服务还不太完善，所以最可靠和最经济的薪酬调查渠道还是企业之间的相互调查。相关企业的人力资源管理部门可以采取联合调查的形式，共享相互之间的薪酬信息。这种相互调查是一种正式的调查，也是使双方都受益的调查。调查可以采取座谈会、问卷调查等多种形式。

（2）委托专业机构进行调查。目前社会上有很多提供薪酬调查的管理顾问公司或人才服务公司。通过这些专业机构调查可减少人力资源部门的工作量，省去企业之间的协调费用，但需要向委托的专业机构支付一定的费用。

（3）从公开的信息中调查。有些企业在发布招聘广告时会写明薪金待遇，调查人员稍加留意就可以了解这些信息。另外，一些城市的人才交流部门也会定期发布一些岗位的薪酬参考消息。同一岗位的薪酬信息，一般分为高、中、低三档。但由于它覆盖面广、薪酬范围大，因此对有些企业参考作用不大。

（4）从流动人员中调查。通过从其他企业来本企业的应聘人员的面谈或个人资料中，可以了解同行业的薪酬状况。

（一）薪酬结构

薪酬结构，即指薪酬的构成，一个人的工作报酬有哪几部分构成。这里的薪酬结构主要是工资结构。员工薪酬结构通常分为若干部分，如基本工资、岗位工资、绩效工资、技能工资和辅助工资等。每一个部分都从不同的侧面反映员工的劳动力状况，如基本工资保障员工的基本生活需要，岗位工资反映岗位价值及员工承担的责任和风险，技能工资反映员工的工作能力，绩效工资反映员工的劳动结果或工作表现等。

在薪酬规划中，设计薪酬结构的主要工作就是对基本工资、岗位工资、绩效工资、技能工资、辅助工资等进行科学设计，合理确定各组成部分在薪酬结构中所占的比重，而各类组成部分比重的差异会导致薪酬结构的弹性和稳定性不尽相同。因此，必须注意合理选择薪酬结构策略。根据总体薪酬与企业效益挂钩程度的不同，将薪酬结构策略分为高弹性模式、高稳定模式和折中模式三种。

基本工资、激励工资、津贴、福利等薪酬形式分配计发时，各自具有不同的刚性（不可变性）和差异性（在不同员工之间的差异程度），当它们之间以不同比例组合在一起时，由于各自不同性质所具有的不同功能，就构成了不同的薪酬体系模式。

构成整体薪酬体系的各种具体薪酬形式的性质与组合关系如图 7-3 所示。

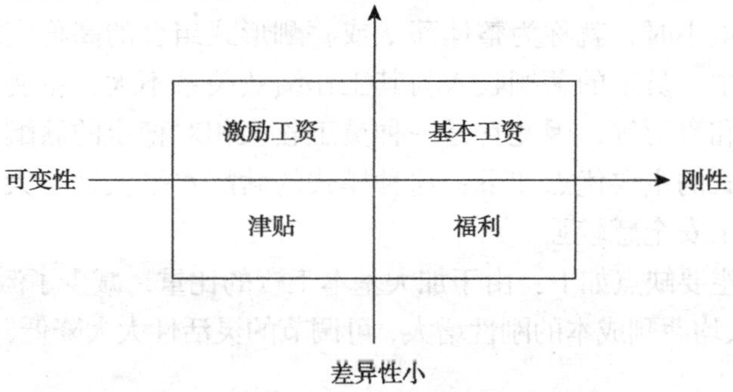

图 7-3 薪酬基本形式的性质与组合模式

构成整体薪酬的各个基本形式或成分的特性如下。

（1）基本工资具有高刚性和高差异性。这说明不同岗位或职位上的员工基本工资差距明显，并且员工的基本工资既不能随便扣减，也不容易随时增加。

（2）激励工资具有高差异性和低刚性。这说明激励工资的计发具有很强的灵活性和弹性，往往随员工不同的行为、效率、工作业绩和组织绩效等因素的变化而拉开差距，上下浮动。

（3）津贴具有低差异性和低刚性。津贴是一种补偿性工资，与工作绩效无关，从事同一种工作的人享受相同水平的补偿，因此它具有低差异性。津贴会随工作条件、物价水平、企业效益等因素的变化而调整或取消，所以又具有低刚性。

（4）福利具有高刚性和低差异性。由于设置福利就是为了保障员工生活、稳定员工队伍，不同的人和不同阶段的福利都应保持平稳，而只存在较小的变化，所以福利具有这样的特性。

1. 高弹性模式

如果图 7-3 坐标系中的薪酬组合模式为“左大右小”，即激励工资和津贴部分所占比重大，而福利和基本工资所占比重较小时，就称为整体薪酬的高弹性模式或薪酬形式组合的高弹性模式。高弹性模式是一种以短期绩效为主的高浮动的薪酬计发模式。当员工近期工作绩效很高时就可以获得相应的高报酬；如果员工的工作绩效降低时，则只能得到较低的薪酬支付。

高弹性薪酬模式的主要优点如下：对员工的激励功能较强，薪酬计发与工作绩效紧密挂钩，有利于控制人工成本，不容易超支。

高弹性薪酬模式的主要缺点如下：薪酬水平波动较大，不易核算成本，员工缺乏安全感。

高弹性薪酬模式主要适用条件如下：本组织人员流动率高、工作变动性大、员工工作积极性低，以及产品研发、营销等业绩伸缩性较大的岗位或职务。人们还可以通过加强绩效考核的及时性、准确性，对工资实行计件制、提成制等来提高这种模式的公平性、合理性和有效性。

2. 高稳定模式

如果图 7-3 的薪酬模式为“左小右大”，即福利和基本工资所占比重大，而津贴和激励工资部分所占比重小时，就称为整体薪酬或薪酬形式组合的高稳定模式。高稳定模式薪酬以基本工资为主，员工的薪酬收入与其工作绩效关系不大，主要取决于企业的经营状况及员工的工龄和资历等，因此它是一种员工收入相对稳定的薪酬计发模式。

高稳定薪酬模式的主要优点如下：这种模式的薪酬水平波动不大，稳定性高，便于核算人工成本，员工安全感较强。

高稳定模式的主要缺点如下：由于加大基本工资的比重，减少了激励工资的比重，激励功能削弱，企业人均薪酬成本的刚性增大，可调节的灵活性大大降低，容易给企业造成较重的经济压力。

该模式的主要适用条件如下：本组织人员流动率低，工作稳定性高，员工工作绩效的伸缩性较小，以及工作积极性、自觉性较高等情况。如果能把该模式中的奖金和部分基本工资的计发与企业的经济效益挂钩，而不是偏重于个人资历和工龄计发则会改进其有效性。

3. 折中模式

整体薪酬或薪酬形式组合的折中模式，是指上述两种模式的折中，既要激励员工的劳动热情和工作绩效，又要给他们一定的安全感，兼具稳定和弹性的薪酬模式。折中模式在实践中的主要要点如下：适当加大奖金、福利和津贴的比重和差异性，基本工资的刚性也不宜太小，以保证员工的基本安全感为度。

折中模式薪酬分配的主要优点如下：它兼具激励性和安全性，便于灵活掌握和成本控制，是一种“稳中有进”适用面广的薪酬制度。折中模式的最主要缺点是其设计和实施需要较高的理论水平和经验技术，各种形式薪酬组合平衡的度很难把握。当然，及时、准确的绩效考核，公平合理的操作实施，亦是提高其有效性的基本基石。

薪酬形式组合模式的选择还与企业的发展阶段有关。由于企业在初创、发展、成熟、衰退等不同发展阶段的经验战略、人力资源管理重点、财务实力、风险水平等要素有明显差异，因此，企业薪酬的形式组合模式也随之调整变化。就一般情况而言，企业初创期适宜采用高稳定模式和基本工资策略；企业在发展阶段适宜采用高弹性模式和高奖金模式；企业进入成熟阶段时，应选用折中模式并采用有弹性的奖金、津贴和福利策略；企业进入衰退期或重新创业阶段时，应当再次采用高稳定模式和高基本工资策略。

（二）薪酬水平

薪酬水平是指企业内部各类岗位及企业整体平均年薪酬的高低状况，它反映了企业支付薪酬的外部竞争性。确定薪酬水平策略和设计薪酬水平是薪酬规划的主要内容，而设计薪酬水平主要是指设定薪酬等级和各等级间的差距。

1. 薪酬水平策略

薪酬水平策略主要是指面对当地市场的薪酬行情和竞争对手的薪酬水平，企业如何决定自身的薪酬水平。根据企业薪酬水平与市场水平的比较情况，供企业选择的薪酬水平策略主要有市场领先型策略、市场追随型策略、市场滞后型策略和混合型薪酬策略。如图 7-4 所示。

市场领先型策略 支付比行业竞争者更具有竞争力的工资	市场追随型策略 支付与同行业平均水平相当的工资
市场滞后型策略 支付比同行业平均水平更低的工资	混合型薪酬策略 根据具体情况，分别制定不同的薪酬水平策略

图 7-4　薪酬水平策略分类

在制定薪酬规划时，企业采取不同的薪酬水平策略，有助于企业实现不同的薪酬目标，如表 7-3 所示。

表 7-3　薪酬水平策略与薪酬目标的关系

薪酬水平策略	薪酬目标				
	吸引员工	保留员工	劳动成本控制	减少员工对薪酬的不满	提高劳动生产率
市场领先型策略	+	+	?	+	?
市场追随型策略	=	=	=	=	?
市场滞后型策略	−	?	+	−	?
混合型薪酬策略	+	+	+	−	?

注：表中“+”表示正相关，“−”表示负相关，“=”表示不想管，“？”表示不确定

2. 薪酬等级设定

薪酬等级是指根据工作的复杂程度和责任大小，将员工薪酬进行等级划分，不同的等级可以体现工作要求的差异。薪酬等级是在工作分析和岗位评价的基础上建立起来的，其将价值相近的岗位归入同一个薪酬等级。

通常使用的薪酬等级有两种，即单一薪酬等级和可变薪酬等级。单一薪酬等级是指

薪酬体系中基本薪酬的等级，凡是属于同一等级职位的员工都采用同样的薪酬待遇。这种形式缺乏激励作用，表现优异的员工可能因无法得到额外的报酬而只愿意保持较低的工作效率。相对而言，可变薪酬等级则在每一职位等级内以工龄、能力、绩效或技术等因素为基础，设定不同的薪酬等级。主要可以激励员工改进工作绩效，有利于企业的发展，但是易造成管理和经费上的困难。

薪酬变动范围也称宽带，是指每一薪酬等级的级别宽度（最高工资与最低工资之间的跨度），反映同一薪酬等级的在职员工因工作性质及其对公司影响的不同而在薪酬上的差异。一般来说，薪酬等级的宽带随着层级的提高而增加，即等级越高，在同一薪酬等级范围内的差额幅度就越大。宽带与薪酬等级数量之间有着密切的关系，通常等级越多，各等级幅度越小；等级越少，则各等级幅度越大。

3. 薪酬差距设定

高等与低等薪酬差距受产业规模、所属行业类型、职业、地域、职位等级等因素的影响而有所不同。在设计薪酬差距时，需要考虑薪酬幅度与各职位等级最低薪酬额度间的差异。

二、福利规划

福利规划是企业结合自身的发展目标及对未来各影响因素的分析和预测，对未来一段时间内员工福利制度和具体实施途径等所做的全面、规范和系统的规划。从福利构成的角度看，福利规划的内容包括企业年金计划、企业健康保险计划、利润分享和员工持股计划、住房福利计划等。企业要根据国家的相关政策、自身的实际情况及所采取的福利策略，确定福利规划内容。

员工福利可以分为法定福利和企业福利两大类。法定福利是指依据国家法律、法规为员工提供的标准福利。我国的法定福利包括社会保险、住房公积金、休假制度等。企业福利，可以分为经济性福利项目、设施性福利项目、娱乐性福利项目和员工服务福利项目等，具体的类型如表 7-4 所示。

表 7-4　福利类型

类型		定义	举例
法定福利	社会保险	以国家为主体，通过立法手段，设立保险基金，当劳动者在年老、患病、生育、伤残、死亡等暂时或永久丧失劳动能力，以及失业中断劳动而失去收入来源时，由社会给予物质帮助和补偿的社会保障制度	养老保险、医疗保险、工伤保险、失业保险、生育保险等
	休假制度	员工依法享有的休息时间	如法定节假日、公休假日和带薪年假
	住房公积金	指国家机关、国有企业、城镇集体企业、外商投资企业、城镇私营企业及其他城镇企业、事业单位、民办非企业单位、社会团体及其在职员工缴存的长期住房储蓄金	
企业福利	经济性福利	指除工资和奖金以外，对员工提供其他的经济性补助的福利项目	住房补贴、结婚礼金等
	设施性福利	指从员工的日常需要出发，向员工提供设施性服务的福利项目	免费宿舍、阅览室与健身房等

续表

类型		定义	举例
企业福利	娱乐性福利	指为增进员工的社交和健康娱乐活动，促进员工的身心健康及增进员工的合作意识，提供娱乐性的福利项目	旅行、免费电影等
	员工服务福利	指为员工提供各种各样生活、职业发展等方面的服务福利项目	员工的身体健康检查、外派进修等
	其他福利	指以上所列福利项目未包含的其他福利项目	如以本企业员工的名义向大学捐助奖学金等荣誉性福利

企业的员工福利规划，要由人力资源管理部门、财务部门等相关部门协商制定。企业制定员工福利规划要符合企业的长远发展战略目标，满足员工的正常需求，而且要考虑员工不同时期的需求，以真正激励员工。在制定福利规划时，可以按照下述步骤来进行。

1. 明确具体的福利目标

福利规划都有相应的福利目标。该目标不仅要考虑企业的规模、企业的支付能力、竞争对手的情况、与企业经营战略是否一致、企业的薪酬策略等因素，还要考虑员工的当前需求和长远需求，以便能够真正调动员工的积极性，吸引和留住人才。

2. 福利调查与标准选择

与薪酬规划一样，企业要制定合理的福利规划，设计具有竞争性的福利制度，非常重要的就是要了解竞争对手的情况，获得竞争对手的福利规划、福利标准并作为参照确定自身的福利制度。

3. 福利基金的筹集

员工的福利基金是企业依法筹建的专门用于员工福利支出的资金。在进行福利规划时，必须确定福利基金的来源渠道。不同国家与地区有不同的资金来源，通常有三种筹集渠道：按规定从企业财产和收入中提取；企业自筹；向员工征收。在我国，企业必须按照法律规定提取或者筹集员工福利基金。

4. 员工福利费用预算

企业在制定福利规划时，必须根据所选择的负利率标准进行福利费用的预算，并与筹集的福利基金进行严格的比较，确定福利费用的合理数额。

5. 制订福利规划实施方案和调整措施

为实现企业的福利目标，合理利用筹集的福利基金，严格控制福利费用的支出，必须制订切实可行的福利规划实施方案，具体落实每项福利计划与预算，定期检查实施、反馈、改进，指导企业具体的员工福利管理工作，以更好地激励员工。

第四节　人力资源流动规划

人力资源流动规划主要是指为企业内部的人员流动工作的开展提出的方法、措施等内容。一般而言，组织内的人力资源流动主要包括晋升、调动和降职三种，其运用是否合理得当，将会直接影响组织的整体士气和活力。

一、晋升规划

合理的晋升可以实现鼓励先进、鞭策落后、人尽其才、公平竞争的积极效果。而不合理的晋升则有可能在企业员工内部产生各种矛盾，挫伤员工积极性，抑制人力资源作用的发挥。因此，企业必须重视人力资源晋升规划。

晋升规划实质上是企业晋升政策的一种表达。对企业来说，有计划地提升有能力的人员，满足职务对人的要求，是企业的一种重要职能。从员工个人角度来看，有计划地提升会满足员工自我实现的需求。晋升规划一般以指标来表达，如晋升到上一级职务的平均年限和晋升比例。

1. 影响因素

为了正确制定人力资源晋升规划，必须正确分析各种影响晋升的因素。这些因素主要有员工的资历、工作成绩、潜力和企业的岗位需求等。

（1）资历。在决定员工提拔、晋升时，常常需要根据被选拔者参加工作时间的长短获取某种职位。

（2）工作成绩。工作成绩是工作成果或结果的评价，是员工努力提高知识和技能所得到成果的综合反映。

（3）潜力。员工的成绩只代表对其过去工作的评价，而潜力则标志员工今后在工作中可能达到的高度和能力，这就需要对其潜力进行评价，以确定其能否胜任未来的工作。

（4）企业的岗位需求。企业在其经营活动中，因为经营环境的变化，人力资源的流动往往使一些岗位人员匮乏，迫切需要对这些岗位加以补充。此时，企业应该对这些迫切需要补充人员的岗位采取比较宽松的晋升政策。

2. 晋升途径

晋升的途径通常有两种：一种是直线晋升制，即循着单一途径由低层到高层，如图 7-5 所示。这种单一晋升制不能兼顾员工广泛的兴趣而受到很大的限制，只适用一些小型企业组织。另一种是适用于功能性和混合式组织的多路晋升制，其中的每一位员工均有较多的弹性晋升机会，如图 7-6 所示。员工若是能够确切了解其在组织中的晋升途径，就很容易确定其未来的发展方向，从而制定合理的职业生涯规划。

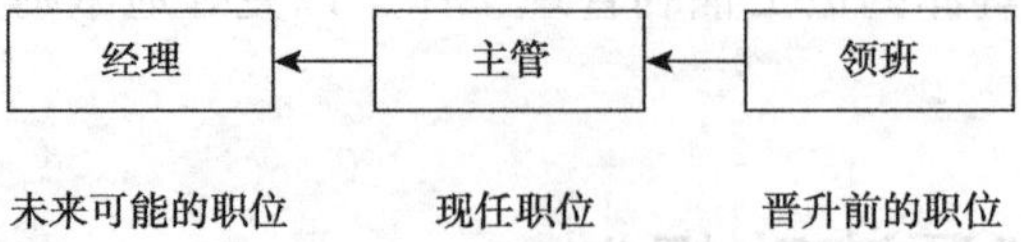

图 7-5 直线晋升制

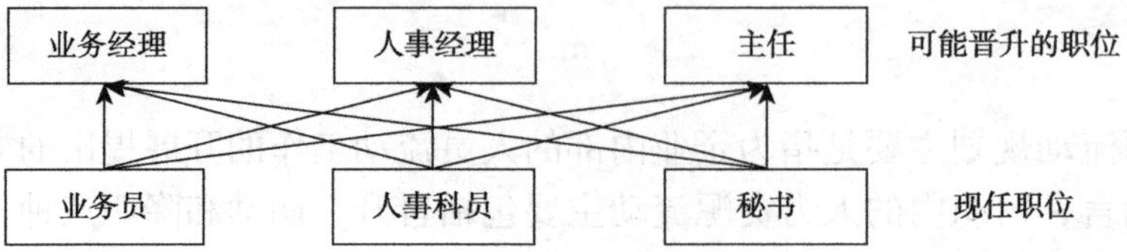

图 7-6 多路晋升制

晋升的标准随各组织性质的差异而有所不同，如工龄、经验、工作表现、学识、能力等可以成为晋升的依据。而为使晋升制度公平、公正，晋升一般有以下两种方式。

（1）晋升考试。在职位出现空缺时，可以由公司内部表现优良的员工报名参加晋升考试，以决定由谁晋升。一般的晋升考试有笔试和面试两种方式，笔试在于测试考试者在专业知识方面是否达到一定水平，而面试则主要了解和判断考试者的仪态、反应能力和思考能力。晋升是组织对工作努力的员工的一种肯定和回报，所以晋升考试应将实际工作表现成绩以不低于30%的比例予以考虑，得分最高者就可以获得晋升的机会。

（2）绩效考核。以晋升为目的晋升考试应成立评审委员会，其成员为企业内对业务比较了解且立场比较公正的主管和员工代表，一般是对被考评者的学历、考绩、品德、工龄、平时所得的奖惩、发展潜力等项目逐项评分。

3. 晋升规划的内容

晋升规划的内容包括晋升政策和晋升安排。晋升政策主要由晋升比率、晋升时间限制和晋升最低条件等组成。晋升政策必须按照职务的不同分类拟定，并且以具体指标来表示每类职务晋升的年资及晋升的最低条件。每类职务晋升政策都应根据企业战略发展的需要制定，即晋升政策的制定应该有助于补充企业继续发展的人力资源类别。

根据企业人力资源晋升政策和企业经营战略发展的需要，可以制定出企业的人力资源晋升安排。在晋升安排中要指出晋升职务名称、晋升人员所在部门、晋升人数、晋升后增加的成本、晋升条件和晋升时间，以及晋升后的预计效果。根据这些具体内容，企业人力资源部门就可以对规划期内的晋升活动进行有效的管理控制。

4. 晋升规划的制定过程

企业人力资源的晋升规划通常需要按照以下步骤进行：①确定空缺岗位。根据企业人力资源战略规划和各个部门的申请，确定各个部门所出现的岗位空缺。②制定晋升政策和条件。根据空缺岗位的技术、能力等各个方面的要求确定每一个空缺岗位的任职条件和任职员工的晋升政策。③评价晋升安排的可行性。根据晋升政策和条件，考察后备力量是否可以补充目前的空缺岗位。④拟定晋升程序和晋升时间。根据企业相关规定和制度，确定开展晋升工作的具体步骤及时间安排，作为工作开展的依据和基础。

晋升是一个组织中人力资源流动的最重要的功能。无论采用何种方式，必须使组织中最成功的人员获得晋升，才能保持组织的正常效能；否则，一旦晋升失误，补救是十分困难的。

二、调动规划

企业将员工在职位层次相当、职责程度相当或薪酬水平相当的职位上予以调动的目的一般如下：适应企业紧急性的业务需要，配合组织目标而将现有人力资源重新配置；为增加员工的见识、经验和对组织的忠诚而进行的轮调；解决人员间的冲突，解决组织中的紧张情绪；满足个人需要；防止非法舞弊事件的发生。

1. 调动规划的内容

调动规划主要包括调动政策和调动安排。调动政策主要由调动时间限制和调动最低条件等组成。调动政策必须按照职务的不同类别拟定，而且每一类职务调动的时间限制与相对的最低条件必须以清楚、具体的指标表示。每类职务的调动政策都应根据企业人力资源战略的实际需要制定。在调动安排中，要指出调动职务名称、调动人员所在部门、调动人数、调动后增加的成本、调动条件和调动时间，以及调动后的预计效果。根据这些具体内容，企业的人力资源部门就可以对本规划期内的调动活动进行有效的管理控制。

2. 调动规划的程序

员工的调动，一方面可能是基于员工的申请需要，另一方面可能是基于用人单位的业务需要或人才培养。在时间上，可以随时进行个案办理，也可以定期进行批量办理。在调动的过程中，一般遵循如下程序：了解员工状况；考虑是否调动；研究如何调动；进行调动。

（1）了解员工状况。可以从以下几方面了解员工工作状况及专长：能否胜任现职工作？工作成绩如何？对现职工作兴趣如何？任现职多久？与同事相处是否和谐？具有何种特殊才能？所具学识是否与现职相符？

（2）考虑是否调动。可以从以下几个方面确定员工是否需要调动：久任现职而成绩是否优良？个人和职位是否相宜？与同事能否有效配合？对工作是否厌倦？学用是否一致？组织编制是否允许此项调动？

（3）研究如何调动，即考虑员工的调动去向，一般可遵循以下原则：①若是为了增进经历，则以不同职务为原则；②若是为了改变环境，则以调往不同单位具有同样工作任务的职务为原则；③若是为了调剂工作情绪，则以不同工作内容的职务为原则；④若是为了学以致用，则以符合员工专长为原则；⑤若是为了配合编制需要，则以业务需要为原则。

（4）进行调动。调动行动，一方面可能是基于员工的需要申请；另一方面也可能基于用人单位为业务需要或人才培育而办理。在时间考虑上，可以随时个案办理，也可以定期批量办理。

三、降职规划

降职，即从原来的岗位降到较低的岗位。在人力资源流动中，降职是最难执行的流动方式。但是，降职是一条必要的流动途径，可以起到警示的作用，还可以避免进一步的损失，在特殊的情况下，企业也必须使用这样的流动方式。一般而言，降职的发生往往有以下原因：压缩人员、对员工的惩罚、弥补以前不当的任用、适应员工的个人需要等。考虑到降职的负面影响较大，所以对于降职应慎重考虑。在降职实施的过程中，要坚持做好如下工作：建立完善的试用制度；调查事实真相；运用书面规定以示公正和客观；事先通知降职人员。

1. 降职规划的内容

一般来说，降职规划的主要内容包括被降职人员的类型、降职的条件和降职的时间。根据这些内容可以确定具体的降职方案形成降职规划。这些不同降职规划的制定，必须按照企业人力资源规划来具体确定企业各个部门所降职人员的专业、技能等级和人数等详细内容。在降职规划中还需要对不同降职规划所产生的后果进行分析、评价，根据分析结果再选择可执行的降职规划。

2. 降职规划的制定过程

在制定降职规划时，可以按照以下步骤进行：根据企业人力资源战略规划和实际情况确定企业降职政策；编制降职实施方案；评价、选择降职实施方案。

（1）确定企业降职政策。应该结合企业人力资源战略规划和实际情况，确定降职的人数、降职人员应该具备的条件及采取怎样的降职方式，即制定降职政策。降职政策确定了企业在何种情况下对哪些人员实施怎样的降职措施。在具体工作中，需要各用人部门对本部门的拟降职人员进行上报，并根据降职政策对本部门拟降职人员的情况进行说明。

部门在上报降职情况时，提出降职人员的条件，由人力资源管理部门根据日常人力资源管理工作中对人员的考核结果和企业整体情况进行综合考虑。

（2）编制降职实施方案。根据降职人员的情况和人数确定具体的降职实施方案。在实施过程中，指明被降职人员的名单、降职时间、降职后可能产生的影响。企业的降职实施方案不能只制订一个，要拟订多个实施方案，以便对不同的实施方案进行评价、对比，从中选择最合适的实施方案。

（3）评价、选择降职实施方案。在评价中，不仅需要从人员降职后所带来的积极影响角度进行评价，还要注意降职规划执行给生产经营活动带来的消极影响，以及对在职人员的消极影响。

第五节　员工职业生涯规划

职业生涯规划（career planning）是在对决定人的职业生涯及发展的各种因素进行综合分析的基础上，制订人一生的事业发展战略与实施计划。它是企业目标与个人发展相统一的过程，是设计个人终生事业发展的规划，可通过一系列具体、连续的短期计划和措施加以实施。虽然整个过程基本上是个人的事情，但企业可以通过人力资源管理部门给予适当的建议和辅导。企业要从影响员工职业生涯的因素入手，引导或帮助员工制定科学合理的职业生涯发展规划。

企业对员工进行职业生涯规划的目的是通过对所有员工的职业生涯进行规划和管理，充分发挥企业员工的集体潜力和效能，最终实现企业的经营目标。需要注意的是，本节所讲的企业对员工的职业生涯规划，是指从企业发展的角度出发为员工的个人职业发展规划提供帮助和支持的规划，而不是为每个员工制定其职业生涯发展规划。因此，在企业对员工的职业生涯发展规划中，主要包括员工初期帮助规划、员工中期稳定规划和员工晚期发挥余热规划。这些规划的内容都需要与员工的个人职业生涯规划行相配合才能生效。

一、主要影响因素

一般而言，影响企业对员工的职业生涯规划的因素包括个人因素和企业因素。从员工职业生涯发展的规律看，每个人都有不同的发展阶段与历程，员工职业生涯规划的重点也就有所不同，不同的人在制定其职业生涯规划时所考虑的因素也有所不同。一般而言，在制定企业对员工的职业生涯规划时要考虑以下四方面的因素。

（1）个人认识方面的因素。个体认识方面的因素主要包括：个人的兴趣、爱好与特长；个人的性格与价值观；个人所选定的目标与需求；个人的优缺点；个人的学历与能力；个人的工作经验等。

（2）外部环境方面的因素。外部环境方面的因素包括：企业的需求；社会的需求；科技的发展；经济的兴衰；政策、法律的影响等。

（3）个人目标选择方向的因素。个人目标选择方向的因素包括：设定该目标的原因；欲达到该目标的途径；欲达到该目标所需的能力、训练及教育；达到该目标可能得到的助力；达到该目标可能遇到的阻力。

（4）落实员工职业生涯规划措施方面的因素。落实员工职业生涯规划措施方面的因素包括：教育、训练的安排；获得发展的安排；排除各种阻力的计划与措施；争取各种助力的计划与措施等。

二、企业对员工职业生涯规划的方法

通过企业对员工的职业生涯规划，可以帮助员工确立正确的职业目标并发展企业人力资源，有利于企业对人力资源进行有效的管理与合理配置。因此，企业对员工的职业生涯规划一般都包括员工能力、兴趣及职业发展要求和目标的分析与评估，提供关于企业内部所需的职业发展信息及员工的职业发展咨询等内容。具体地说，企业对员工进行职业生涯规划常用的方法如下：辅导制度与职业生涯咨询；职业资源中心；职业生涯开发研讨会；业绩评估活动；职业培训。

1. 辅导制度与职业生涯咨询

职业生涯咨询，是指管理人员或自身人员针对员工在职业生涯规划和职业发展过程中的困惑和问题，渐进性诊断并提供咨询建议，充当咨询者的人士包括员工所属部门的负责人、人力资源部门的管理人员、企业成功人士等。咨询的方式：一是来自员工的主动请求；二是咨询者主动对相关人员进行指导帮助。进行咨询前，咨询者需要认真了解当事人的教育背景、经历、家庭背景、生理和心理特点、价值观、前期职业生涯计划及实施情况等，在咨询过程中认真倾听当事人的困惑和问题，根据自己的判断、经验积累及掌握的各种信息，为当事人排忧解难，提出解决问题的建议。咨询人员还可以与被咨询者保持经常性联系，根据被咨询者的情况变化，修正不合时宜的指导意见。

2. 职业资源中心

职业资源中心可以为员工提供职业开发活动的资源、信息及企业内部职业发展的信息。通过设立职业资源中心，不仅可以使员工获得教育培训等信息，有利于员工的职业开发，也可以使员工获取企业关于职业选择、职业变动和岗位空缺等信息，为员工提供公平竞争的机会，使员工制订出切实可行的职业生涯计划。

3. 职业生涯开发研讨会

职业生涯开发研讨会是一种有计划的学习和练习活动，一般由人力资源管理部门组织和实施。研讨会有面对新员工和面对老员工两种情况。新员工的研讨会是为同一批次招聘进来的新员工举办的。一般安排在岗位培训前或穿插在岗位培训中进行。老员工的研讨会是定期举办的，旨在帮助他们修订生涯规划。研讨会除了参会的员工、部门负责人外，还可以邀请组织高层管理者、业内专家、成功人士等参加。通过研讨会完成对员工职业生涯规划的研讨。在会中和会后，人力资源部门要注意协调、审查员工的职业生涯规划与企业的职业生涯规划在目标、路线设计、短期与长期目标和措施等方面的冲突和矛盾，对可能存在的矛盾冲突进行协调，并对员工的生涯规划提出修改建议，直至企业中每个人的生涯规划方案都符合企业发展的要求，而被收存保管在企业的员工成长与发展档案库中。

4. 业绩评估活动

业绩评估活动是员工职业生涯规划制定和实施的关键，它对合理开发、引导人力资源发展及员工职业生涯规划目标的实现都有极其重要的作用。业绩评估活动要求管理人员和员工共同参与，采用咨询和调解的方式，改善管理人员和员工之间的关系。评估的目的不是肯定或否定过去，而是着眼于未来，促进和指导员工今后能够获得更大的成绩。评估方法包括自述评估、对比评估、等计量表评估、常规因素分等级评估、典型事例分析评估和360度反馈评估等。评估方法的确定，取决于员工的发展需要和评估人员的能力与水平。对员工能力和潜力的评价主要通过对员工的工作绩效和心理素质进行测评来实现。

5. 职业培训

职业培训是用于开拓员工技能和知识范围的活动，主要根据企业发展的需要安排实用性学习活动，并根据企业的发展变化进行转化性的学习活动，活动的内容需要根据企业变化做出相应的调整。

三、企业对员工职业生涯的步骤

企业对员工的职业生涯规划是一项系统的、长期的、持续的、有弹性的规划，是一个周而复始的持续过程，影响员工的未来行为和企业的未来计划，应有步骤地设计与实施。制定企业对员工的职业生涯规划的步骤如下。

（1）设立职业生涯指导小组。为了做好职业生涯的规划工作，需要设立企业职业生涯指导小组，从事员工职业生涯规划的具体指导工作。指导小组可由企业人力资源管理部门的工作人员与各业务部门负责人组成。

（2）发布企业未来岗位与职位需求信息。为使员工的职业发展规划与企业的需求相协调，企业在组织员工进行个人职业生涯规划设计之前，首先要将企业人力资源规划中对企业未来岗位与职位的需求信息向全体员工公布，为企业员工制定职业生涯规划提供参考。

（3）制定员工个人职业生涯规划。要求企业员工根据企业人力资源战略发展的需要与自身的专长和职业爱好，制定个人的职业生涯规划。

（4）统计分析员工职业生涯规划。对员工的职业生涯规划进行统计分析，找出员工职业生涯目标的分布规律，分析员工职业生涯规划与企业发展需要的匹配情况，为企业制定员工的职业生涯规划提供准确合理的信息。

（5）分析企业人力资源战略规划与员工职业生涯规划的结合情况。将企业人力资源发展中所需要的岗位、职位与员工职业生涯规划进行平衡分析，确定岗位、职位和员工个人职业目标的矛盾，以便企业能够根据企业人力资源规划的需要对员工个人职业生涯规划进行引导。

（6）评价员工业绩。为了能够针对员工的实际情况对员工的职业生涯规划进行引导，需要对员工过去的工作业绩进行评价，以确定员工职业生涯规划目标的可实现程度，使企业可以进一步采取适当的措施和政策引导员工进行职业生涯规划发展。

（7）编制企业对员工的职业生涯规划。编制企业对员工的职业生涯规划时，应注意包含以下内容：企业的岗位与职位需求数量、对应的员工职业生涯目标数量、企业岗位和职位的短缺数、企业所采取的促进员工职业生涯规划及发展的措施，以及相应的费用支出和可能产生的效益等。

第六节　退休解聘规划

退休解聘规划是指根据内外环境变化和组织发展战略，通过计划让已达到退休标准的人员和不合格人员离开组织，从而组织的人员结构更优化、更合理的规划。“从内流向外”的规划，即指退休解聘规划，该规划又可分为退休规划和解聘规划。这类规划总被认为迫切程度低、具有消极意义、执行有困难。退休解聘规划虽然总让人有不愉快的联想，但如能加以利用，同样具有积极的一面。

一、退休规划

相对其他人员流动规划，退休规划最易预测、执行。对于大多数企业而言，按照规章制度操作即可，而很少给予足够重视。然而通过分析发现，重视退休规划的企业往往优于不重视退休规划的企业。

企业在确定退休人群时，主要从两个方面考虑：一方面是外部约束，根据法律法规，将达到退休标准的员工列入退休名单；另一方面是内部驱动，根据企业删减人员的需要，将不需要继续留用又接近退休标准的员工列入提前退休名单。

退休标准主要是指年龄，各国的退休年龄不同，各行业的退休年龄也有区别。全球老龄化趋势日益明显，退休年龄已成为各国的敏感话题。一般欧盟的退休年龄是65岁，美国经过20年的研究后于2004年将退休年龄从65岁调整到67岁。我国的退休年龄是指1978年第五届全国人民代表大会常务委员会第二次会议批准的《国务院关于安置老弱病残干部的暂行办法》和《国务院关于工人退休、退职的暂行办法》（国发〔1978〕104号）规定的退休年龄，为了贯彻落实，劳动和社会保障部于1999年3月9日发布了《关于制止和纠正违反国家规定办理企业职工提前退休有关问题的通知》（劳社部发〔1999〕8号）。该通知明确指出：国家法定的企业职工退休年龄是男年满60周岁，女年满50周岁，女干部年满55周岁。从事井下、高温、高空、特别繁重体力劳动或其他有害身体健康工作的，退休年龄男年满55周岁，女年满45周岁。因病或非因工致残，由医院证明并经劳动鉴定委员会确认完全丧失劳动能力的，退休年龄为男年满50周岁，女年满45周岁。

全球呈现老龄化趋势以及我国的老龄化问题日益突出，社会对延长退休年龄的呼吁越来越高。中华人民共和国成立初期，我国人口的平均寿命是37岁，现在已增长到72岁，从生理原因上，延长退休年龄是不争的事实。根据国际社会通例，65岁以上占总人口7%以上的社会被认为是老龄社会或老年型人口国家。而我国在2000年的第五次人口普查显示，65岁以上的老年人有0.88亿，已达到了总人口的7%。国家人口和计划生育委员会政策法规司司长于学军及其同事预测，2028~2038年65岁以上的老年人将从2亿增加到3亿，进入人口老龄化的高峰期。从未来人口结构上看，延长退休年龄可以减轻社会负担。

事实上，中国已面临巨大的压力。全国社会保障基金理事会投资司司长李克平说："中国的老龄化在我们还没有准备好的情况下提前到来了。"由于我国制度上的某些缺陷，存在养老金支付隐患。我国从1993年开始实行社会统筹与个人账户相结合的养老金筹集方式，为参加养老保险的员工建立个人账户，员工工资中缴付的社会保障款和企业缴付的社会保障款一同打入个人账户。但是计划经济时期的老职工没有相应的资金积累，很多老职工的个人账户资金很少，政府不得不挪用在职职工个人账户的资金来支付。美国战略与国际研究中心在2004年4月完成的《银发中国——中国养老政策的人口和经济分析》指出，国家正用当前工人的税钱养活当前的退休人员，这是一种拆东墙、补西墙的"空账运行"方式。事实上这已成为我国面临的一个重要问题，除了法律法规约束外，当组织人员相对过剩时也会决定让一批人提前退休。一般有两种情况，一种是企业规模变小，另一种是企业经营范围转变。当企业规模变小时，原先的人员显得过多，不但不能合理安排工作，而且会因人多产生负效应，此时可考虑让一批接近退休标准的人提前退休。当企业经营战略转变时，自然会"多"一批人又"缺"一批人，首先考虑培训原先的员工让他们适应新岗位。但是有些人年龄偏大，让他们掌握新的技能显得困难，即使学会新技能也难以适应新工作。此时，便考虑让这批人提前退休。

在确定退休人群时，可能还会遇到一种情况，就是过了退休年龄但仍能或仍愿继续工作的员工。一些超过退休年龄的员工很可能是一笔财富，他们拥有丰富的经验，在各自的领域已有所成就。他们为组织带来的效益往往超过一般员工，甚至他们的贡献至关重要。对于这类员工，可以给予特殊政策，通过其他方式让他们继续为企业作贡献。当然，留用的前提是不能违反法律法规。

二、解聘规划

解聘规划与退休规划一样，都是关心人员如何向外部流动。退休规划最易制定，争议不多，而解聘规划有许多争论，哪些人应被列入解聘规划？解聘规划是否有存在的必要？

在没有任何说明的情况下，如果说列入退休规划是顺理成章，那列入解聘规划则有些不近人情。只要作为企业的一员，企业就应对其承担相应义务，如果没有合理确凿的理由，解聘任何一位员工都会招来非议。在企业面前，员工是弱势群体，他们的升调、降留全由企业决定，自己只能通过表现来获得企业认可。解聘是企业最为严厉的惩罚，如果没有充分恰当的理由，员工会相当反感，人人自危，害怕自己也会收到突如其来的解聘通知。为了防止企业任意裁员，员工会形成联盟共同抵制，比较激烈的方式是罢工游行，比较温和的方式是敷衍工作。一旦企业与员工成为对立的双方，将失去曾经的忠实支持者，陷入孤立的困境。

如何达到解聘的目的而又得到员工的拥护，这将取决于企业的解聘标准。只要制定的解聘标准合情合理，并且得到有效执行，不仅可以顺利裁员，还能获得员工支持。制定合理的解聘标准相当重要。解聘标准主要有四方面内容，即法律标准、工作绩效标准、工作能力标准和工作态度标准。

衡量员工是否合格，最主要的标准是工作绩效，不能达到最低工作绩效的员工，往往就是裁员对象。企业难以监督每一位员工，无法了解员工是否喜爱工作、是否努力工作、是否有责任感等，因而企业也不可能真正从全方位来评价员工。最直接有效的评价方法，就是依据员工的工作绩效。因此，在工作绩效方面的解聘标准中，包括最低工作绩效标准和重大工作失误标准。

工作绩效和员工的工作能力与工作态度相关，工作能力具有客观性，工作态度具有主观性，因此，工作能力更能约束一个人的工作发展。在解聘标准中，工作能力不易衡量。工作能力是员工完成工作的能力，这项能力实际上是很难观察的，但企业可以把它转变为可以衡量并可以体现能力的标准，如工作经历、培训经历、专业背景和工作能力测试结果等。这些标准更多是用在招聘阶段，只有具备这些工作能力的人才能进入企业；在解聘方面的运用，是评价员工是否具备继续留在该岗位的能力。外界的环境不断变化，这些变化向各个岗位提出新的要求，不能够满足这些新要求的员工，就是裁员对象。

在解聘标准中，工作态度标准最难测量。有一部分工作态度可以从员工的工作行为和工作绩效中体现，但还有一些工作态度是无法观测到的。前一部分工作态度，可以通过相关方面测量，如员工是否满勤、是否主动加班、是否自觉阅读与工作相关的书籍、工作成绩是否持续提高等。这些问题大部分有相关记录，或可以通过调查身边的同事和领导证实。后一部分工作态度则很难观测，如工作时间有没有想心事、是否认真思考工作方案、是否在寻找新的就业机会等。这些隐藏在内心而又掩饰不让其表现出来的工作态度，几乎无法察觉，更无相关记录考核。虽然如此，但也并非完全没有办法，主要有三个方法可以大致衡量。

一是自我评价，通过回答巧妙设计过的问卷或开放性的自我小结，虽然被测试者会隐藏不愿表现的一面，但仍可从其中发现一些问题，毕竟任何掩饰都难以达到完美无缺。

二是他人评价，可以采用问卷、评分、面谈等方式，请被测试者的直接上司、同事、下属甚至客户评价，这种评价比较全面，但要注意保密。他人评价中极有可能含有虚假信息，但较自我评价少，所以收集的信息仍要分析，不可就此作为最终评价。

三是关键事件，记录员工平时的关键事件，特别是一些突发事件。在突发事件中，员工没有太多的时间思考如何处理，他的行为很自然地体现了他最直接的态度。虽然工作态度难以衡量，但总有办法做出一定的评价。当工作态度作为解聘决策的参考时要谨慎，它可能会引起人们对评价是否真实准确的怀疑。更重要的是，工作态度往往不是单方面的问题，仅仅解雇工作态度差的员工只解决了表面现象，可能背后还有更深层次的原因。

其实，公司的制度也影响员工的态度，如果工作态度差不是个别现象，就要警惕是不是公司制度出现了问题。因此，当发现工作态度差是普遍现象时，企业的主要任务不是解雇员工而是寻查原因。当然，遇到个别工作态度极差的员工，企业也要果断解聘，一方面本性难移，企业的屡次教育也是枉费心机；另一方面影响极大，个人的消极态度很容易影响其他员工。

在解聘标准中，法律标准是最基本的，必须符合各项规章制度；工作绩效标准最易衡量，也是最直接有效的标准，直接关系企业的经营状况；工作能力标准较易衡量，应结合企业的培训体系考虑；工作态度标准最难测量，要注意分析测评结果的真实性。

【本章小结】

人力资源业务规划是指总体规划的具体实施和人力资源管理具体业务的部署。它是人力资源总体规划的展开和具体化，其执行结果应能保证人力资源总体规划目标的实现。

关键词中英文对照

人力资源聘用规划	employment planning of human resources
招聘	recruitment
甄选	selection
配置	placement
笔试	written examination
口试	oral examination
现场操作测试	performance tests
心理测验	psychological tests
评价中心	assessment center
公文筐测试	in-basket tests

集体讨论	group discussion
个人测试	individual tests
面谈评价	interview evaluation
业务游戏	business games
反应评估	reaction evaluation
学习评估	learning evaluation
行为评估	behavior evaluation
效果评估	result evaluation
人力资源薪酬规划	compensation planning of human resources
人力资源流动规划	flow planning of human resources
职业生涯规划	career planning
退休解聘规划	planning of retire and dismissal

案例讨论

XD 公司的人力资源规划

一、案例介绍

XD 公司是香港速递行业的领袖，也是全球性速递公司 LDG 在香港的子公司。在香港本部，公司共有全时雇员 880 人，非全时雇员 100 人。在所有雇员中，经理级人员有 60 人，主管级人员有 100 人，一线员工 300 人。公司的所有者是一个华人，管理层中的大部分人也都是华人。公司的人力资源运作包括人事及培训两部分，人事部分有职员 11 人，培训部分有职员 6 人。

XD 公司在官方文件递送市场上也居于领导地位。1991~1993 年，公司的利润及市场份额都保持了稳健的增长。人员流动比率是 30%。

1. 人力资源管理的做法

公司的董事长赖先生把 XD 公司的人力资源哲学阐述为“影响人的思想，将人力资源责任交给一线”。公司的人力资源行动纲领的焦点是对员工的承诺，它承诺公司要为员工创造良好的工作环境并提供培训机会。这种承诺最终将有助于形成公司在航空快运业的全球领导地位。

XD 公司的企业文化非常强调团队精神，公司的人力资源计划过程就是一个团队协作的过程，这个过程涉及各个部门。公司既强调全面化，也强调专业化，每个经理既要是其所在领域的专家，又要了解其他部门。因此，经理们就能从公司整体来考虑问题而不只看到自己的部门。公司的另一特色文化是公司管理层的分权化和本地化，管理层对下属只给予指导而不发布指令，各国的子公司可以自行制订战略计划，这使公司能对本地市场做出非常迅速的反应。这种做法与公司的全球化行动纲领是一致的：“在一个集中化管理的网络中的专业组织，既要与整个组织协同工作，又要保持本地化的首创精神并及时做出适合当地特点的决策。”

公司通过定向课程将行动纲领传达给员工。行动纲领被印到能装进衣袋的卡片上，在上岗培训时发给员工。因为“满足顾客需求”在公司纲领中的重要性，公司就着重培训顾客需求驱动导向。XD 公司开发了自己的顾客满意评价方法，这些方法成为所有员工共同学习和遵守的标准。

为激励员工的自我发展，公司为所有员工参加的外部培训课程都提供 50%的资助，即使培训内容可能与工作无关。公司对员工参加培训不做任何限制。

2. 最成功的实践——人力计划

XD公司最成功的实践之一是人力资源计划。这一计划是人力资源部门开发的，它得到了总经理的全力支持。人力资源部门开发该计划的主要原因，是人力成本是公司仅次于航运成本的第二大成本项目，人力资源计划能控制支出并最大限度地促进收入增长。

XD公司的人力资源计划是一个非常综合、互动的过程，从高级经理到主管层都参与其中，总共包括三个阶段：第一阶段，企业计划（business plan）。市场部根据历史因素、总部战略、市场调查情况等提出公司的战略，并提交给由不同职能经理组成的高级管理小组，人力资源主管也是这个小组中的一员。然后，职能经理们开始共同讨论企业战略对各部门职能的影响。

这种头脑风暴式的讨论结束后，紧接着就是一个持续两天的高层会议，会议将讨论企业战略中约10个关键性的方面，这些方面由公司总部提出，它们都非常简短，各地子公司在制订自己的战略计划时都要以此为指南。与会的经理们要熟悉其中的每一个方面并再次讨论这些问题对本部门运作的影响。

该会议的一个特别之处是会议没有领导，大家轮流主持。某一方面对哪个部门影响最大，在讨论这个方面时，该部门的经理就自动来主持讨论。例如，如果主题是业务的增长——如何实现计划的收入、目标是提高GDP和出口，这个主题与市场营销关系最大，那么，市场经理就会成为会议的主持者。又如，讨论主题是通过销售战略来实现业务增长，这时主持者就是销售经理。在两天会议的整个过程中，总经理都只是作为一个参与者提出建议。

人力资源部是两天会议的组织者。在会议开始前，总经理会与人力资源部就会议的风格、议程进行充分讨论并给予全力支持。为提高会议的有效性，培训经理在会议开始时对会议的主持者与参加者都要提出几条准则。主持人的准则包括“开放”“引起讨论”；参加者的准则包括“即使你可能不是专家，也要敢于发表意见”。

这些会议的主持者并没有受过培训，但他们在公司会议中已经受了大量的训练，从而在演讲技巧、组织讨论等方面都具备了相当的经验和能力。

第二阶段，一系列的专门小组会议。专门小组会议的核心成员包括总经理、人力资源部主管、人事经理、培训与发展经理、财务与行政主管及首席会计经理。各部门经理要向专门小组汇报如下内容：①人力计划（包括人数、未来1年的人员结构）；②培训计划；③资本支出；④IT设备计划。讨论资本支出和IT设备计划的原因是它们直接或间接地影响人力资源和培训资源的安排。如果有的领域与其他部门有关系，这些部门的经理也要参与。

在制订各部门的人力计划时，部门经理要注意以下要点。

（1）本部门的特殊问题，包括即将制订的战略计划对本部门有何影响。例如，如果公司战略准备涉足重物运输，航空服务部就要列出以下问题：①提高公司在重物运输业务上的信誉；②为员工提供手工搬运重物方面的培训；③帮助员工取得重型卡车的执照。

（2）优先级。

（3）预定完成时间。

（4）责任（包括其他相关部门）。

在会上，人力资源部经理、其他核心成员和业务经理们一起讨论他们的计划并做出必要的修改。讨论的最终结果将制作成文件并由人力资源部存档，而共同讨论所通过的计划将成为各部门制订行动计划的基础。

第三阶段，行动计划。行动计划的内容有以下几方面。

（1）各单位、部门的人数。

（2）加班时间。

（3）预计人员流动。

（4）激励计划。

（5）培训计划：①将参加人力资源部组织的内部培训的人数；②将参加部门培训的人数；③将参加公司外部培训项目的人数。每个职能经理都要保留一份本部门的行动计划，总经理则掌握各部门的行动计划。职能经理对行动计划的执行负有责任，绩效评估就以行动计划为基础，每季度和年底都要对行动计划的执行情况进行审核。

这一人力资源计划过程的优点之一是所有部门共同参与，从高级主管到最高管理层都参与其中。为了提出一个完整、彻底的计划，部门经理们需要主管和助理经理为他们提供信息；另一个优点是经理们不只顾自己的资源和目标，所有部门都顾及共同目标，因而使其思考方式更富有战略性。他们可以更好地管理自己的资源、处理公司需要与员工发展的关系，有的经理甚至与他们的助理及其他主管共同制订人力计划。对于人力资源部，由于它较早介入战略计划阶段，人力资源计划与企业计划保持了一致性；而且，人力资源部也通过这一过程理解了一线经理面临的困难及他们是如何工作的。

经过五年的运行，合作关系已经在经理们中建立起来。然而， 在开始的时候，来自一线经理的阻力是非常大的。一些经理想建立自己的势力范围，不愿意人力资源部控制他们的人数。为了保证各部门提供信息的准确性，人力资源部要反复核对。对那些不能很好理解资源投资概念的经理，人力资源部就将做得最好的部门作为样本，把他们的人力资源计划发给这些部门作参考。别的克服阻力的方法还包括在进行工作分析时吸收别的部门经理来讨论如何进行绩效测定。

要保证计划的成功，以下因素需特别注意。

（1）人力资源部门要有强烈的商业意识，要了解企业是如何运作的。为提高人力资源部的商业意识，人力资源部主管要经常阅读市场报告和各部门的报告。为熟悉一线部门的运作，人力资源部每年组织一次所有支撑部门的经理考察一线。另外，人力资源部还组织了一门内部培训课程来帮助员工熟悉不同部门的职能和运作。

（2）高级管理层的支持是关键。XD 公司的人力资源经理在接受采访时说，她很幸运有一位开明的总经理，总经理熟悉人力资源的职能，并全力支持“一线经理也要承担人力资源管理责任”的思想。为了争取各部门经理的支持，人力资源部把他们吸收为各种人力资源活动委员会的委员；他们还通过信息通报、照片、证书等形式对经理们的工作给予承认。人力资源部对职能经理们对人力资源管理活动所做的贡献给予充分的肯定。经理们也鼓励他们的下属参与人力资源管理。他们把这看成员工发展的一个机会。

（3）公司文化鼓励全面化而非专业化，每个人都要了解其他人在做什么。

讨论题：

1. XD 公司制订人力资源计划的过程是怎样的？

2. XD 公司的人力资源计划过程有哪些特点？这些特点哪些具有普遍性？哪些具有特殊性？

3. XD 公司为什么如此重视人力资源计划？

【思考题】

1. 人力资源业务规划是什么？主要包括哪些具体规划？
2. 人力资源聘用规划包括哪些内容？
3. 简述柯氏四层级培训评估模型。
4. 制定企业人力资源晋升规划需要考虑哪些因素？
5. 如何对员工进行职业生涯规划？

参 考 文 献

曹海英. 2016. 人力资源管理概论. 北京：中国金融出版社.
陈京民，韩松. 2005. 人力资源规划. 上海：上海交通大学出版社.
董飞. 2016. 人力资源管理. 北京：机械工业出版社.
李洪岩. 2016. 行政人事 6+6 全解析. 北京：清华大学出版社.
任乐，冯常生. 2016. 人力资源管理教程. 开封：河南大学出版社.
邵芳. 2016. 招聘与人员测评. 西安：西安电子科技大学出版社.
王国颖. 2016. 人力资源管理. 第 5 版. 广州：中山大学出版社.
吴应利，刘云. 2016. 旅游企业人力资源管理. 北京：中国旅游出版社.
张岩松，赵晓明，李健，等. 2008. 人力资源管理案例精选精析. 北京：中国社会科学出版社.
郑晓明. 2005. 人力资源管理导论. 北京：机械工业出版社.

第八章

人力资源战略规划的实施

引导案例

苏澳玻璃公司的人力资源规划

近年来苏澳公司常为人员空缺困惑，特别是经理层次人员的空缺常使公司陷入被动的局面。苏澳公司最近进行了公司人力资源规划。公司首先由四名人事部的管理人员负责收集和分析公司对生产部、市场与销售部、财务部、人事部四个职能部门的管理人员和专业人员的需求情况及劳动力市场的供给情况，并估计在预测年度，各职能部门内部可能出现的关键职位空缺数量。

上述结果用来作为公司人力资源规划的基础，同时也作为直线管理人员制订行动方案的基础。但是在这四个职能部门里制订和实施行动方案的过程（如决定技术培训方案、实行工作轮换等）是比较复杂的，因为这一过程会涉及不同的部门，需要各部门的通力合作。例如，生产部经理为制订将本部门A员工的工作轮换到市场与销售部的方案，需要市场与销售部提供合适的职位，人事部做好相应的人事服务（如财务结算、资金调拨等）。职能部门制订和实施行动方案过程的复杂性给人事部门进行人力资源规划也增添了难度，这是因为有些因素（如职能部门间的合作的可能性与程度）是不可预测的，它们将直接影响预测结果的准确性。

苏澳公司的四名人事管理人员克服种种困难，对经理层的管理人员职位空缺做了较准确的预测，制定详细的人力资源规划，使该层次上人员空缺减少了50%，跨地区的人员调动也大大减少。另外，从内部选选拔工作任职者人选的时间也减少了50%，并且保证了人选的质量，合格人员的漏选率大大降低，使人员配备过程得到了改进。人力资源规划还使公司的招聘、培训、员工职业生涯计划与发展等各项业务得到改进，节约了人力成本。

苏澳公司取得上述进步，不仅仅得益于人力资源规划的制定，还得益于公司对人力资源规划的实施与评价。每个季度，高层管理人员会同人事咨询专家共同对上述四名人事管理人员的工作进行检查评价。这一过程按照标准方式进行，即这四名人事管理人员均要在以下 14 个方面做出书面报告：各职能部门现有人员；人员状况；主要职位空缺及候选人；其他职位空缺及候选人；多余人员的数量；自然减员；人员调入；人员调出；内部变动率；招聘人数；劳动力其他来源；工作中的问题与难点；组织问题及其他方面（如预算情况、职业生涯考察、方针政策的贯彻执行等）。同时，他们必须指出上述 14 个方面与预测（规划）的差距，并讨论可能的纠正措施。通过检查，一般能够对下季度在各职能部门应采取的措施达成一致意见。

在检查结束后，这四名人事管理人员则对他们分管的职能部门进行检查。在此过程中，直线经理重新检查重点工作，并根据需要与人事管理人员共同制订行动方案。当直线经理与人事管理人员发生意见分歧时，往往可通过协商解决。行动方案上报上级主管审批。

思考题：

1. 分析一下苏澳玻璃公司取得了哪些成功。

2. 谈谈苏澳玻璃公司取得成功的原因有哪些。

第一节　影响实施效果的因素

企业人力资源战略规划的顺利实施是企业发展战略得以实施的关键，因此我们只有充分认识企业人力资源战略及其规划的重要意义，探讨影响企业人力资源战略规划实施效果的相关因素，才能为企业战略的实现奠定基础，才能最终实现企业的战略目标，增强企业的竞争优势。

一、实施人力资源战略规划的原因

处于信息时代的今天，科学技术的迅猛发展，产业结构的不断更新、调整、升级，企业间的竞争也日渐激烈，人力资源的转移也随之加速。因此，在现代企业管理中，实施人力资源战略规划逐渐凸显其重要意义。

（1）在人力资源方面加强企业对环境变化的适应能力，为企业的发展提供人力保证。

由于企业的内部环境和外部环境处于不断的变化中，也就意味着企业对人力资源的需求也在发生变化，当然人力资源供给也会因此发生变化。例如，在今后的某段时间内，企业以生产某种劳动密集型产品来满足市场需求，企业对低技能员工的需求较高，或者企业预计在将来转型生产知识密集型产品，企业将对具有某项技术的高技能人员需求较高，企业必须对将来的人力需求和供给做出判断，从而满足企业目标实现的需要。因此，只有通过人力资源战略规划的实施才能增强企业对未来环境变化的应变能力，从而采取有效措施保证企业的可持续性发展。

（2）对企业需要或紧缺的人力资源作适当的储备或引进，合理分配企业内部的人力资源，减少企业人力成本。

在企业进行分析、预测未来企业对人力资源的需求后，对所紧缺的人力资源发出预警，通过对人力资源战略规划的实施，可以选择其在未来时间所需要的人力资源，一般可以通过选择企业内部有潜力的员工进行相关知识的培训，或者通过对外招聘的形式引进人才，在某种程度上这两种方式都能达到减少企业人力成本的效果，只是前一种方式更为明显、有效，同时又有助于实现企业内部人力资源的合理分配及优化企业内部人员结构，是企业的最佳选择。

（3）对满足企业员工的需求和调动员工的积极性与创造性有巨大作用。

根据马斯洛的需要层次理论，人的最高需要是自我实现的需要。自我实现的需要是指人希望从事与自己能力相称的工作，使自己潜在的能力得到充分发挥，最终成为自己久已向往的人物。人力资源战略规划预测了企业在未来某段时间对某种人才的需要，表现出企业在未来的发展机遇。通过实施人力资源战略规划，在某种程度上有利于企业员工的个人职业发展，通过员工的职业发展需求及其才能合理安排企业内部人力资源，在员工从事自己满意工作的同时又能顾及企业的发展。当自我实现的需要尚未得到满足时，对于调动员工的积极性与创造性具有激励的力量。

（4）可以协调一系列人力资源管理活动，提高企业人力资源管理的整体工作效率。

企业内部的人力资源管理是一个协调工作活动的过程，其各项职能相互关联、相辅相成。孤立地看待各项职能有害于其内部协调性、整体性，从而降低管理效率。通过实施人力资源战略规划，企业就能正确认识不同人力资源管理职能间的内在联系，有针对性地制订方案，采取一系列行动，让每项管理职能都能发挥出最大效力，最终确保人力资源战略目标的实现。

二、影响人力资源战略规划实施效果的主要因素

随着组织创新理论的发展，对于影响人力资源战略规划实施的因素，许多人力资源专家和学者都形成了自己的观点。总结这些观点，影响人力资源战略规划的因素主要有以下三个方面。

1. 企业资源的优化配置

企业资源是人力资源战略规划的基础，而人力资源是人力资源战略规划是否能够顺利实施的关键，人力资源的培养与资源的投入是分不开的，即人力（培训人员和被培训人员）、财力（培训费用、培训人员脱岗培训时对企业经营管理生产的影响）、物力（培训场地、培训设备）。要使这些资源发挥最大的效益，需要对企业内部不同的人力资源进行合理的配置，并在财力和物力上给予支持，促进资源的开发利用，提高资源的使用效

率。企业资源和企业人力资源战略规则构成了一个促进资源积累、开发和增加不断循环的过程，也是战略规划有效实施的保证。

2. 战略规划任务的落实

要使人力资源战略规划得以有效的实施，必须把人力资源战略规划方案进行分解和细化。规划方案的分解要进行空间分解和时间分解。空间分解是指将人力资源战略规划的内容分解到各个企业部门，再以从上至下的顺序分解到具体的岗位和个人，使各个部门、岗位及个人明确自己的责任和目标，并与企业战略目标相匹配，每个部门和员工都能明确自己在战略规划运行过程中的地位、任务和责任，从而争取他们的支持使战略规划有效实施，这样才能共同促进企业的可持续性发展。时间分解是指将人力资源战略规划的战略目标从时间上分解成一个个短期目标，明确规定完成目标的程度与期限，并且必须定期形成执行过程进展情况的报告，要确保分解后的各个短期目标在既定的时间内能够完成，使规划的战略目标容易实现，有利于规划在实施过程中的监督、控制。

3. 组织变革

组织变革的目的是根据外部环境和内部环境的变化，及时对组织中的要素进行结构性变革，以适应未来组织发展的需要。在企业实施人力资源战略规划时，需要对组织的人员、结构进行变革，使管理者、员工能更好地适应环境。

（1）组织结构是人力资源战略规划有效实施的基础和保证，人力资源战略规划的实施离不开组织结构的支持和帮助。因此，企业在实施人力资源战略规划时，我们应该对组织结构进行适当的调整，使其能够适应战略规划的目标。组织结构变化的基本趋势向外形扁平化、运作柔性化发展，有利于增加组织对环境变化的适应能力，信息的传递速度快且信息在传递的过程中失真的可能性较小，从而可以使高层尽快发现信息中所反映的问题，并及时采取相应的纠偏措施，有效处理企业各种业务。结构的变革包括权力关系、协调机制、集权程度、职务与工作再设计等其他结构参数的变化。根据责权对等原则，划分适当的管理层次，使人力资源规划在具体实施中能得到组织的支持；对组织中关键岗位的人选进行评估和调整，确保人力资源规划的顺利实施。

（2）人员的变革。企业在实施人力资源战略规划时，人是最主要的因素，人员的变革使企业人力资源部门、各职能部门主管及各部门的员工能够在观念、态度和行为方面与企业保持一致。在人力资源部门制定人力资源战略规划后，让各职能部门的主管及员工了解战略规划的内容、重要性，使企业全员重视并高效执行。

第二节　有效实施的制度保障

企业人力资源规划的顺利实施必须依靠企业一系列制度和条件的支持。

首先，人力资源规划是为实现企业战略服务的，因此人力资源规划的有效实施离不开企业战略的指导，人力资源规划要根据企业战略规划的要求规划人才数量、质量和结构，清晰明确的企业战略规划是人力资源规划实施的前提。

其次，人力资源规划工作的开展需要企业人力资源基础功能的完备作基础。这些基础功能包括招聘、培训、绩效考核等。其中，招聘功能主要保障人力资源规划中员工的数量、质量及结构；培训主要涉及人才的质量，可帮助企业培养适合岗位的人才，及时填补空缺，为企业服务；绩效考核则关注员工的绩效与能力，为员工的职业发展提供依据。因此，人力资源基础功能的完备对人力资源规划实施的成败起着决定性作用。

最后，完善的人力资源规划流程和良好的执行文化十分重要。人力资源规划工作是个系统工程，期间涉及多项工作，没有详尽合理的人力资源规划流程是很难将规划成功实施的。此时，人力资源部经理必须就规划内容与相关部门和企业高管层确定合理的规划实施计划与流程，从人力资源规划的先期设计到规划实施，都要制定合理可行的工作流程，各部门明确责任与义务，以保障工作顺畅开展。另外，人力资源规划整个实施过程中员工起着至关重要的作用，因此各个部门之间的配合与协调显得尤为重要，只有共同参与、互相努力才能取得成效。

切实可行的人力资源规划一定是建立在内部充分沟通、相互协作的基础上的。根据企业人力资源管理的特点，可建立一个在决策层、一线经理和人力资源管理部门之间科学分工协作的三维立体管理模式，将有助于人力资源战略规划的制定与实施。这种三维立体模式是由决策层、人力资源管理部门、一线经理科学地分工负责人力资源管理的各项业务，并进行相应的协作。具体来说，决策层负责人力资源战略规划（同时人力资源部门和一线经理要给予协作）与支持人力资源部门、一线经理的人力资源工作。人力资源管理部门负责岗位分析、岗位评价等基础业务，并协助一线经理做好核心业务（如大量的人力资源管理标准建设和事务性服务）与协助决策层做好人力资源战略规划。一线经理负责在人力资源管理的核心业务中把握关键环节，并协助人力资源部门做好岗位分析和岗位评价等基础工作，以及协助决策层做好人力资源战略规划。

第三节　实施效果评价与反馈

在韦氏词典中，“评价”（appraisal）一词的含义是“对价值、重要性及地位进行估计并提出专家性的判断”，而在美国传统词典中，对评价下的定义是“对质量、规模、数量，以及其他特征进行估计与判断”。从这些权威词典对评价的定义中，我们可以清楚地了解评价的一些基本内涵。

首先，评价是一门技术。评价需要对收集的各种信息进行复杂的技术处理，冗余的信息必须剔除，资料不充分的应当补充。在信息处理的基础上，还需要综合各种相关和非相关因素做出权威、整体的判断，所有这些处理均要求有高超的技术支撑。随着信息社会的到来，评价技术也得到了很大的发展，呈现出高智能化、复杂化、信息化、精确性与模糊性并存的特点。

其次，评价是一个过程。由于评价工作是建立在各种资料和信息收集的基础上的，所以，准确、及时地收集各种相关信息成为评价的前提。收集好资料后，还需要利用各种信息处理技术对信息进行加工、筛选、补充等工作，然后借助各种基础性资料及专家系统等工具对处理后的信息进行分析，提炼出其中有价值的信息和成果。评价的过程有时还会多次反复，不断精炼与优化。

最后，评价是一种权威性的判断。评价的主体，无论是分析人员还是评价结果的使用者都必须是权威人士。技术处理分析人员在技术上把关，保证得出的结论真实、难确、可靠、具有价值，而评价的使用者能够依据评价的结果进行重大的决策，保证评价的价值得以体现。

人力资源战略规划的评价与反馈是在规划实施之后，对人力资源战略规划的有效实施进行的评估。人力资源战略规划的评价既是前一个阶段人力资源战略规划的重要环节，又为下一个人力资源战略规划制定和实施奠定基础，起着承前启后的作用。

一、评价的必要性

评价的目的一方面在于规划的有效实施，另一方面是为了检验、修正、调整、优化原来制定的规划，以实现企业的人力资源战略目标。人力资源战略规划的评价是通过对企业实施的人力资源战略规划内在基础的考察分析，通过评价找出规划实施后的反馈结果和预期结果之间的差距，从而指导下一个阶段人力资源战略规划的活动。

1. 人力资源战略规划的滚动实施

人力资源战略规划通过自身的动态滚动性来适应组织的各种战略目标的不断变化。要评价人力资源战略规划的制定与实施成功与否，就必须持续地对人力资源战略规划的实施进行评价、反馈与控制。

通过对规划实施效果的评价，人力资源部以实际结果与预测效果的对比差距，能够有效识别那些明显改善人力资源规划的活动，从而保证有限投入的最佳回报；否则，不分主次、不分轻重缓急地盲目规划与投资，往往会降低人力资源部和整个企业资源的利用水平。及时客观的评价可以帮助企业纠正偏差，避免资源的浪费，并减少不当的人力资源规划政策带来的风险，在原来规划的基础上进行修改，使其更加符合实际情况。在评价基础上建立的人力资源信息系统还可以为企业决策提供人力资源规划工作的详细历史数据，帮助企业从过去的经验教训中学习有效的手段与方法。

2. 有效地发现人力资源战略规划中的缺陷

在企业内外环境不断发生变化的条件下，我们往往会发现企业最初制定的人力资源战略规划不可能对企业在未来所面临的所有问题进行充分、准确的预测，人力资源规划存在弱点和缺陷。当企业对实施效果进行评价时，就能及时发现最初规划中的缺点和不足，迅速采取针对措施弥补各种偏差，以保证企业人力资源战略目标的实现。

3. 有助于显现人力资源管理部门的工作成绩

正如德鲁克所言，人力资源管理部正将自己从对雇员成本的关心中解放出来，转而关心他们的产出。有效的评价能够使企业管理者和员工不仅看到在人力资源上的投入，更重要的是看到人力资源的有效产出。正确的评价方法可以将这种产出及其对组织绩效的改善情况显示出来，令人信服。人力资源工作绩效的显示，有助于企业进一步重视人力资源管理，增加有效投入，使人力资源规划工作有评判依据，从而有助于人力资源工作人员获得工作成就感。

4. 有助于生成支持人力资源管理决策的信息

人力资源规划的评价工作为人力资源管理提供了可靠的依据。企业的人力资源管理或多或少要根据人力资源规划评价的结果进行决策，经过实践检验的评价信息往往成为企业管理人员的第一手基础资料，能够确定差距和人力资源开发的需求，为引进新的、更高的标准提供依据。管理人员可以有效地利用评价反馈证明自己决策的正确性。

5. 有助于掌握人力资源的保值增值现状与发展趋势，保证人力资源的优化配置与利用

在当前的知识经济时代，员工的技能和知识成为企业核心竞争力的基础，因此人力资源规划评价的意义非凡。中国企业原先所采用的静态劳动人事信息管理方法，缺乏对人力资源动态的评估与开发，难以清晰界定人力资本的损益，人力资本处于冗余或短缺的状况并不明确。而一旦经营环境恶化，由于缺乏对有针对性的人力资源规划的适时控制，已经贬值而成为企业负担的人力资源就会成为企业退出某一行业的障碍，制约企业规避风险的能力。反之，动态的人力资源规划的评价系统可及时避免这种人力资源贬值，实现个人、企业和社会资源的优化配置与利用。

二、评价的内容

在对人力资源战略规划的实施效果进行评价时，要将实施后的反馈结果和预期结果进行比较，通过比较后的差距对现有的规划进行修正，指导未来的工作。主要的评价内容有以下项目。

（1）企业实际的员工流动率、缺勤率指标及供求差距与规划预测的是否一致，若不一致，则应设置一个有效的误差波动范围。

（2）实际的劳动生产率与建立的目标相比较。

（3）人力资源战略规划的目标是否达到。

（4）企业管理层对规划的重视程度和利用程度。

（5）人力资源战略规划的具体任务是否落实到各个部门的主管和员工，以及企业所有人员的努力方向是否一致。

（6）企业的信息沟通是否及时、顺畅，解决问题是否高效。

（7）人力费用的实际成本与人力费用预算的比较。

（8）人力资源战略规划的成本与收益比较。

（9）人力资源战略规划的制定与实施人员对自身工作的熟悉和投入程度。

上述项目之间的差距越小，表明人力资源战略规划的实施效果越好，评价也就越高，越有利于企业目标的实现。

三、评价的常用方法

人力资源战略规划的评价方法既包括定性的方法也包括定量的方法。用定性的方法进行评价比较传统，依据一定的理论与经验，直接抓住事物特征的主要方面，将同质性在数量上的差异暂时略去，在现实中应用得较广泛。随着管理工作的进一步细化和精确化，采用定量的评价方法以可量化的数据去分析人力资源管理中问题成为必然要求。

人力资源战略规划的评价方法主要有人力资源会计评价、人力资源关键指标评价、人力资源指数评价、人力资源问卷评价、人力资源审计评价、人力资源竞争基准评价、人力资源目标管理评价、人力资源利润中心评价、人力资源离任交谈评价、人力资源利益相关者评价等。

1. 人力资源会计评价

人力资源会计评价法是将员工视为企业的一项资产，通过运用行为科学提供的评价工具对员工能力和价值进行的计算，采用标准会计原理去评价员工价值的变化。这是一个评价人力资源及交流有关信息以实现有效管理的过程。

2. 人力资源关键指标评价

人力资源关键指标评价法是利用一些测评组织绩效的关键量化指标说明人力资源战略规划的工作情况。这些关键指标包括求职雇用、平等就业机会、员工能力评价与开发、职业发展、薪酬管理、福利待遇、工作环境、劳动关系等。每一项关键指标均可量化为某一具体的指标，如企业进行招聘工作时，各个岗位能够吸引的应聘人数和最终录用人数的比例等。

3. 人力资源指数评价

人力资源指数，最早由利克特提出，是指尽量少用财力数据，更多采用组织气氛调查数据来测量人力资源状况的指数。最重要的作用在于它为组织的人力资源战略管理提供了一个非常实用的基础，而且在诊断特殊问题和推动组织发展方面被证明是非常有用的。“人力资源指数问卷”由美国舒斯特教授于 1997 年设计，是一种自下而上的组织气氛调查。通过员工对 15 项人力资源工作的满意度测量，获得对企业人力管理管理绩效和整个组织环境气氛状况的评价。由于组织中双向沟通渠道的开辟，人力资源指数对诊断组织中的特殊问题和组织发展也是有效的。人力资源指数由 15 个因素构成：报酬制度、信息沟通、组织效率、关心员工、组织目标、合作、内在满意度、组织结构、人际关系、环境、员工参与、工作群体、基层管理、群体协作、管理质量。该问卷的信度系数在 0.757~0.929。

4. 人力资源问卷评价

人力资源问卷评价是将员工态度与企业绩效联系起来，从企业员工的角度对人力资源战略规划实施效果的评价。一般而言，员工态度和企业绩效存在正相关。通常由人力资源部门设计反映所需调查问题的问卷，以实名或匿名的形式让企业员工表达他们对战略规划实施效果的意见，同时也可以了解他们的某种愿望和需求，通过问卷的方式进行反馈，对人力资源战略规划的内容进行调整、修改。

5. 人力资源审计评价

人力资源审计，是指国家、社会或企业内部审计人员，对企业组织人力资源的使用及其会计核算进行监督、评价，以促进企业提高人力资源管理水平的一种经济监督活动。人力资源审计的目标是对人力资源流程进行全面的理解、评价人力资源流程和相关内部控制的效果和效率、对支持人力资源流程的信息系统的可靠性和质量进行评价。人力资源审计的方法有以下几种。

（1）比较分析法，由人力资源管理审计小组将本企业或企业内部的人力资源管理活动情况与另一类似企业或部门的有关情况进行比较，发现本企业或企业内某部门在人力资源管理方面的差距，这种方法通常用于审计特定的人力资源管理活动或计划的成效。

（2）外部借鉴法，审计小组利用经企业外部人力资源管理咨询专家鉴定或已出版的研究成果作为评价企业内部人力资源管理活动成效的标准，诊断企业内部人力资源管理方面的问题。

（3）法规衡量法，根据已颁布的有关法律、政策及企业内部既定的有关政策和程序，检查实际的人力资源管理活动，目的在于敦促和保证各级人力资源管理严格遵守法律、政策的程序。

（4）目标管理法，根据事先确定的人力资源管理活动目标，衡量人力资源管理活动的实际结果。

6. 人力资源竞争基准评价

该评价方法首先将人力资源工作的关键产出列出，然后与同行业中的领先者进行比较，从而进行评价。这一方面运用于人力资源战略规划工作时，可以使企业员工了解到当他们与同一领域的占市场主导地位的竞争企业进行比较时，自己所处的水平，从而以领先者作为榜样，促进企业人力资源战略规划情况的进一步改善。

7. 人力资源目标管理评价

目标管理评价是建立在目标管理的基础上，根据企业预先设立的人力资源总目标，将其分解成一系列更加具体的目标来评价人力资源战略规划实施效果的方法。在运用这种方法的过程中，关键是使目标合理、可评估、富有挑战性且合乎实际，让参与者对目标有明确的了解认识，同时目标又要符合高水平管理的要求。

8. 人力资源利润中心评价

人力资源利润中心评价是现代管理理论和实践将人力资源部门看做能为企业带来投资收益的体现。将人力资源部门视为利润中心运行时，可对自己所提供的服务收取费用，主要的人力资源服务项目有人才招聘、劳动纠纷解决、人事政策制定、福利薪酬管理、调遣项目等。

9. 人力资源离任交谈评价

人力资源离任交谈评价在企业中经常被使用。企业选择人力资源专家顾问与员工进行交谈，了解员工想离职的原因。选择一个企业外的人力资源专家作为谈话的主持者，能更好地体现交谈内容的客观性、准确性。交谈的内容通常包括离职原因、管理问题、福利薪酬问题、职业发展问题等。有些企业在离任交谈时采用统一的提问内容，以便企业对所交谈的内容进行统计分析，供管理层进行各种评估。

10. 人力资源利益相关者评价

利益相关者可能是客户内部的（如雇员），也可能是客户外部的，如供应商或压力群体。企业内外各利益团体之间的关系问题日益突出，利益相关者概念也由此被大家熟知。该评价方法旨在确定人力资源服务的关键使用者或利益相关者的满意程度。

在人力资源规划的评价实践过程中总结出的许多方法，对人力资源规划的战略实施起到了关键作用，并且评价方法还在不断推陈出新，企业可以根据各自的具体情况进行有效组合，从而达到企业评价人力资源战略规划实施效果的目的。

四、评价应达到的标准

虽然介绍了许多评价方法，但是无论我们采取何种方法对人力资源战略规划进行评价，都应注意以下几点。

（1）熟悉人力资源工作的程度及其重视程度。通常可以理解为人力资源规划者对人力资源工作越熟悉了解、重视程度越高，其制定的人力资源战略规划的可行性就越高，评价也就越高。

（2）人力资源规划者与提供数据及使用人力资源规划的管理人员的工作关系。

（3）有效掌握与相关部门进行信息传递、沟通的难易程度。

（4）考察管理人员对人力资源战略规划中提出的预测结果、行动方案和建议的重视和利用程度。

（5）关注企业高层管理者对人力资源战略规划的态度。

（6）人力资源战略规划的评价要达到五项基本标准：①客观性。客观性是指人力资源战略规划的评价必须做到诚实、公平、理性、有根据和非个人性。客观性要求管理人员用规划的实施效果体现人力资源战略制定和实施的状况，排除主观因素干扰，做到实事求是。②一致性。一致性强调在组织实施人力资源战略规划时，制定的目标和企业所推行的政策应保持一致，不能相互矛盾。企业在实施人力资源战略规划时要运用人力资源规划评价与控制系统处理各种形式的冲突，以期实现预期目标。③协调性。协调性是指评价与控制系统必须在各种变化趋势共同作用时保证人力资源规划的协调实施。既要分析人力资源某个方面的发展趋势，也要兼顾综合发展趋势，随时对企业所在的外部环境、内部环境、发展战略的变化做出适应性反应。④可行性。可行性是指人力资源规划的评价在技术、方法、环境适应、经济等方面是否具有可行性，能否成功地贯彻组织战略及人力资源战略规划，而不是单纯追求复杂先进的技术。不具有可行性的方案毫无意义，评价也应追求简单方便。⑤有利性。有利性是指组织开展人力资源规划评价是为了人力资源规划更好的实施，从而为企业战略服务，为企业培育核心竞争力，保持竞争优势，实现组织的可持续发展。

当然，建立科学的人力资源管理评估体系是有一定难度的，落后的人力资源信息系统及其他企业绩效系统，使企业的评估工作难以获得企业完整的信息，不易与其他企业进行横向和纵向的比较。但是随着企业对人力资源管理的重视及信息化的发展趋势，让我们相信人力资源规划的评估会越来越科学，越来越先进。

第四节　实施规划的调整

根据评价反馈的结果，对于正确的结果或行为，鼓励并保持当期的良好状态，采取零更正策略。当反馈比较的结果显示计划、规划或系统出现偏差时，这种偏差可能是正向的，也可能是负向的，但只要出现偏差，就必须采取相应适当的修正措施予以调整，确保计划、规划或系统的结果最终与理想的结果相吻合。需要强调的是，当偏差是正向的时，如在执行人力资源规划过程中发现组织内部实际的高级人才流失率要远远低于预期值，这种偏差就是正向偏差，组织应果断采取措施，相应地减少从外部招聘高级人才。不能简单地认为如果组织可以从外部招聘到事先规划中的高级人才，组织内部高级人才流失率又大幅降低，企业的高级人才就会越来越多。事实并非如此，因为企业在制订人力资源规划中的人员补充计划时，已经根据企业所采取的战略、企业未来的发展状况、企业的竞争环境及技术发展水平等多种因素综合考虑本组织人才的结构状况及发展趋势，本组织高级人才过多而导致人才结构失衡对组织而言并非是好事，因此这种正向的所谓“好”的偏差也必须及时予以调整。

一、实施规划调整的必要性

由于企业处在不断变动的状态下，不同的发展阶段都应该有与之相适应的人力资源战略规划，因此，人力资源战略规划并不是静止不变的，而是不断发展与调整的。具体表现在以下几个方面。

1. 人力资源战略规划的参考信息具有动态性

企业内外环境处于不断的变化之中，在制定人力资源战略规划时，必须要考虑环境的变化可能引起参考信息的变化，因此在实施规划时要经常性地调整人力资源战略规划。

2. 对规划的执行要具有灵活性

在执行规划的过程中，企业的内外环境有可能会发生变化，企业的战略目标也会据此做出相应的调整。战略规划建立在企业人力资源战略目标的基础上，因此，规划的实施也需要随时进行调整。

二、人力资源规划的评价与控制动态特征

人力资源战略规划的动态性决定了对人力资源规划的评价与控制也是一个动态的过程。

1. 循序渐进性

一般而言，人力资源规划往往是在企业不断审视已经制定的人力资源规划的过程中

逐步形成的,企业的管理人员须有意识地用渐进的方式进行人力资源规划的评价与控制,不断地试验和调整,随时准备在适当的时候进行评价与控制。

2. 交互联动性

人力资源规划需要进行评价与控制的因素多种多样且相互影响,与外界信息也有着密切联系,需要不断相互交流,因此这种交互联动性就要求企业在制定和设计本企业的人力资源规划时,充分考虑各方面的影响。

3. 系统性

人力资源规划的评价与控制是人力资源规划的重要功能系统,是人力资源规划一系列子系统中的一个环节,很多重要方面有赖于人力资源规划的其他功能系统,也会对人力资源规划的其他功能系统产生重要影响,这就要求人力资源规划的目标是追求系统有效最大化。

三、实施规划调整内容

人力资源战略规划的调整内容主要分为两个方面:一是人力资源战略规划内容的调整;二是对人力资源战略规划实施方案的调整。

1. 人力资源战略规划内容的调整

如果人力资源战略规划在实施过程中因内外环境因素的变化而发生重大变化,或者人力资源战略规划本身在最初制定时就有问题,或者人力资源战略规划的实施出现明显重大失误而难以顺利完成,就需要对人力资源战略规划内容进行调整修改。在内容的调整中,可能要摒弃原有的规划重新制定;也有可能只进行局部调整,即在原人力资源战略规划的体系不变的情况下,只对有问题的内容进行调整。前者的调整,实际上就是进行新一轮人力资源战略规划的制定,一切工作从头开始,将导致企业前期在物力、财力、人力上的浪费,一般不作为企业的理想选择;后者的调整则不需要制定新的人力资源战略规划,只需要解决所存在的局部问题。

人力资源战略规划在实施和内容的调整时,为了保证调整的及时性和灵活性,可以对战略规划进行滚动调整。所谓滚动调整是指将人力资源战略规划分为若干个执行期,当第一个执行期结束时,就按照执行的结果对之后执行期的战略规划进行调整,并将原先的第二个执行期作为第一个执行期予以实施。按照战略规划执行期进行战略规划的实施和滚动调整,可以避免战略规划实施过程中在战略规划出现严重问题时才意识到调整的必要性,导致调整代价太大、甚至无法调整而被迫放弃。在进行滚动调整时,执行期可长可短,长者以五年为一个执行期,短者以三个月为一个执行期,一般以一年为一个执行期。

由于在滚动调整中,第一个执行期是战略规划的实际执行部分,其翔实程度应该达到可以具体操作的程度,其他执行期则是准备执行部分,可以相对简略。在对战略规划的滚动调整中,可以对战略规划的各个执行期不断调整,使真正进行执行期的战略规划与企业人力资源的内外条件更加吻合,更加易于实现。

2. 人力资源战略规划实施方案的调整

如果人力资源战略规划的实施力度不够或时有偏差，就可能需要对战略规划实施方案进行调整。调整战略规划实施方案的可能性要比调整内容本身的可能性大，因为在调整内容本身时，必然要对实施方案进行调整。而在战略规划的实施过程中，有时并不需要对内容本身进行调整，而只需要对实施方案进行调整就可以纠正实施中的所产生的偏差。

人力资源战略规划实施方案在执行中会出现各种各样的问题，有的问题可能会涉及人力资源战略规划整体的成败，有的只涉及实施方案本身。人力资源战略规划在调整之前，必须对所发生的问题进行全面、深刻的分析，找出问题产生的原因，以及对战略规划实施所产生的影响，然后才能确定是否对人力资源战略规划进行内容本身的调整或对实施方案进行调整。如果所发生的问题涉及战略规划整体的成败，就需要分析是否需要对战略规划进行整体调整。如果只涉及战略规划的局部，或解决所发生的问题后对战略规划的整体并无影响，则只需对实施方案进行调整。

四、实施规划调整方法

人力资源战略规划的调整方法主要有四种，即纠偏战略分析法、战略刺激法、纠正活动法及应急计划法。

1. 纠偏战略分析法

纠偏战略分析法采用二维坐标，分析在内部条件和外部环境因素影响下人力资源战略规划实施的偏差。横坐标用于衡量影响因素的变化程度，纵坐标用于衡量战略规划实施的偏差。先进行环境调查，然后通过 SWOT 分析，认识外界在变化过程中可能对企业的存在造成的威胁或提供的发展机会，同时根据企业自身在资源拥有和利用能力上的优势和劣势，制订出指导企业生存和发展方向的战略方案，然后对企业的人力资源战略规划进行调整，如图 8-1 所示。

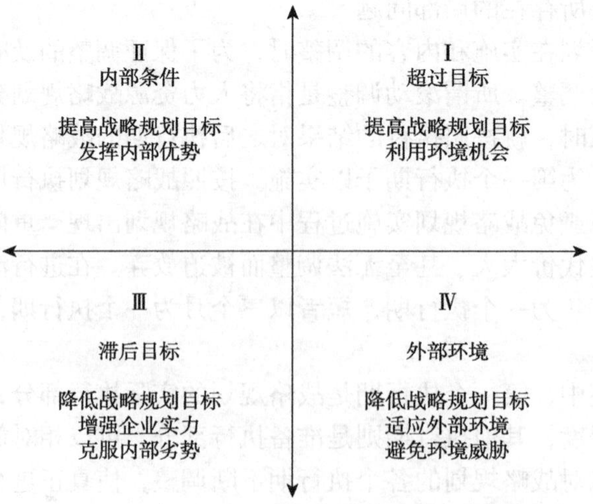

图 8-1　纠偏战略分析法

在象限Ⅰ中，超额完成预定战略规划目标是由于外部环境有利。这些有利因素有的是在战略规划制定中没有考虑到，有的是这些有利因素突然出现。因此，为了适应这种态势，需要重新制定战略规划目标。

在象限Ⅱ中，规划提前完成是由于企业内部条件优越。这些内部的优越条件可能在战略规划制定中没有仔细分析、考虑，或者在执行中原有的一般条件转化成了优势条件。面对这种新的格局，应该充分利用内部优势条件，加速企业人力资源的发展。

在象限Ⅲ中，战略规划在实施过程中未能达到预定目标。其根本原因是内部因素的劣势，这些劣势因素在战略规划的制定中可能被忽视了，或非劣势因素在实施中转变为劣势因素。此时，要设法增加企业实力、克服劣势，完成战略规划目标。如果劣势无法转变就需要适当降低战略规划目标。

在象限Ⅳ中，未能完成战略规划目标是由于受到了企业外部环境因素的威胁。这些威胁因素可能是在战略规划制定中没有被充分考虑，或者是在执行中外部环境因素突然恶化所致。在这种情况下，首先要设法增加企业自身实力以应对外部因素的威胁。如果仅凭企业实力无法应对外界环境因素的威胁，就要降低战略规划目标，适应环境的变化，以避免威胁。

2. *战略刺激法*

人力资源战略规划在实施过程中，常常会由于管理层对日常事务的关注而出现短期行为，战略目标无法顺利实现。面对这种短期行为，需要采用战略刺激法加以克服。也就是说，要制定人力资源战略规划实施成果的评价标准和奖励制度，评价标准不仅要与战略规划实施的阶段性成果相联系，还要与企业长远的发展相联系，确保战略规划实施的整体效果和长远目标。

3. *纠正活动法*

纠正活动法是在人力资源战略规划的实施中通常采用的调整方法。该方法在应用中分四个阶段，即确定阶段目标、收集实施信息、分析原因和提出解决方法。

在战略规划实施前，需要将战略规划实施过程分成具体的若干个实施阶段，确定每一阶段目标，每一阶段中所发生的问题都必须在本阶段解决，不能遗留到下一阶段，以免造成更大的被动。

在战略规划的实施过程中，必须保证实施信息能及时、正确、完整地被收集，对所收集的信息要及时分析，与阶段目标对比，以发现实施中的问题。

对找出的问题分析其产生的原因。在战略规划实施中发生偏差的原因可能如下：实施管理中的问题、选择达到目标的途径和方法不当、战略选择不当、目标太高或目标太低等。

当找出产生问题的原因后，就可以有针对性地提出具体的解决方法。解决问题的方法要可靠、有效，执行时要迅速，尽量减少损失。

4. *应急计划法*

外部环境因素的不可控性可能会使战略规划实施遇到威胁，此时就需要启用事先准备好的应急计划。这些应急计划是事先假设某些关键因素发生变化时如何进行处理的临时替代计划。这些替代计划可以保证战略规划照常实施。

五、注意事项

在对人力资源战略规划进行调整时，人力资源管理者要明确以下几点。

（1）根据业务需要提出调整建议。人力资源战略规划的产生源于企业战略，它的制定和执行都是为了实现企业战略，包括企业的经营战略和业务战略。如果企业的经营和业务战略发生改变，人力资源战略规划也因之而动。也就是说，人力资源战略规划的任何调整都源于企业业务发展的需要，也都要与业务发展的需要相适应。

（2）一般的调整程序：业务变化→部门提出需求→修改人力资源业务规划、战略规划、人力资源战略→集团高层讨论、总裁批准。

（3）人力资源战略规划的调整是动态的。虽然在制定人力资源战略规划的过程中充分考察了人力资源的内外部环境，对人力资源战略规划进行调整会牵一发而动全身，但环境一直在变，人力资源战略规划不可能一成不变。只要经过了充分的调查与论证，无论是人力资源战略规划的实施方案，还是人力资源业务规划、战略规划以至于人力资源战略，都要进行适当调整，以确保人员需求规划满足各部门人力资源需要，确保人员调整规划满足部门功能和业务发展需要，确保员工培训规划满足岗位技能发展需要，确保薪资福利规划具有内部平衡激励性与外部市场竞争性。而且，作为企业职能战略一部分的人力资源战略的改变也可能会影响企业总体战略的制定，人力资源部门在对人力资源战略规划进行调整的同时，也应该根据情况及时向企业高管提出相应的修改企业战略的建议。

（4）任何改变带来的影响不能失控。无论是对人力资源战略规划的内容，还是对人力资源战略规划的实施方案进行调整，都不可避免地会对各部门的工作带来直接、间接或大或小的影响，有的影响可能是暂时的，有的影响可能是长远的。在做出调整之前，要对这些改变可能带来的影响做出评估，既要了解可能带来的影响，也要对可能引发的副作用做好各方面的充分准备，底线应是这些改变带来的影响是企业可以承受的。例如，欧债危机对中国出口的影响日益显现，给中国企业带来了生存的压力，此时需要对企业的人力资源战略规划做出调整。面对困境，无论企业做出什么决定都需要对随之而来的影响了然于心，务必使一切改变在掌握之中。

【本章小结】

1. 人力资源战略规划的实施对企业人力资源战略目标的实现具有重要意义，其实施效果由企业资源的优化配置、战略规划任务的落实和组织变革三个方面影响。

2. 企业人力资源战略规划是不能单独实行的，必须有相应制度和条件的支持。否则，一个孤零零的人力资源规划是无法实施也是毫无意义的。

3. 企业人力资源战略规划的评价将实际结果与规划的预测结果相比较，然后进行分析、判断，不仅是对上阶段人力资源工作的总结，同时也为下阶段的人力资源战略规划的制定和实施奠定基础。

4. 企业人力资源战略规划的评价方法既有定量的，也是定性的，其主要的评价方法：

人力资源会计评价、人力资源关键指标评价、人力资源指数评价、人力资源问卷评价、人力资源审计评价、人力资源竞争基准评价、人力资源目标管理评价、人力资源利润中心评价、人力资源离任交谈评价、人力资源利益相关者评价等。

5. 在对人力资源战略规划进行评价反馈后，因根据具体情况选择是对战略规划的内容进行调整还是对战略规划的实施方案进行调整。通过及时、准确的调整，使人力资源战略规划更加合适于企业，与企业的内外环境相适应，确保企业人力资源战略目标的实现。

关键词中英文对照

实施	implementation
评价	appraisal
反馈	feedback
调整	adjustment

案例讨论

××公司 2011~2015 年人力资源规划

第一部分　2011~2015 年人力资源规划的背景与依据

2009 年，××公司提出了当前和今后一个时期行业工作主要任务的指导思想。在此思想指导下，××公司正确认识到“上水平”是行业转变发展方式、提高经济运行质量和效益，以及增强竞争实力的根本要求，通过在基础管理、品牌发展和基层建设方面积极推进，取得了明显进展。现正按照发展思路继续深化改革，转变发展方式，加强基础管理，全面推进“上水平”工作，努力提高经济运行质量和效益，实现又好又快发展。

根据这一指导思想，××公司根据历年来的经营数据及本地区未来发展的基本趋势，对未来五年的发展目标进行了初步的分析和预测，明确企业的发展方向与目标，并以此规划企业的相关工作。本人力资源规划即是根据企业的初步发展规划制定的。

根据企业五年销售与收入，销量从 2010 年的 67 000 箱增长到 2015 年的 75 000 箱，增长量约 12%，而销售收入从 2010 年的 97 169 万元增长到 2015 年的 151 249 万元，增长近 56%。由此可看出在销量保持年均 2%增长的同时，销售收入保持了年均 7%增长，这主要是调整销售结构的结果。因此未来五年销量与收入的递增，不仅要求保持一定的营销及物流队伍，更重要的是提升营销队伍的能力素质和营销模式，保证调结构目标的实现，这就对当前营销队伍的建设提出了更高的要求。因此，要着重强化品牌营销与维护、客户服务质量与效率、客户关系维护等，在相关岗位职能上进行建设与完善。

随着经济区的带动和区域经济的发展，未来五年的城镇建设和发展会越来越广阔，经营区域也会随之增大，因而在保持销量和销售收入递增的同时，为保证销量、收入、实现市场净化等指标，业务队伍也必须适时增加。

从对标管理的角度来看，2010 年第一季度，××公司劳动生产率指标为 54.31 箱/人，略高于全省平均 53.31 箱/人，与全省先进水平 69.49 箱/人具有较大差距。以全省先进指标作为标杆，在保持销量稳定的情况下，人员数量高出实际需要量的 28%。因此，在未来的五年中，需要采取措施不断优化人力资源结构，完善与优化岗位职能，提高服务和效率。

目前全行业正面临着挑战。在公司努力落实“上水平”新的发展任务的同时，也认识到从传统管理向现代企业管理转型的重要性。没有管理转型的支撑，依靠传统的粗放式、概念式、拼凑式的管理方式，不可能实现“上水平”的战略任务。只有通过管理转型，建立现代企业管理模式，实现向精细化、标准化、系统化管理转变，才能为“上水平”提供强有力的管理支撑。因此，持续提高职工队伍能力素质，为实现新的发展提供强有力的智力支持，将是人力资源的主要任务之一。

为更好地实现“上水平”的任务以及管理转型，进而提升服务与效率，提升竞争力的要求，制定职工职业发展规划，激励职工向上的活力和干劲，以及主动性、积极性与企业归属感，将根据××公司未来五年发展目标制定人力资源规划。

第二部分　××公司当前人力资源现状分析

××公司现有在岗员工 281 人，其中副科级及以上干部 29 人，副科级以下员工 252 人。

根据人力资源规划的要求，对公司当前的人力资源现状按以下要素进行分析：①各岗位人员分布情况；②岗位系列分布情况；③年龄结构；④学历结构；⑤职业资格；⑥职称情况；⑦岗位定级情况；⑧未来五年企业退休人员动态分析。

以上为现有人力资源素质状况的初步分析。从结构分析及人力资源管理与发展的现状看，公司人力资源面临的主要问题如下。

第三部分　未来五年人力资源需求预测与总体规划目标

为支撑公司未来五年经营与管理目标的实现，必须对企业提供有效的智力支持，即不断提高人力资源的素质结构与能力。因此，对未来五年的人力资源规划主要包括总量规划和结构规划两部分内容，重点是结构规划内容。

一、人力资源总量规划（包括需求预测）

人力资源需求预测分析主要依据以下三点。

（1）岗位定编。岗位定编与实际人数制定将根据未来五年销量增长的比率来分析，主要考虑随着销量的增长，业户的数量与经营区域可能会随之增长，从而需要适量增加业务人员与客户经理、物流配送人员等，但增加的人数很少，基本上不会从外部招聘，而可能会从现有人员中调配。

（2）标杆标准。从当前对目标管理的角度来看，截止到 2015 年上半年，公司的劳动生产率是 106.83 箱/人，全国先进水平是 243.69 箱/人，全省先进水平是 141.29 箱/人，全省平均水平是 104.3 箱/人，距离先进水平还有相当的差距。以全省先进指标作为标杆，公司在保持销量稳定的情况下，人员数量高出实际需要量的 28%。

（3）内部人员变动。主要是在未来五年内符合条件的人员退休而导致的自然调整，由此会出现岗位补进机会。

由于发生岗位的变动，在未来五年内，相应的岗位等级数量也将减少，在部分岗位上可能会发生薪资总额的下降（因有些岗位新上岗者的起薪级档可能低于原在岗者）。

二、人力资源结构规划与总体目标

根据“上水平”的指导思想及公司的总体要求，为实现公司未来五年的发展目标，必须有强有力的人力资源队伍作保证，即必须提高人力资源的素质结构和能力水平。因此，对现有人力资源结构进行规划将是重要的工作之一。

1. 人力资源素质结构

（1）学历结构调整与目标。

（2）高技能人才结构调整与目标。

2. 人力资源的素质能力调整与目标

建立各岗位系列的能力素质模型，并将其作为岗位资格条件之一。根据制定的各岗位系列能力素质模型，对现有员工进行能力素质等级初步评定后，计划在未来的五年内，通过内部教育培训和培养等方式，将现有员工中的70%的能力素质提高一个等级。

3. 岗位等级的结构调整与目标

未来五年公司在保持人员数量基本不变的情况下，逐步调整各类别岗位等级的结构比例，逐渐将“哑铃型”的人才结构发展成为阶梯式的人才结构。即从年龄结构来看，公司正式员工结构在未来三年不会发生大的变化，高等级结构的员工变化不会太明显，因此，能够改变岗位等级结构实质上就是建立健全聘用制员工的加速成长途径，提升聘用制员工的等级结构，充实中间层级结构留下的真空。但是，由于聘用制员工当前岗位等级集中度较高，能够在三年内实现两个等级跨越的可能性较小，太快的加速成长方式也不符合人才培养的规律和公司的实际情况。鉴于此，公司未来三年的目标是实现聘用制员工在现有等级上按照20%的比例实现岗位等级跨越一级。

三、人力资源总量规划与结构规划目标的供给分析

从外部市场供给来看，目前行业总体发展形势良好，而外部劳动力市场就业形势不容乐观，外部人力资源供给充足。从行业内部来看，经过近几年来的新老更替，年轻员工的知识结构良好，尤其是2007年以来，全省行业通过开展大规模提高素质活动，员工能力素质得到明显提升，通过职业技能鉴定考核，获得职业资格的人数明显增加。此外，目前员工总数依然存在人事匹配不合理及人员冗余现象，因此，本规划中所阐述的人力资源总量需求将均在公司内部员工中选拔产生。

在人员调整补给上，将采取以下措施。

（1）通过制定岗位任职资格、岗位晋升与调整办法、岗位能力考核与测评办法、员工职业规划相关办法等来明确空缺岗位的资格标准及晋升条件等。

（2）对空缺岗位进行公开招聘、选拔与考核，建立公开、公平、透明的选拔机制。

（3）在空缺岗位的补给来源与方向上，确定如下原则：①对综合管理岗位，将优先从现有副科级以上人员中竞聘产生；②对专业管理岗位中的副科、正科级，将优先从符合条件的现有专业管理中的全部岗位，以及业务类中符合条件的部长级（含）以上员工中竞聘产生；③对专业管理副科级以下岗位，将优先从业务类符合条件的员工中竞聘产生；④对业务类岗位，将优先从符合条件的现有业务类、生产操作类员工中竞聘产生；⑤对符合条件的特别优秀的员工，将视具体情况考虑是否允许破格竞聘和晋升，但将按公开、透明的程序进行。

第四部分 人力资源规划实现的管理措施（节选）

人力资源规划是从数量与质量等方面支撑企业发展目标实现的重要保证之一，也是今后人力资源准备、素质提升与开发工作的重要指导思想与工作依据。同时人力资源规划的实施必须有有效的管理措施作保证。在制定人力资源管理措施时将牢固树立人才资源是第一资源的观念，着眼于传统商业向现代流通转变，建立健全职业生涯规划、绩效考核、教育培训等人力资源管理机制，统筹抓好各类各

层级人才队伍建设，重点加强高层次人才队伍建设，大力推进基层人才队伍建设，重塑员工职业生涯发展的信心，激发企业人力资源活力，逐渐建立数量充足、结构合理、素质优良，适应行业科学发展的梯队化人才队伍，为企业持续健康发展提供人才保证。

在管理措施上需要着力做好以下几个方面的工作。

（1）根据“上水平”的指导思想与结构调整和销量增长等的目标要求，进一步进行职能规划，增加和强化新的职能，进而完善和优化岗位说明书，为建立岗位系列能力素质模型建立基础。

（2）建立基于胜任能力的人力资源管理体系。主要包括建立职位系列和各岗位系列能力素质模型，制定各岗位任职资格条件和能力素质标准，为职业发展路径与通道设计及岗位能力考核奠定基础。

（3）制订人力资源素质结构提升计划，明确素质结构提升的内容、目标与标准等，并制定具体的实施方法。

（4）建立健全员工职业发展规划体系，制定相关的职业发展制度与流程。针对各类从业人员的不同特点，设计不同的成长通道，使不同的从业人员通过自己的努力得到成长的空间，增强员工的成就感和归属感。科学构建各类人才成长通道之间的横向流动渠道，满足不同人才在不同时期对成长通道的需要，形成人才纵向和横向流动机制。结合公司实际情况，重点是要实现跨通道等级之间的合理衔接，为员工跨通道发展提供途径。要科学设计各通道内部不同等级的任职资格条件和能力素质要求，为员工依托能力实现岗位等级提供努力的方向和明确的要求；同时，要帮助员工进行职业发展定位，为员工制订职业发展行动计划，为员工建立职业发展档案，确保职业发展既能体现企业发展要求，又能帮助员工实现快速成长。

（5）要完善干部人事、薪酬、教育培训等各项人力资源管理制度，为员工职业发展提供良好的制度支撑。按照民主、公开、竞争、择优原则，建立健全竞争上岗制度，大力推进竞争上岗工作。完善薪酬管理制度，让员工能够从职业发展中看到收益，提高员工参加职业发展规划的积极性。

（6）重视高素质企业领导人才、专家型中层管理人才、高技能专业人才三个层次的人才培养，并采取有效措施实施。主要包括：①积极探索高素质企业领导人才、专家型中层管理人才、高技能人才培养机制，加速人才的培养。制订具体的培养计划，确定相应的培养方式，如“师带徒”（结对子）、“工作轮换”、“实践锻炼”、“专项培训班”、“岗位技能竞赛”、“专项课题攻关”等。优秀的人才可定向到相关院校/机构进修等。②要制定和完善教育培训等提高素质活动制度；制订教育培训计划和辅导计划，教育培训内容不仅包括针对促进企业目标计划达成的内容，还包括针对岗位能力提升的内容，并制定岗位能力累积考核方法，为员工岗位能力提升提供辅助支撑，从而支持其职业发展目标的实现。③建立学习型企业的相关制度。

（7）要继续完善绩效考核管理制度，严格绩效管理，充分发挥绩效考核对员工的激励约束作用。尤其是要科学规范地开展年度绩效考核，公正公平地评价员工年度绩效，利用年度绩效考核结果，实现员工薪酬调整、档次进退，打破传统的收入分配理念，建立薪酬正常调整机制，努力构建符合现代企业制度要求、以岗位为基础、以绩效为依据、以能力为导向的激励约束机制。

（资料来源：http://blog.ceconlinebbs.com/BLOG_ARTICLE_49643.HTM）

讨论题：

1. 影响该公司人力资源战略规划实施效果的因素有哪些？
2. 如何对该公司的人力资源战略规划进行评价？
3. 对该公司的人力资源规划进行评价后，如何对其进行调整？

【思考题】

1. 影响人力资源战略规划有效实施的因素有哪些?
2. 对人力资源战略进行评价的意义，以及评价的方法有哪些?
3. 人力资源战略规划实施调整的内容及方法?
4. 人力资源战略规划进行调整时需注意哪些事项?

参考文献

冯光明，徐宁. 2010. 人力资源管理. 北京：北京理工大学出版社.
龚峰，吴明. 2015. 人力资源管理. 上海：上海财经大学出版社.
韩国元，刘小畅. 2015. 中小企业人力资源组织与管理. 哈尔滨：哈尔滨工程大学出版社.
侯光明. 2009a. 人力资源战略与规划. 北京：科学出版社.
侯光明. 2016b. 人力资源战略与规划. 北京：科学出版社.
霍生平. 2016. 人力资源战略与规划. 湘潭：湘潭大学出版社.
林新奇. 2015. 跨国公司人力资源管理. 北京：清华大学出版社.
孙泽厚，罗帆. 2007. 人力资源管理——理论与实务. 武汉：武汉理工大学出版社.
汪玉弟. 2008. 企业战略与 HR 规划. 上海：华东理工大学出版社.
伍争荣. 2009. 人力资源管理教程. 北京：中国发展出版社.
周丽主. 2015. 人力资源管理综合实训手册. 哈尔滨：哈尔滨工程大学出版社.

第九章

人力资源战略规划综合案例

案例一　万科集团人力资源战略规划

一、企业概述

成立于 1984 年 5 月的万科企业股份有限公司，是一个以房地产为核心业务的企业，它是中国大陆首批公开上市的企业之一，截至 2010 年 3 月，万科已先后进入深圳、上海、北京、佛山等三十多个城市，是中国目前最大的专业住宅开发企业。2009 年，万科实现结算面积 605.2 万平方米，结算收入 483.2 亿元；全年累计销售金额达 634.2 亿元，继 2008 年后蝉联全球住宅企业销售冠军。凭借公司治理和道德准则上的表现，万科连续六次获得“中国最受尊敬企业”称号，2008 年入选《华尔街日报》“中国十大最受尊敬企业”。

万科于 1988 年进入房地产领域，1992 年正式确定以大众住宅开发为核心业务，先后在上海、北京、天津、深圳等推出大规模的居民住宅小区，形成了“万科城市花园”系列品牌。凭借规模优势，万科引入国外先进的规划设计理念和配套完善，注重绿化、环境和社区文化的营造，强调人与人的亲情和沟通，充分体现人的价值，项目整体风格更为成熟和细致。

为了顺应郊区化住宅发展趋势，1998 年起，万科又相继在各地推出“万科新城系列”，如深圳四季花城、沈阳花园新城等项目，注重住宅产业化发展，融入环保及高科技的含量，充分显示了成熟社区的内涵魅力。

2003 年万科又先后进入鞍山、大连、中山等，近年来万科业务已经扩展到 16 个大中城市，凭借一贯的创新精神及专业开发优势，公司树立了住宅品牌并获得良好的投资回报。经过多年积累，万科地产以其准确的市场定位、超前的规划设计及优质的物业管理，在业内树立了良好的品牌形象。

近年来，随着中国经济的持续发展，政府政策的不断支持，各项法规的逐步完善，住宅消费群体的日益成熟，中国的住宅产业日渐繁荣。面临良好的市场机遇，未来3年万科将以上海、深圳、广州为核心城市，选择以上海为龙头的长江三角洲地区和以广州为龙头的珠江三角洲地区进行区域重点发展，同时万科还将选择以沈阳为中心的东北地区，北京、天津等核心城市和成都、武汉等中西部区域经济中心城市作为发展目标，进一步扩大万科在各地的市场份额，实现成为行业领跑者的目标。

万科认为，坚守价值底线，拒绝利益诱惑，坚持以专业能力从市场获取公平回报是万科获得成功的基石。万科致力于通过规范、透明的企业文化和稳健、专注的发展模式，依靠根植于企业本原的对于生命的尊重和热爱，对于个体价值的理解和珍惜与“让建筑赞美生命”的理念，以及延拓着为人们“造绿色房子”的梦想，成为最受客户、投资者、员工欢迎，最受社会尊重的企业之一。

二、万科的人力资源战略思想

1. 一克拉文化

万科一克拉文化所体现的以人为本的管理思想逐步渗透到日常的管理工作中，万科一贯主张“健康丰盛的人生”，重视工作与生活的平衡；为员工提供可持续发展的空间和机会；倡导简单的人际关系，致力于营造能充分发挥员工才干的工作氛围。通过不断地探索和努力，万科建立了一支富有激情、忠于职守、精于专业、勤于工作的职业经理团队，形成了追求创新、不断进取、蓬勃向上的公司氛围，以及有自我特色的用人之道。

2. 人才是万科的资本

（1）热忱投入、出色完成本职工作的人是公司最宝贵的资源。

（2）尊重人，为优秀的人才创造一个和谐、富有激情的环境，是万科成功的首要因素。

（3）万科尊重每一位员工的个性，尊重员工的个人意愿，尊重员工的选择权利；所有的员工在人格上人人平等，在发展机会面前人人平等；万科提供良好的劳动环境，营造和谐的工作氛围，倡导简单而真诚的人际关系。

（4）持续培养专业化、富有激情和创造性的员工队伍，是万科创立和发展的一项重要使命。

（5）万科倡导“健康丰盛的人生”。工作不仅仅是谋生的手段，工作本身应该能够给我们带来快乐和成就感。在工作之外，万科鼓励所有的员工追求身心健康，追求家庭和睦，追求个人生活内容的极大丰富。

（6）学习是一种生活方式。

3. 培养可持续发展的职业经理队伍

万科认为，职业经理是现代企业生存、扩张所必需的第四种要素，即人、财、物等资源投入基础上的企业家才能。为此，万科于1998年提出“职业经理年”，对职业经理进行培训和开发，实现职业经理在万科的可持续发展，同时推动整个公司的经营能力和管理能力的提高。在管理架构上，公司致力于规范化的管理，通过合理授权等一系列措施，为将职业经理的专业素质直接转化为生产力创造了广阔空间，提供了制度保障。

万科充满理想主义色彩的企业文化为职业经理人的培养提供了一个理想的平台。万科对人才的基本要求都是围绕"职业经理"这一理念展开的。所谓"职业"就是"以此谋生，精于此业"，职业经理人自然是要以管理为生，精于管理。从初级管理层到决策管理层的全部管理人员组成公司的职业经理队伍，职业经理承担了公司的主要管理任务。

万科的人力资源管理模式表明，职业经理是万科发展的依托。

三、万科人力资源战略目标

（1）深入分析企业人力资源面临的内外部环境，发现问题和潜在的人员流失风险，提出应对措施。

（2）合理预测企业中长期人力资源需求和供给，规划和控制各部门人力资源发展规模，建立完善的人力资源管理体系。

（3）规划核心人才职业生涯发展，打造企业核心人才竞争优势，持续培养专业化、富有激情和创造性的职业经理队伍，加强对专业性人才的培养和引进。

（4）规划员工队伍发展，提高员工综合素质，培养最出色的专业和管理人才，并为其提供最好的发展空间和最富竞争力的薪酬待遇。

（5）提出人力资源管理政策和制度的改进建议，提升整体管理水平，努力做中国房地产行业的领跑者。

（6）改善员工待遇，提高薪酬福利水平，建立有效的激励和奖惩机制，提高员工敬业度和工作满意度。

四、万科未来五年人力资源需求预测

由于社会经济的高速发展，人们对于住宅的不同种需求近几年呈现上升态势，万科结合市场和企业发展的因素，加大了市场的开发力度，近几年的员工数量呈现上升态势。从 2006 年的 15 914 人上升到 2010 年的 18 910 人（表 9-1）。

表 9-1　2006~2010 年万科人员总数统计表

年份	2006	2007	2008	2009	2010
人数/人	15 914	16 464	17 034	17 614	18 910

根据表 9-1 显示信息，对于万科未来五年的人员需求做出以下预测。

通过分析过去 5 年的员工数量，运用最小平方法，求方程 $y=a+bx$（y 代表每一年的员工人数，x=年数−2000）。根据公式

$$a=\overline{y}-b\overline{x} \qquad b=\frac{\sum_{i=1}^{n}(x_i-\overline{x})(y_i-\overline{y})}{\sum_{i=1}^{n}(x_i-\overline{x})^2}$$

求得2011年人员需求为18 765人，2012年人员需求为19 340人，2013年人员需求为19 915人，2014年人员需求为20 490人，2015年人员需求为21 065人（表9-2）。

表9-2　2011~2015年万科人员需求预测

年份	2011	2012	2013	2014	2015
人数/人	18 765	19 340	19 915	20 490	21 065

注：由于未来的不确定性，人员需求数量定位（预测数字的增减）100上下浮动

五、万科的部门体系及人员招聘

在未来五年，由于市场投资环境的变化和企业的发展，职员可能需要承受的各方面压力加大，为了帮助员工更好地调节自己，企业需要设立员工心理咨询协会等部门，而市场又是不能完全预测的，为了规避不必要的风险并获取更大的利润，企业可能会成立投资管理部、企业发展部等类似部门，新增部门的人员或多或少的会得不到满足。这些空缺的职位首先向集团内职员提供，以满足职员个性化的发展要求，鼓励职员流动到更能发挥自己能力的岗位，其次通过招聘等一系列工作来填补岗位的空缺。

万科内部人员流动率如表9-3所示。

表9-3　万科内部人员流动率表　　单位：%

职位层次	人员流动率				
	G	Z	J	Y	离职
高层领导（G）	95				5
中层领导（Z）	5	80			15
基层领导（J）		10	75		15
普通员工（Y）			10	70	20

综合表9-3数据我们可以得出，在任何一年中，平均95%的高层领导人仍在万科集团，而5%的高层领导人会退出，同样在任何一年中，75%的基层领导员会留在原来的岗位，10%的基层领导人员会晋升为中层领导员，15%的基层领导员会离职。根据这些数据和目前的岗位人数，我们就可以推算出未来的人员变动（供给量）状况，从而制订有效的招聘计划。

六、万科人力资源规划政策的实施

1. 员工招聘：控制人员规模，提升人员质量，加强雇主品牌建设

按项目开发数量和进度，合理配置人员，通过改进工作模式，提升工作效率，严格控制人员规模；加强新进人员质量控制，在专业能力基础上更加重视培养潜质和职业态度；通过专业外包及劳务派遣方式，逐步优化减少物业地产服务人员队伍；加强对于市场人才状况的了解，拓宽人才吸纳渠道，有针对性地获取高级人才；加强在市场及高校

中的雇主品牌建设，以吸引更多的优秀人才。对于内部空缺岗位，在满足内部流动和晋升的前提下开展招聘工作，在员工招聘方面需重点考察个人素质，或者说是“soft skills”（软性技能），如是否诚信、有责任心、有激情、常常保持好奇心、具备团队协作精神等，这些特征须与万科的核心价值观一致。

2. 培训与文化策略：加强战略及文化价值观宣导落地，建立贴近业务的培训体系

对新入职的员工开展新人入职培训，由公司所承认的专业培训师对新入职人员进行全方位的培训，包括公司的企业文化、核心价值观、企业宗旨等方面，以便新入职员工能够快速地融入万科。对于新入职员工，公司安排优秀的老员工对其进行职场指导，同时加强公司战略的宣传，使员工明确战略导向；加强万科企业文化的固化和提炼宣传，防止规模扩张对文化的稀释；推进价值观的行动化，在行动中深化价值观；建立贴近业务的培训体系，推进新方法、新工艺、新工艺的实际应用，提升员工工作能力和管理效能；打造学习型组织，提升员工及组织的学习总结能力，从而加强优秀经验转化，提升工作能力。

3. 薪酬策略：提高基层薪酬吸引力，加强绩优员工保有和激励

提升公司薪酬吸引力，保持在市场的75%~90%分位线；建立并完善系统全面的薪酬体系，适应公司多元化的人才结构，起到有针对性的激励作用；根据为卓越加薪的方针，持续加强对绩优员工的激励和保有。倡导“健康丰盛的人生”，致力于保持员工、公司双赢的关系，在薪酬体系实行浮动的薪酬体系，结合地区、职务级别和绩效等多方面因素进行考核，在奖惩制度方面，对公司具有巨大贡献的员工实行丰厚的奖励制度，对于企业员工，公司提供在职发展培训，对于优秀的员工，公司在给予奖励的同时优先考虑其晋升机会；企业可以根据每一年的公司收益，不断完善公司的薪酬福利制度，让绩效与市场化的薪酬相匹配；对于一些有潜力的员工，公司可以采取内部晋升的方式，从而最大力度地保留和激励员工。

4. 组织绩效策略：落实适应未来的组织变革，推进有效的绩效管理体系

建立与公司规模发展相匹配的公司组织架构模式和授权体系；推进片区化项目管理模式落实，并在此基础上进一步建立高效项目管理架构；建立系统全面的绩效管理体系，推进公司战略分解执行，并通过绩效监控，确保组织目标实现；建立系统完善的奖惩体制，全面应用绩效激励。

5. 优才培养策略：加速人才梯队培养，提供切实针对性职业发展指导

建立全面系统的优才体系，加强人才梯队的培养，满足规模扩张的储备；建立系统的优才培养制度，为各层级的优才提供针对性的培养；加强对优才关注和职业发展辅导，帮助尽快成长。

6. 员工关怀策略：加强服务贴近前线，深化网状员工关系体系作用

关注基层员工，人力资源服务贴近前线，并能及时快速帮助员工解决问题；加强系统的员工关怀网络建设，确保各级管理人员都能及时了解员工动向，采取相应激励对策；营造和谐、富有激情的工作环境，提升员工敬业度和忠诚度。

七、万科高、中、基层岗位招聘计划

1. 招聘岗位

根据公司发展现状确定相关岗位的招聘计划，如表 9-4 所示。

表 9-4　招聘计划

招聘岗位	需求人数/人	职务描述
总经理	1	负责公司整体经营计划的制订、执行和监督工作，公司的日常经营管理工作、处理公司重大突发事件
财务部经理	1	负责公司财务、会计及税务事宜。依据健全的财务管理原则，发挥财务管理功能；拟订财务计划与预算制度；有效地筹划与运用公司的资金，维持账款的登录与整理；编制财务报告，提供管理决策依据
人力资源专员	2	主要协助部门经理执行公司招聘计划和培训计划，完成相关考核工作，并协助部门经理完成相关工作

2. 招聘途径

（1）在集团共享的信息发布渠道（周刊、公司外部主页、商业招聘网站等）发布招聘信息。

（2）接受企业内部人员应聘相关职位，在取得相关部门初步同意后，部门可向人力资源部索取该职员的相关信息。

（3）针对职位空缺特点及本地人才市场实际状况选择本地招聘信息发布渠道。各类信息发布渠道评价如表 9-5 所示。

表 9-5　各类信息发布渠道评价

	参加招聘会	报刊广告	互联网	猎头
效率高	★★	★★	★★★★★	★★
成本高	★★	★★★	★	★★★★★
影响范围大	★★	★★★★★	★★★	★★
命中率高	★★★	★★★	★★★	★★★★★

注：★表示评价，★越多表示对这一指标的评价越高

报刊广告可分为公众类报刊和专业招聘报刊两类。前者影响面更广，同时费用也更为昂贵，可兼有宣传公司形象之作用；后者目标受众较集中，费用相对低廉。通过招聘会、报刊广告发布招聘信息时应将公司更详细的信息进行发布。可以通过各种渠道适当引进中高级人才，但是通过猎头公司获取高级管理人员或专业技术人员，须经总部人力资源部批准。人力资源部根据集团职位空缺规模组织大型招聘活动，其中包括高校毕业生招聘、集团专场招聘等形式。

3. 招聘流程

（1）通过各种途径发布招聘信息。

（2）接受应聘者简历提交并进行简历筛选。

（3）发出面试通知，并安排面试。

（4）初步面试。人力资源专职人员进行初步面试，对应聘者的精神面貌与气质、职业潜力（沟通与表达、分析、计划性、创新等）、职业心态（合作性、学习意愿等）等给

出评价意见；就部分具体问题向应聘者质询。人才素质测评。各公司可就应聘者能力素质倾向、行为风格特征、职业动机等方面采用专业测评工具组织应聘人员参加人才素质测评。技能测试。公司可根据空缺职位专业要求对应聘者进行专业水平测试和电脑水平测试。

（5）复试。人力资源专职人员负责综合初选结果，推荐在初选中表现优秀的应聘者参加第二轮面试。第二轮面试由职位空缺部门负责人指定的人员主持，面试重点在于考察应聘者专业素质。在条件允许的情况下，应安排人力资源部专职人员一同参加面试。

（6）发出录用通知。被通知参加初试与复试的所有应聘者，无论公司录用与否，应给予正式回复。为实现资源共享，节约人力资源的获得成本，未被录用的应聘者资料需在下属公司人力资源部保存一年，以备后用。

（7）录用者在指定时间到人力资源部报到，如有特殊情况，需与人力资源部协调商议。为应征者提供公平的竞争机会；在不影响工作绩效的前提下，应尽量避免性别歧视、年龄歧视、婚姻状况歧视、残障歧视等，对同一空缺岗位的应聘者，面试时的问题主体应相同；尊重应聘者隐私权：面试时应避免提问与工作绩效无关的个人隐私问题；面试前不得正面接触应聘者上司，面试后需经应聘者同意后方可接触其上司。

4. 新进员工入职培训

培训目的：帮助新职员进一步认同万科文化，解决工作中的实际问题，帮助新职员提升自我管理的技能。

培训时间：入职 3 个月内。

培训内容：万科理念强化课程，基础管理课程，自我研修课程，公司历史、理念、制度、业务发展规划、管理架构介绍，业务流程、知识学习，自我管理能力训练，职业意识训练，户外拓展训练。

培训方式：NEO（new employee orientation，即新职员入职培训）培训体系，集中上课、分组讨论、管理游戏、实地参观、与老总座谈、户外活动。

NEO 培训体系主要包括以下内容：①NNEO（net new employee orientation，新职员入职网络培训）；②在职训练：每一位新职员都将由部门负责人指派一位资深职员担任入职引导人，请咨询部门负责人，并尽快与入职引导人取得联系；③脱产集中培训；④户外拓展训练。

5. 招聘费用预算

万科对招聘过程中所需岗位做出估计匡算得出招聘费用预算表，如 9-6 所示。

表 9-6　万科招聘费用预算

招聘费用预算		
序号	项目	预算金额/元
1	企业宣传海报及广告制作费	4 000
2	招聘展位费	3 500
3	发布费	2 600
4	交通费	3 400
5	食宿费	4 000
6	其他费用	3 200
合计		20 700

分析题：

1. 万科集团企业人力资源战略规划是否合理？
2. 依你的理解，还有其他更好的选择吗？

案例二　海尔集团公司人力资源战略规划

一、企业概述

海尔的前身是在 1984 年引进德国利勃海尔电冰箱生产技术基础上成立的青岛电冰箱总厂，经过十几年的发展现已成为国家特大型企业集团。在“名牌战略”思想指导下，海尔集团通过技术开发、精细化管理、资本运营、兼并控股及国际化，使一个曾亏损 147 万元的集体小厂迅速成长为中国家电第一名牌厂商。海尔现有员工 2 万多人，在海外拥有 62 个经销商、30 000 多个营销点。到 1999 年，海尔产品包括 58 大门类 9 200 多个品种，企业销售收入以平均每年 81.6%的速度高速、持续、稳定增长，集团工业销售收入达 215 亿元。海尔从引进冰箱技术起步，现在依靠成熟的技术和雄厚的实力在东南亚、欧洲等地设厂，实现了成套家电技术向欧洲发达国家出口的历史性突破。

海尔的发展很快，但也是一步步发展的。企业发展过程实际上就是战略转移的阶段性连接，旧的战略不断、不失时机地被新的战略替代，这样才使企业不断达到新的高度，赢得长期持续发展。海尔的成功也正由于这种战略更替和转移的成功，它能够根据内外部环境的变化不失时机地以新的战略替代旧战略，致力于实现不同阶段上的战略转移。海尔的发展经历了四个阶段。

第一阶段，名牌战略阶段（1984~1991 年），在“要做就做最好的”战略理念指引下，专注于冰箱专业化生产过程，实施“名牌战略”，建立了全面质量管理体系。

第二阶段，多元化战略发展阶段（1992~1998 年），通过企业文化的延伸及“东方亮了再亮西方”的经营理念，成功地实施了多元化战略扩张。所采取的策略就是通过所谓“吃休克鱼”的办法来扩展。当时许多企业属于硬件比较好但软件不行、管理不行（即所谓“休克鱼”），海尔就积极地把这样的企业兼并过来，先后兼并了 18 个，这 18 个企业当时账面上亏损了 5.5 亿元，后来都扭亏为盈了。海尔的做法是：为每个企业派 3 个人，一个是全面负责，一个抓质量，再一个抓财务；不是靠再投资，只是把海尔企业文化管理模式移植过去，使这些企业起死回生了。

第三阶段，国际化战略阶段（1998~2005 年），实施以创立国际名牌为导向的国际化战略。其基本战略理念是“从海尔的国际化到国际化的海尔”。所谓“海尔的国际化”，简单地说就是要求海尔产品的各项标准都能符合国际标准的要求，要成为中国很有竞争力的出口商，增强产品在国际上的竞争力，而且要打造海尔的国际品牌；而“国际化的海尔”则是要在世界各地建设海尔，不再是一个从中国出来的海尔产品，而是在当地设计、当地生产、当地制造、当地销售的产品，这也就是“本土化的海尔”，这是个非常大的战略转折，而且对海尔来说也是个很大的新考验。在国际化战略阶段，海尔的策略原则是“先难后易”，国内有好多企业以“出口创汇”为导向，而海尔则是以“出口创牌”为导向并取得了成功。

第四阶段，全球化品牌战略阶段（2006 年至今），为了适应全球经济一体化的形势，运作全球范围的品牌，从 2006 年开始，海尔集团继名牌战略、多元化战略、国际化战略阶段后，进入第四个发展战略创新阶段，即全球化品牌战略阶段。国际化战略和全球化品牌战略的区别如下：国际化战略阶段是以中国为基地，向全世界辐射；全球化品牌战略则是在每一个国家的市场创造本土化的海尔品牌。海尔实施全球化品牌战略要解决的问题是提升产品的竞争力和企业运营的竞争力，与分供方、客户、用户都实现双赢。从单一文化转变为多元文化，实现持续发展。

在“走国际化道路，创世界名牌”的思想指导下，海尔集团通过实施名牌战略、多元化战略和国际化战略，取得了持续、稳定、高速的增长，其品牌价值不但稳居中国家电业榜首，在国际市场的美誉度也越来越高。海尔是家电行业获得国优金牌、通过 ISO 9000H 认证和 ISO 14001 环保认证的第一家，并先后取得了 UL、CSA、VDE、SMARK、SAS、SAA 等国际认证，1997 年国家经济贸易委员会确定海尔为重点扶持冲击世界 500 强的 6 家试点企业之一。目前，海尔的国际化经营已驶入快车道，成为世界级的供应商，跻身于世界冰箱生产十强行列，在国际市场赢得越来越多的美誉。

二、海尔人力资源发展的战略

海尔清醒地认识到，企业的发展和战略转移受多种因素制约，但从根本上说来，最具决定性的因素是人力资源及其战略选择。要想成为国际化的名牌，每一个员工首先应成为国际化的人才，“先造人才，再造名牌”。因此，海尔在人力资源战略管理中坚持观念更新和制度创新，努力创造一种公平、公正、公开的人文环境和文化氛围，建立起一套充分发挥员工个人和团队人力资源潜能的机制，在实现企业战略目标的同时给每个人提供充分实现自我价值的发展空间——“你能翻多大的跟头，就给你搭多大的舞台”。这是企业总体战略发展成败的关键。

1. OEC 管理：与名牌战略相契合的人力资源战略

全面质量管理是 20 世纪 80 年代国际企业的经营管理主题，也是海尔名牌战略阶段的主导任务。与此相适应，人力资源战略和管理制度的核心以质量观念教育、敬业爱岗培训、质量考评和奖酬为主要内容。

1985 年 5 月，受命于危难的青岛电冰箱厂长张瑞敏，面临的市场形势是严峻的。当时海尔在规模、品牌方面都是绝对的劣势，如何在市场上挣得一席之地呢？只能靠质量。于是，张瑞敏提出了自己的质量理念“有缺陷的产品就是废品”，于是也就有了产品质量的“零缺陷、精细化”管理办法，达到用户使用的零抱怨、零起诉的要求。从理念的提出到员工接受、认同，最后变成自动遵循的原则和习惯需要一个过程。正是由于过去许多职工不能真正理解，更难以自觉接受质量理念，所以产品质量不稳定，客户投诉不断。

张瑞敏强烈意识到理念问题解决不了，靠事后检验，是不可能提高质量的。于是有了张瑞敏果断“砸冰箱”事件。

当员工们含泪眼看着张瑞敏亲自带头把有缺陷的 76 台电冰箱砸碎之后，内心受到的震撼是巨大的，人们对“有缺陷的产品就是废品”有了刻骨铭心的理解与记忆，对“品牌”与“饭碗”的关系有了更切身的感受。张瑞敏并没有就此而止，也没有把管理停留在“对责任人进行经济惩罚”这一传统手段上，他要充分利用这一事件，将管理理念渗透到每一位员工的心里，再将理念外化为制度构造成机制。在接下来的一个多月，张瑞敏发动并主持了一个又一个会议，讨论的主题却非常集中——我这个岗位有质量隐患吗？我的工作会对质量造成什么影响？我的工作会影响谁？谁的工作会影响我？从我做起，从现在做起，应该如何提高质量？在讨论中，大家相互启发，相互提醒，更多的则是深刻的内省与反思。于是，“产品质量事缺陷”的理念得到了广泛的认同。

随后就是关键的第三步，构造“零缺陷”管理机制。在海尔每一条流水线的最终端都有一个“特殊工人”，流水线上的产品在经过各个工序时，工人检查出上一工序留下的缺陷后就及时地记录在一张缺陷条上。这位特殊工人就是负责把这些缺陷维修好。他把维修的每一个缺陷所用的时间记录下来，作为向“缺陷”的责任人索赔的依据，他的工资就是索赔所得。那么，当产品合格率超过规定标准时，他还有一份奖金，合格率越高，奖金越高。这就是著名的“零缺陷”机制，这位特殊工人的存在，使零缺陷有了机制与制度上的保证。这一制度的推出，使海尔的产品、服务、内部各项工作都有了更高的质量平台。

1989 年起海尔正式实施“OEC 管理法”。所谓 OEC，即 overa11（全方位）、every（每人、天、每件事）、control & clear（控制和清理），总结起来即“日事日毕，日清日高”；“人人有事管，事事有人管”。今天的事情今天一定要把它做完，今天的事情要比昨天有提高，每天都有提高。例如，如果你每天把 1 元存到银行去，银行给你的利息是复利而不是单利，而这个利率是 1%，每天都是昨天的 1%，那么，这 1 元大约在 70 天后连本带利取出来的时候就是当初的 2 倍。也就是说，如果每天的工作都比昨天提高 1%，70 天就会提高 1 倍。当时，海尔首先建立了质量价值券考核制度，员工收入实行质量否决制，要求员工不但要干出一台产品，而且要干好一台产品；其次，考核重点是遵章守法，凡是企业的规章制度，建立一项就执行一项、考核一项、兑现一项；最后，分配制度主要与质量挂钩，谁出现质量问题就按考核规定扣谁的工资。这种做法从人力资源管理层面有力地配合和推动了名牌战略的实施。

2.“挑战自我”：与多元化战略相契合的人力资源战略

在新经济时代，人力资源是保证创新的决定性因素，人人都应成为创新的主体。为配合实施多元化的企业发展战略，海尔提出“挑战满足感、经营自我、挑战自我”的人力资源战略管理理念，设计了“外部市场竞争效应内部化”的市场链机制。其核心思想是企业有内部、外部两个市场，内部市场就是怎样满足员工的需求以提高他们的积极性，外部市场就是怎样提高美誉度以满足用户的需求。在海尔内部，“下道工序就是用户”，每个人都有自己的市场，都有一个需要对自己市场负责的主体；每位员工最主要的不是对他的上级负责，更重要的是对他的市场、客户（下道工序）负责。

每位员工的工作都要或多或少地占用企业的资源，企业将相应资源提供给相关员工作为“负债”，将外部市场效应内部化后，每位员工都应该追求达到最好的效益，所以必须经营以使资源增值。如果达不到就等于浪费了企业提供的资源，员工就应该自己掏钱赔付，这就是“经营自我、负债经营”观念。通过“负债经营”，做到“人人有事管，事事有人管”，每个员工都通过“赛跑”来看是否有能力通过竞争上岗来追求自己的价值，这样才能实现经营自我、不断战胜自我、战胜满足感、超越自我的境界。这样，技术和管理工作天天坚持不懈地往前做，就会从量变到质变，从这个基础上再发展，这就是“外部市场竞争效应内部化”的市场链机制。

相应地，多元化阶段的薪酬制度由原来的 4 种模式完善规范到 13 种模式，实行分层、分类的多种薪酬制度和灵活的分配形式。科技人员实行科研承包制，营销人员实行年薪制和提成工资制，生产人员实行计件工资制，辅助人员则实行薪点工资制。海尔工资分档次发放，岗位工资标准不超过青岛市职工平均工资的 3 倍。岗位工资+国家补贴=工资总额。取消月奖金制，年终奖金不超过两个月的工资。科研和销售人员实行工效挂钩，科研人员按市场效益和科研成果进行奖励，如果销售人员是外聘的推销员，收入和推销成果完全挂钩。

在工资分配政策的制定和执行上，海尔一直坚持“公开、公平、公正”的原则，对每一个岗位都进行科学的测评，计点到位，绩效联酬。每位员工都有一张“三 E 卡”，劳动一天，员工就可根据当天的产量、质量、物耗、工艺等 9 大项指标的执行情况计算当日的工资，即所谓员工自己能报价，管理人员则根据目标分解为年度目标、月度目标和日清目标，计算出当月的应得工资。人人的工资都公开透明，只按效果，不论资历，由“同岗同酬”转变为“同效同酬”，在海尔，人才的价值在工资分配中得到了真正体现，极大地调动了员工的生产积极性。

3.“国际化的人”：与国际化战略相契合的人力资源战略

海尔清醒地认识到，在全球化的新经济环境下，要想成为国际化的名牌，每一位员工首先应成为国际化的人才。因此，新时期海尔集团人力资源管理须适应企业实施国际化战略的大目标要求，为企业提供和培养真正具备国际化素质和国际竞争力的人力资源。在人力资源管理与开发方面，海尔根据“人人是人才、赛马不相马”的理念，推出“部长竞聘上岗”“农民合同工当上车间主任”等大量案例，构造“人才自荐与储备系统”“三工并存、动态转换”“末位淘汰”“四级动态考核”“多元化的工资福利激励”等完善的人力资源管理体系。

海尔的市场链思路很超前。海尔集团利用信息技术辅助企业管理，可以迅速缩小与国际大公司的差距，甚至保持同步。海尔集团物流管理在国内是一流的，在国际上也是第一的。海尔集团的市场链改变了企业直线职能式的结构。在国内无序竞争或过度甚至恶性竞争中，企业要适应市场变化和国际化要求，每个人都与市场联系在一起就显得非常重要，否则组织结构制约了员工迅速解决问题的积极性，企业就会对市场变化适应不了，被竞争对手打倒。因此，只有树立“市场是每个人的上级”的观念，建立互相咬合的“SST”（索赔、索酬、跳闸），才能采用与国际接轨的供应链工程，顺利实施国际化战略。

为此，海尔在新时期力求首先使形式和目标相一致。SST 是市场链的形式，而市场链的目标是创立市场美誉度、赢得用户的心，市场链的形式要能够为目标服务。其次把工作指标合理地分解到每个人的每一天，真正地落实。指标的合理性必须有基础工作，数据的真实性是关键，激励的公正性是保证；目标是合理的，数据也是真实的，但两者结合起来，到底应该如何奖罚，事先应该有明确规定。

张瑞敏认为，实行“市场链”重在员工参与、即时激励。要让员工非常愿意参与这个活动，感到对自己是一种自身价值的体现，不是被动地接受激励而是主动创新。要创造体现个人价值的氛围，让每一个员工参与，包括改革方案讨论，必须在有方案的前提下广泛听取大家的意见；目标体系、考核体系、激励体系必须要与员工沟通，在沟通的前提下参与竞争。

4. SBU 运动：与全球化战略相契合的人力资源战略

为了适应全球经济一体化的形势，运作全球范围的品牌，从 2006 年开始，海尔集团进入第四个发展战略创新阶段，即全球化品牌战略阶段。国际化战略和全球化品牌战略的区别是：国际化战略阶段是以中国为基地向全世界辐射，全球化品牌战略则是在每一个国家的市场创造本土化的海尔品牌。海尔实施全球化品牌战略要解决的问题是提升产品的竞争力和企业运营的竞争力，与供方、客户、用户实现双赢。确切地说，就是获取本土客户和用户资源，实现从设计、生产到销售的全面本土化的超常能力。海尔清醒地认识到，集团总的战略必须落实到每一位员工身上，而每一位员工的策略创新才能保证集团战略的实现。通俗的理解，SBU（strate-gical business unit，即策略事业单位）运动是要把海尔的 3 万名员工都变成一个合格的“小老板”，每位员工都是一个公司，都要面对市场。每一个员工都有能力准确而迅速地获取客户和用户资源，以速度和创新满足全球化战略的需要。因为信息化时代企业要靠个性化取胜，而不能靠大批量的生产，大批量生产变成了大批量定制。如果没有每一个员工的 SBU，也就是说如果没有以人作为经营单位，就无法满足这种定制的关系。信息时代的企业既要有大企业的规模，又要有小企业的灵活性，所以要把大企业的航母变成无数个可以拆分的单独作战的主体各自为战。海尔人力资源开发的目标和原则具体如下。

1）“国际化的企业，国际化的人”——海尔人力资源开发目标

在张瑞敏“走国际化的道路，创世界名牌”的思想指导下，海尔集团通过实施名牌战略、多元化战略和国际化战略，取得了持续稳定高速的增长，其品牌价值不但稳居中国家电业榜首，在国际市场的美誉度也越来越高。1997 年，国家经济贸易委员会确定海尔为重点扶持冲击世界 500 强的 6 家试点之一。海尔的国际化经营驶入快车道，在国际市场赢得越来越多的尊重。在这种环境下，要想成为国际化的名牌，每一位员工首先应成为国际化的人才。因此，海尔集团人力资源开发的目标，必须适应企业实施国际化战略的大目标，为企业培养真正具备国际化素质和国际竞争力的人才。

2）“赛马不相马”——海尔人力资源开发原则

海尔在人力资源开发过程中始终坚持观念创新、制度创新；坚持创造一种公平、公正、公开的氛围，建立一套充分发挥个人潜能的机制，在实现企业大目标的同时，给每个人提供充分实现自我价值的发展空间，即“你能翻多大的跟头，就给你搭多大的舞台”。

（1）“斜坡球体人才发展论”。海尔认为，每一个人恰似在斜坡上上行的球体，市场竞争越激烈，企业规模越大，这个斜坡的角度就越大。员工的惰性是人才发展的阻力，只有提高自己的素质，克服惰性，不断向目标前进，才能发展自己，否则只能滑落和被淘汰。制止人才在斜坡上向下滑的动力是人的素质。在海尔谈到素质，人们都认同这样一种理念，即在一点一滴中养成，从严格的管理中逼出。为此，海尔实施了全方位的对每天、每人、每件事进行清理、控制，“日事日毕，日清日高”，以求把问题控制在最小范围，在最短的时间解决问题，把损失降低到最小的程度。

斜坡球体人才发展理论在海尔集团深入人心，为每个员工提高自身素质提供了动力。从管理人员到普通员工，都十分珍惜每一次学习机会，自觉地为自己“上坡”加“油”。

（2）“人人是人才，赛马不相马”。“变相马为赛马”实际上是斜坡球体人才发展理论的一种体现和保证，二者相辅相成。在海尔领导集团看来，企业不缺人才，人人都是人才，关键是否将每一个人所具备的最优秀的品质和潜能充分发挥出来。为了把每个人的最优秀的品质和潜能充分开发出来，海尔人“变相马为赛马”。海尔的人力资源开发一开始就是“人人是人才”“先造人才，再造品牌”，率先转变大多数企业人力资源部门的职能，人力资源开发中心不是去研究培养谁、提拔谁，而是去研究如何发挥员工潜能的政策。海尔有三种职业生涯设计：一种是专门针对管理人员的，一种是针对专业人员的，一种是针对工人的，每一种都有一个升迁的方向。

“赛马”遵循着“优胜劣汰”的铁的规律。任何人不能满足于已有的成绩，只有创业，没有守业；谁守业，不进取，谁就要被严酷的竞争淘汰。海尔的“赛马”是全方位开放式的，所有的岗位都可参赛，岗岗是擂台，人人可升迁，而且向社会开放。在这里，没有身份的贵贱、年龄的大小、资历的长短，只有技能、活力、创造精神和奉献精神。“相马”将命运交给了别人，而“赛马”则是将命运掌握在自己的手中。是人才，赛中看，在海尔，是每个人自己铺就了一条成功之路。

（3）“在位要受控，升迁靠竞争，届满要轮岗”。对已经在岗的管理人员进行控制。海尔的用人制度中有这样一条原则，即在市场经济条件下所谓“用人不疑，疑人不用”就是对市场经济的反判。市场经济中人的本质关系是利益驱动关系，信任不信任一个干部是依据个人感情还是对干部工作能力的考察，直接关系企业的成败。海尔集团依据这个原则制定了“在位要受控，升迁靠竞争，届满要轮岗”。

（4）“海豚潜下去越深，跳得就越高”。这是海尔的沉浮升迁机制。一个干部要负责更高层次的部门时，海尔不是让他马上到该岗位任职，而是先让他去该岗位的基层锻炼一段时期。有的已经到了很高的职位，但如果缺乏这方面的经验，也要派他下去；有的各方面经验都有，但综合协调的能力较低，也要派他到这些部门锻炼。这样对一个干部来说压力可能较大，但也锻炼了干部，培养了其综合能力。

（5）定额淘汰制。定额淘汰就是在一定的时间和范围内，必须有百分之几的人员被淘汰。在海尔无“没有功劳也有苦劳”之说。“无功便是过”，在一定时期一定范围内，按一定的比例实行定额淘汰。海尔实行“三工转换制度”。该制度是将企业员工分为试用员工、合格员工、优秀员工，三种员工实行动态转化。通过严格的工作绩效考核，所有员工在动态的竞争中提升、降级、取胜、淘汰。努力者，试用员工转为合格员工乃至优秀员工。不努力者，就会由优秀员工转为合格员工或试用员工。更为严格的是，每次考评后都要按比例确定试用员工，如此一来，人人都有危机感。一种新的理念在人们的心中树立起来：今天工作不努力，明天努力找工作。谁砸海尔的牌子，企业就砸谁的饭碗。

5.“挑战满足感、经营自我、挑战自我”——海尔人力资源开发的市场机制

海尔集团总裁张瑞敏认为，在新的经济时代，人是保证创新的决定性因素，人人都应成为创新的主体。为此海尔设计了市场链的思路。

（1）“外部市场竞争效应内部公”——市场链。海尔认为，企业有内外部两个市场，内部市场就是怎样满足员工的需要，提高他们的积极性，外部市场就是怎样满足用户的需求。在海尔内部，“下道工序就是用户”，每个人都有自己的市场，都有一个需要对自己的市场负责的主体。下道工序就是用户，用户代表的就是市场。每位员工最主要的不是对他的上级负责，而是对他的市场负责。

（2）即时激励——充分挖掘和发挥内部员工的积极性。为鼓励员工技术发明，集团颁布了职工发明奖酬办法，设立了“海尔奖”“海尔希望奖”“合理化建议奖”，根据对企业创造的经济效益和社会效益，分别授奖。

三、专家评析——海尔人力资源管理的战略境界

相对于传统的人事管理，现代人力资源管理的根本特性总的来说是“战略性”，如何与企业总体战略相契合，制定和实施相应的人力资源战略基本指导思想、总目标和阶段性策略，是在全球化国际竞争下每一个企业生存和发展的关键问题。海尔集团能够在战略层面上把人力资源管理纳入企业发展战略的大局中加以考虑、规划和实施，并取得成效，这确实很难得。

在实践中，将人力资源开发和管理活动与公司战略相结合，具体涉及三个层面的衔接工作：一是在战略理念上，要配合整个组织的经营宗旨、使命和长远发展目标，恰当地确定人力资源开发与管理的基本指导思想和方针政策；二是在管理制度上，根据组织总体结构和制度安排的要求，相应设计人力资源管理和发展的制度体系，包括考核评估系统、薪酬福利方案、激励约束机制和教育培训方法与技术等；三是日常生产经营运作过程中的协调管理和操作实施。从海尔集团案例中，我们很清楚地看到，其人力资源管理活动在这三个层次上与公司战略做到了很好的融合。

首先，战略理念层面上，海尔在“走国际化道路，创世界名牌”的公司宗旨和经营思想指导下，相应确立了“先造人才，再造名牌”“斜坡球体”“人人是人才，赛马不相马”的人力资源发展战略理念，并紧随公司总体发展战略的转移，适时调整不同战略阶段的人力资源战略子目标，与名牌战略相契合的人力资源战略子目标是OEC管理，与多元化战略相契合的人力资源战略子目标是“挑战满足感、经营自我、挑战自我”，与国际化战略相契合的人力资源战略子目标是“国际化的企业，国际化的人”。

其次，管理制度层面上，海尔为配合名牌战略、多元化战略和国际化战略的实施，先通过“砸冰箱”事件推行OEC管理制度，要求员工做到“日事日毕，日清日高”，形成“人人有事管，事事有人管”的基础机制；进而根据“挑战满足感、经营自我、挑战

自我”的人力资源战略理念，要求员工树立“负债经营”概念，设计“外部市场竞争效应内部化”。最后在国际化战略阶段，根据国际竞争环境的新要求，进一步完善市场链，建立互相咬合的SST机制，形成包括“三工动态转换”“四级动态考核”“双线型技术职务管理”“多元化的工资福利激励”等在内的完善人力资源管理制度体系。

而战略理念和管理制度层面的契合，是建立在扎实严密的日常性管理工作基础之上的，当然这种“扎实严密”不是要求员工亦步亦趋、唯唯诺诺，而是激励在勤奋敬业的前提下积极创新，“要做正确的事，而不是正确地做事”，时时告诫员工“能力，不在于你拥有多少，而在于你能够利用多少”。这就是海尔人力资源精神整合管理所追求的战略境界。

总之，海尔的发展和成功对于尚处于转型期的中国企业界确实是个奇迹，但这个奇迹的背后是海尔“以人为本”的现代人力资源战略管理系统。在海尔独特的经营理念和管理哲学中，“以人为本”的人力资源战略起着灵魂和统帅的作用。同时，海尔一直把人力资源管理工作作为企业经营管理的重中之重，形成了一套富有成效的人力资源管理制度和激励约束机制，这对于充分调动广大员工的积极性和创造性，挖掘员工潜能，确保企业高速、稳定、健康发展起到了至关重要的作用。

值得指出的是，国有企业如何在产权制度上保证企业员工，特别是企业家和经理人员人力资本的主权地位和权益，如何通过有关股权激励计划保证企业家和经理有充分的积极性确保企业在市场竞争中通过代际间的长期考验，如何使人力资源管理系统更加“积极主动”与企业战略相融合等，都将是海尔人力资源战略管理今后需要很好应对的新问题、新挑战和新使命。

分析题：

1. 海尔集团企业战略与人力资源战略是怎样整合的？为什么要整合？
2. 依你的理解，SBU运动是不是海尔实现全球化战略的关键？还有其他更好的选择吗？

案例三　长城高尔夫的人力资源战略规划

当长城集团了解到高尔夫市场竞争激烈的时候，随即制定新的竞争战略。但长城既没有打价格战，也没有大肆宣传，而是不动声色地从企业内部悄悄开刀，进行了人力资源战略调整，这对于保持长城集团在行业的前列地位无疑起到重要作用。

一、公司背景

长城高尔夫乡村俱乐部是中国北京市附近一家出色的一流高尔夫俱乐部。它于1996年开始运营，公司的目标是成为中国最好的高尔夫俱乐部。俱乐部现有三个场地，在2000

年的中期又增加了18个球洞。最新的一个球场还在设计图阶段就受到媒体的广泛关注。它的设计引人入胜。中国的大多数高尔夫球场平整而缺乏自然植被，但长城的场地与周围的环境融合为一体——小山丘、天然湖和树林。

在600亩（1亩≈666.7平方米）的土地上还包括晚间高尔夫球场，这对于任何的亚洲高尔夫俱乐部都越来越必要了。9洞的晚间灯光球场为了满足会员商务安排需要一直开放到晚间11点。从球场乘坐穿梭小巴很快就可以到达“会员专用”的俱乐部。它占地约18 580.61平方米，包括几个酒店、一个迪斯科舞厅、一个晚间俱乐部、一个装备最新锻炼设施的健身俱乐部、几个饮料亭和卡拉OK厅。长城的其他特色还有以下几点。

· 一个有200个房间的一流度假村；
· 两个游泳池（分别接待会员和一般客人）；
· 20个网球场，包括硬地、黏土和草场的，还有一个可以举行国际比赛的体育场；
· 一个公共的赛车场，晚上有灯光照明，两层32弯；
· 一个为会员专用赛车场配套的训练中心；
· 60套别墅（接近完工）分布于机场路两侧；
· 孩子们的游乐场，包括多种游乐设施；
· 乘坐豪华客车从高速公路往返北京市中心分别只用1小时，价格合理。

长城的金卡会员资格的售价为80 000美元，可以是个人或单位，每个会员必须有一个推荐人。像亚洲很多的高尔夫俱乐部一样，会员资格是可以转让的，这意味着它可以在二级市场上买卖。会员可以最多资助两个申请入会者，让他们可以按折扣价入会。

长城集团，包括它下属一些成功房地产开发企业，由长城高尔夫乡村俱乐部的主席和业主迈克·林于1993年创建。长城集团早些时候在美国加州投资高尔夫事业，之后在中国台湾开发了一处高尔夫球场。拥有近2 000名员工，长城高尔夫的设施被认为是中国大陆最好的一个，它的总投资近4亿美元。

在中国选择发展高尔夫项目是出于几方面的战略原因。1995年商界的精英们如果想要加入一家高尔夫俱乐部，那么很少有选择机会——企业会员资格在北京附近的俱乐部很难买到，个人会员资格要等待相当长的时间，而且企业会员资格在卖出时还可获得大笔回扣。

发展高尔夫事业的另一个动因是它可以带动对住宅社区和商业区的投资。计划中的开发项目包括将完工的60幢豪华别墅（大部分已经预售），以及陆续将要开发的住宅区、豪宅、财物城、写字楼、体育设施、娱乐中心、酒店和其他宾馆等。这种规划的视野在亚洲来说都是少见的——长城的项目将会把运动和休闲同商务与便利功能整合于一个现代社区中。

二、高尔夫在中国的历史和未来

1979年邓小平的改革开放政策使高尔夫这种以前被看做“西方腐朽生活典型代表”而加以禁止的运动重新被介绍到中国。开始时主要是出于赚取外汇的考虑。然而，1988年当杰克·耐克拉斯被邀请在北京设计一个高尔夫球场时，他拒绝并说：“我不感兴趣，我的意思是，到底谁会来玩它？”2000年高尔夫虽然还不是一项大众体育项目，但高尔夫热已经在过去的10年间席卷全中国。作为一种提升职业和社交地位的途径，以前不熟悉这项运动的政府机关和商界人士，看到加入有名的俱乐部可以增进自身的名望因而竞相追逐这些会员资格。有名的高尔夫俱乐部的会员资格（“会员专用”的牌子是这类地方必要的装饰品）成了发展商务和社交的一种重要手段。这项运动经历了显著的成长。中国的市场估计可能超过1 000 000人，外加外籍人士。

为了满足需求，中国高尔夫球场的发展速度远超过亚洲的其他国家，青草茂盛的高尔夫球场代替了宁静的田地和农场。高尔夫球场呈现异常的发展势头，一些观察家相信这些私营俱乐部的衍生太快了，超过了市场的成长速度。

据一些分析家的观点，市场已处于超饱和的状态，必须要有更多的中国人参加这项体育运动，才足以维持高尔夫球场现在的发展速度。高尔夫球场每平方米仅绿化费就达150 美元，高尔夫在中国仍然是贵族项目。但近年来，中国的中产阶级的数量有了很大的提高，越来越多的中国商人相信高尔夫运动适合他们的公司形象和社交地位。现在，银行家们玩高尔夫正在成为一种时尚，而且，估计未来十年内，高尔夫球场就会呈网络化分布到世界各地。所以，虽然现在的一些高尔夫球场处境艰难，但一般认为，随着中国高尔夫运动的发展，一些管理有方、地点好并且服务优秀的俱乐部将会存活。

在前些年，150 000美元的高尔夫俱乐部会员资格可以通过电话就可以卖掉，但这几年资格的竞争变得越来越激烈。低价的会员资格被用来占领不同的细分市场。中国市场获得发展的另一个原因是20世纪90年代末期的亚洲金融危机对中国大陆影响并不是很大。

新会员的主要来源是现有会员的客人，或是由现有会员介绍的。所以超越顾客包括会员和他们的客人的服务期望不但被看做对会员非常重要，而且这也是一种重要的营销工具。

三、组织机构

为了提高运营效率和开发雇员的特殊技能，长城公司按职能组织企业。部门的工作都围绕着良好定义的职责，如食品和饮料、保安、高尔夫球场管理和球场维护和开发（图9-1）。

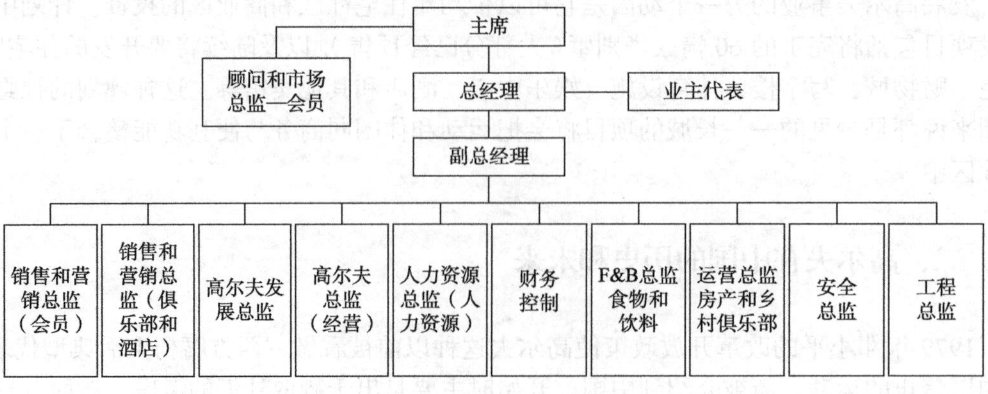

图9-1　执行委员会组织机构图

四、管理人员国际化

迈克·林担任由 10 人组成的执行委员会主席，他是新加坡出生的美国人。报界和他的俱乐部成员把他视为一个出色的管理着庞大业务的幻想家。林先生家族中的几个成员也在执行委员会中，包括林先生的两个儿子，25 岁的大卫和 27 岁的罗兰。他们都受过良好的教育并且都致力于保证俱乐部的正常运作与长城俱乐部会员和客户的满意。

最近加入执行委员会的是伊莉莎白·魏，一位人力资源管理方面的专家，马来西亚人。她在酒店业有 25 年的从业经验。在美国一所知名学府获得酒店业的学士学位后，她除了曾在欧洲、亚洲和北美的多家大酒店工作了 20 年，还在几个知名国际酒店的中国分支机构工作过，来长城集团之前她作为区域的人力资源总监在上海主管了 6 家酒店达 5 年时间。

执行委员会的职责是为长城公司确定战略方向，解决发展、总体销售和工业营销方面的一些问题，但像许多飞速发展的公司一样，委员会的成员花费了大量时间在一些操作性的问题上。大卫·林因而认为，长城的一个重要的管理问题是创造肥沃的土壤使俱乐部的经营可以平稳地过渡给公司管理层，这样就可以让委员会把主要精力放到长城的长期发展机会上。长城强调的是利润、革新和质量，努力实现市场导向，专注于职业发展（包括职员发展）和支持增长，所有这些观点都已经被公司上下广泛了解和接受。

在公司运营的前两年，大部分的经理人员都是中国血统，从中国香港和新加坡的酒店业招聘过来，很少人具有高尔夫行业的从业经验。长城的经理层倾向于新加坡华人，一方面是因为他们的酒店业经验，另一方面是因为他们会说普通话，这是长城 90%的员工都使用的语言。雇用这么高比例的新加坡华人经理与其他服务行业在亚洲的做法是不同的，这些行业聘用在母国有丰富经验的人员——不必一定懂得当地的语言——在一开始建立经营的基础部分。例如，一家有名的亚洲连锁酒店在建立一家新酒店之初的一年内，一般会有超过 100 名母国人员担任管理职位；相比起来，长城 70 人的管理集团中有 60 人来自中国香港和新加坡——30 人来自香港，30 人来自新加坡，其余 10 人来自国外。

新加坡的经理也被中国大陆人看做外国人，因为他们有不同的背景和意识形态，在某些场合也包括语言；新加坡和中国香港的雇员比中国大陆雇员通常会获得较高工资和职位。

五、人才招聘政策

为满足中国最大的高尔夫项目需要，集团约需招收 2 000 人，招聘广告被登在报纸上。像在中国的很多项目一样，对工作的需求远远超过了实际工作机会，因而单是看简历就是一个挑战。以工作经历和人际技巧基础选择候选者，通过人事部的面试加以评估。

人员的转换率低于同行业每月 4%的水平。在这里的许多工作充满挑战，各地的员工为较高的薪酬所吸引职潮水般地涌到这里。不管工作多好，很多的员工在有足够的积蓄以后都倾向于回到他们的家乡。或者是因为经济原因，或者是因为想要和家人团聚，很多员工在18~24个月以后离开公司。在长城，留住与会员有良好关系的员工的能力被看做关键的竞争优势。高尔夫俱乐部接待部、食品和饮料部、球童和会员服务部，有长期的专人服务可以提高顾客服务的水准，推动长城实现“提供高质量服务”的战略目标。

六、员工培训和发展

长城的目标是为其2 000名会员提供个性化、高质量服务。高级的成功商业人士、政府官员、他们的配偶和客人希望获得与他们的付出相称的服务。提供这样高水准的服务在中国显得格外困难，因为在其他地方广泛存在的礼仪在中国根本没有或很难施行。这种情况使友好、快捷并富有开创性的服务成为必要。

大部分的长城员工来自中国的农村，或者曾工作于国有企业。国有企业的文化氛围还在中国很多服务行业处于主导地位。在这种文化氛围下，工人无论工作得好坏，都拿同样的工资，所以，人力资源部门必须发挥创造性地制订薪酬和激励方案。

长城有各种培训和发展计划，目标是提供实践和语言的培训，在各个层次的员工中树立服务至上的意识，提高他们的信心，灌输集团的经营哲学和使命。各部门的经理负责各部员工的培训，因而产生了很多要求进行各种培训的申请。

球童只能为女性，这在亚洲的高尔夫界很普遍。虽然她们都还很年轻（20岁左右），但大部分都是离开家乡到中国的其他地方寻找工作的。

七、员工福利政策

在中国，雇主一般会向雇员提供住宿、饮食、交通和娱乐活动等福利，长城在此基础上还有更多的福利。非经济的激励，如舒适的住房、良好的饮食、交通、医疗计划、英语课、安全和娱乐。在球场和俱乐部的工作条件也远远超过了行业的一般水平。林先生是受人尊敬的商人，长城也有众所周知的好名声，所以与同地区其他雇主相比，很多外地来的员工（特别是女性员工）更相信，在长城他们的基本需求将会获得保证。

八、奖励计划

在长城对管理人员和普通员工有各种正式和非正式的奖励系统。各部门的经理在长城工作一年以上且表现良好的，在年终将获得奖金，数额为工资的一定比例。执行委员会的努力是重新界定管理人员奖金的结构，包括在颁发奖金的同时提高工资，并且与一些更加量化的指标联系起来，主要是各部门销售的增长量。奖金的一部分取决于经理层开发销售人员技能的能力，向长城的会员和客人提供服务的雇员的奖励体系也起到了应有的作用。

普通员工的奖励制度包括“月度最佳雇员”奖，它给员工以肯定与一个月工资的物质奖励。部门经理从各自的部门选择一名员工作为候选人，从中选择五名优胜者。这些明星员工将被邀请参加每月一次的晚会，他们的照片被挂在全体员工和顾客都可以看到的地方。在服务人员中，对出色的服务人员则部门经理考虑加以肯定和表扬。对球童也有相应的奖励体系。按季度来评选 10 名最佳服务和表现的球童，奖励包括物质和非物质的。如果表现出色，每 25 名球童的领队每季度也可以获得一份奖金。球童的表现由球童领队的长期评价和会员的反映加以确定。

九、专家点评——长城高尔夫的人力资源战略规划

长城高尔夫俱乐部认识到企业天然的地理位置、环境等硬件的优势，于是加大人力资源管理幅度，试图在传统经营中寻求管理上突破，事实证明这无疑是正确的选择。改善员工工作条件、培训员工、使之掌握必要的技能等，充分体现了以人为本的管理理念。

高尔夫运动应以优质的产品和服务吸引顾客，并致力于中国生态环境的改善和高尔夫事业的发展。长城高尔夫俱乐部抓住了中国消费市场的变化，适应了消费者的心理需求，适时地进入了中国大陆市场，发展了庞大的会员队伍，是其取得成功的一个因素。更为重要的是，长城俱乐部适时调整人力资源战略，聚焦于英才的开发培育，向管理要效益，从而确立了企业的竞争优势。随着高尔夫运动的国际化发展，发展中国家的高尔夫市场正在日益走向成熟。长城俱乐部的经验表明，管理有方、服务优质的企业才能脱颖而出，而以人为本的激励导向型人力资源战略正是管理与服务高水平的先决条件。

分析题：

1. 根据长城高尔夫人力资源的战略，其竞争优势的来源是什么？怎么获得这些来源？
2. 该人力资源计划是否适合战略目标？是否支持战略目标？
3. 该人力资源计划是否有缺陷？如果有，还有哪些没有计划到的工作？

案例四　爱立信的人力资源战略规划

自 1876 年爱立信注册“拉·马·爱立信机械修理”以来，爱立信已经经历了一百多个春秋。多年来，爱立信在电信及相关设备供应方面均处于世界领先地位，已有 100 000 多名员工在 130 多个国家为客户解决电信需求问题。全球已有 40%的移动电话接入爱立信网络，其 AXE 交换机系统的销售范围也在全世界首屈一指。

爱立信产品要代表世界级的质量。在爱立信的所有工作中，确保世界级质量是各项策略的基石。先进的技术为爱立信公司给客户提供优质的产品提供了可靠的保证。无论是其移动通信系统、移动电话及用户终端，还是其信息通信系统，爱立信公司的产品都无可挑剔地居于世界电信业的领先地位。

爱立信在世界范围取得无可否认的成功，归因于它“职业精神，相互尊重”的用人

哲学。爱立信强调，人力根源于公司经营的需要，它必须服务于公司业务经营。因此，人力资源管理的根本目的是在让客户满意的同时也要让员工满意。

一、公司背景

爱立信是世界领先的为电信运营商提供技术和服务的供应商。作为 2G、3G 和 4G 移动通信技术的市场领导者，爱立信提供的网络承载全球接近一半的移动业务，每 90 秒就会交付一个新的基站。爱立信在电信管理服务领域居于领先地位，在全球拥有超过 4 万名专业服务人员。由爱立信支持的网络正在为全球超过 20 亿用户提供服务，爱立信为运营商管理的网络则服务于超过 7 亿用户。公司的产品组合包括专门针对运营商、企业客户和媒体行业的移动网络和固定网络基础设施、电信服务、软件、宽带和多媒体解决方案。索尼爱立信和 ST-Ericsson 合资公司为用户提供功能丰富的个人移动终端设备。爱立信正以其创新精神、尖端技术和可持续发展的业务解决方案，努力实现“构建人类全沟通世界”的愿景。公司共有 82 500 名员工，分布于全球 175 个国家和地区。爱立信拥有业界最强大的专利组合，包括 25 000 项获批专利。爱立信成立于 1876 年，总部设在瑞典斯德哥尔摩，在斯德哥尔摩 OMX 纳斯达克及纽约纳斯达克证券交易所挂牌上市。公司总裁兼首席执行官是卫翰思（Hans Vestberg）。2009 年公司全年收入 2 065 亿瑞典克朗。秉承作优秀企业公民的理念，爱立信广泛贯彻可持续发展的战略，一丝不苟地奉行公司的社会责任，并且设立了高质量、全范围的有效管理系统和运作。爱立信不仅被评为道琼斯全球可持续发展指数（the Dow Jones sustainability indexes，DJSI）通信技术领域内可持续发展的领头羊，还因出色的环境管理系统获得了英国标准化协会颁发的世界第一个公司全球范围的 ISO 14001 认证。

二、爱立信坚持的三种精神

在任一时刻、任一事件中，爱立信永远坚持三种精神和价值观，即专业进取、尊爱至诚和锲而不舍。

这种价值观实质上是公司文化的理念核心。一家成功的公司通常规划出远景，然后确立宗旨或使命，再确定达到远景或履约使命的方式。这里的方式是有价值判断和取向的，应该让全体员工认同。认同的过程是一个不断宣讲、交流和理解的过程，所有的管理部门及管理干部都是义务讲师。

三、爱立信建立了星罗棋布的人力资源网络组织

爱立信人力资源组织采用的是网络结构。全球的爱立信人力资源机构结成一个大网络，各大市场区域的人力资源机构分别结成子网络，子网络下以区域为基础，可以再分出小网络。瑞典总部的人力资源机构居于网络中央，主要根据公司文化及战略思想，设

计出统一的组织文化、能力和领导、薪酬等人力资源理念及政策框架。

人力资源总部每年组织两次子网络负责人的聚会，共同研究涉及全公司的有关政策。各级网络均指定一个负责人，有召集、组织、协调作用。各网络单元之间以先进的技术手段保持畅通信息交流，在交流中彼此充分了解网络内外人力资源的状况，由本级网络相关人员成立项目组，组长由大家推选。小组成员按计划分别独立工作，每3个月正式聚会一次，共同研讨问题，最终拿出方案。方案经网络负责人确认后，由项目小组负责在网络单元内推介，不断达成共识。有效的政策方案可以推及高一层网络。

四、爱立信强调中坚管理者

爱立信将管理者定义为业务经营者+运营管理者+能力开发者。管理者首先必须关注并倾力于业务工作，为此须投入从计划、执行、回顾到改进的管理循环之中，须不断开发下属及本人的能力。同时，管理者也须着力培育和塑造良好的团队气氛，提高组织的有效性。

为防止公司由于各部原因出现管理断层和管理层缺位，爱立信非常重视管理规划工作。他们通过员工能力评估系统选拔出管理者的候选队伍，并有组织地对其能力进行培训和开发，对确认合格的人员大胆加以任命，其在管理工作中得到锻炼和培养，上级管理者与人力资源部门负责评估和检验任职者的资格水平。这是一个优胜劣汰的过程，也是公司与员工双方互相审视适应性的过程。

五、爱立信不断充实它的“能力要素宝库”

人力资源开发的理念主要表现为对员工的能力管理。爱立信将能力定义为获得、运用、开发和分享知识、技能和经验。

爱立信认为，个人的素质（个性、信仰、价值观等）基本上与生俱来，很难通过培训而获得，而能力则可以经后天培训而不断改进。技能能力、人际能力和经营能力分别细化为能力要素，形成爱立信的能力要素库，不同的部门、职位所需的能力要素集合是不同的，而且随时间变化要素也有所调整。

公司总部在制定长期、中期经营规划时，应提出适应变革和创新的能力要求，作为全球爱立信机构能力要素的指南。机构内部各级部门领导通过研讨经营重点来确定本公司、部门及职位类型所需的主要能力要素，并以此建立各类人员的能力模型，如市场类。

能力要素的管理是一个独立的系统，但与绩效管理休戚相关，能力管理有助于员工实现职业发展规划；绩效管理则有助于员工改进和提高绩效，从而有助于公司经营业绩的提升。

六、爱立信建立完善的绩效评价系统

爱立信认为，员工通常会提出这样几个问题：我的职位及其工作内容是什么？这个职位应得到怎样的报酬？我该怎么做？我如何能改进工作？

人力资源部门通过职位分析形成规范的职位说明书，明确任职员工的责任，并据此确定员工的工作目标或任务；通过职位评估判断职位的相对价值，建立公司薪酬福利结构及政策，员工产生较清晰的期望。管理者的根本任务是有效地完成部门绩效，因而对下属绩效进行评价与管理就成为其重大的责任。

爱立信的绩效评价系统建立在两个假设基础上：一是大多数员工为报酬而努力工作，除非可获得更高的报偿，他们才会关心绩效评价；二是绩效评价过程是对管理者和下属同时评估的过程，因为双方对下属发展均负有责任。

绩效评价有两部分内容：结果和成绩（目标，应负责任、关键结果领域）、绩效要素（态度表现，能力）。目标结果一般以量化指标进行衡量，应负责任的成绩一般以责任标准来考核。绩效要素包括主动性、解决问题、客户导向、团队合作和沟通，对管理者而言还包括领导、授权和其他要素，最终的绩效评价结果是两部分内容评估结果加权后的总和，两者分别占60%和40%。对员工进行公正的绩效评价，有利于公司人员相对稳定，要真正留住人才却非朝夕之功。

七、爱立信采取“转换成本”策略，保留人才出奇招

为保留人才，爱立信设计了“转换成本”策略，即员工试图离开公司时，会因“转换成本”高而放弃。这就需要在制定薪酬政策时充分考虑短期、中期、长期报酬的关系，并为特殊人才设计特殊的“薪酬方案”。

薪酬是吸引、保留和激励员工的重要手段，是公司经营成功的影响要素。爱立信的薪酬结构包括薪资和福利两部分，薪资有固定和不固定，福利则包含保险、休假等内容。

影响薪酬水平的因素有三个，即职位的责任和难易程度、员工的表现和能力及市场影响。薪酬政策的目的是提供在本地具有竞争力（而不是领先）的报酬，激励和发展员工更好地工作并获得满足。

爱立信对年度优秀员工或工作满5年以上的员工制订奖励计划。直接主管负责提名，经层层审批后确认。奖励标准包括团队合作、态度积极、客户至上、创新及持续的出色表现。

八、爱立信为员工创造持续发展的空间

迅速适应新的商业环境的能力对于公司和个人的成功都是至关重要的。爱立信积极鼓励持续的发展，为员工提供机会以改善其适应能力并从变化中受益。能力培养是每个单位业务规划的一部分，个人培训计划的制订均应得到每一位员工的认同。通过对全球人力资源的充分利用，爱立信得以适应变化并利用变化来创造竞争优势。

爱立信期待所有的员工都积极主动地投入工作，迎接该部门所面临的持久战。责任和权力相互平衡，分担到人，尽可能地贴近工作以便最大限度地发挥个人创造力和主动性。爱立信积极寻求新的改善建议，并在团队精神下鼓励所有员工在表达观点、建议和评论时，表现出相互尊重和职业精神。

爱立信希望成为一个出色的雇主。每一个爱立信机构都必须发展和实施基于三种价值观（即专业进取、尊爱至诚、锲而不舍）的用人哲学以达到共同的目标。

爱立信不断追求长远目标，寻求各种方法解决在实现目标的道路上可能遇到的难题。爱立信员工的毅力品质必须加上创新、远见和更强的能力，以便在日益变幻的世界上长期发展。

九、专家点评——爱立信的人力资源战略规划

众所周知，人力资源战略规划十分重要，因为它能使企业管理人员以一种前瞻性的战略眼光确定和阐明“与人有关的企业问题”。管理人员要解决人力资源对其企业的发展问题，需要对内外环境变化及企业自身优、劣势变化所带来的机遇和挑战做出评估。爱立信充分认识到企业与环境的变化，立志发展电信品牌并最终创下百年基业，这与其人力资源战略的合理规划密切相关。

在全球信息经济迅速发展的时代，企业组织在取得和保持竞争优势方面时刻面临挑战。这些挑战包括：在全球化市场中成长与变化；引进新技术；达到与保持低成本；改进产品与服务的质量；实现多样性与协调的平衡；等等。对于企业的这些挑战需要充分发挥员工的积极性和创造性在爱立信，人力资源机构联合成一个大网络系统，各个子网络互相协调配合，共同推进整个网络的进步，逐步实现人力资源的管理与开发；同时配合公司其他战略的发展，最终全方位实现企业战略目标。可以说，没有合理完善的人力资源战略规划，就没有爱立信的现在与未来。战略引导行动，爱立信正走在电信业的前列。

分析题：

1. 制定人力资源规划时，爱立信的人力资源网络组织可以体现出哪些优势？
2. 这种组织结构下，您有什么建议可确保大网络与小网络顺利协作。
3. 配置人员时，大网络与小网络各自起到什么作用？